4

Thomas Kapielski
Sämtliche Gottesbeweise

Danach war schon
Gottesbeweise I–VIII
&
Davor kommt noch
Gottesbeweise IX–XIII

Zweitausendeins

1. Auflage als Zweitausendeins-Taschenbuch Nr. 4, Februar 2009.

Lizenzausgabe mit freundlicher Genehmigung des Merve-Verlags, Berlin.
Fotos: Thomas Kapielski.

Lektorat: Ekkehard Kunze (Büro W), Wiesbaden.
Umschlagbild: © Thomas Kapielski.
Umschlaggestaltung: Herburg Weiland, München.
Herstellung: Dieter Kohler GmbH, Wallerstein.
Druck und Einband: CPI – Clausen & Bosse, Leck.
Printed in Germany.

ISBN 978-3-86150-904-2

»Danach war schon«

»Davor kommt noch«

Danach war schon

Gottesbeweise I–VIII

I.
Der Hamburg-Nordhausensche

Ja ja; nein nein.
Matthäus 5,37

Wenn's in der Welt gärt:
Immer um Geldwert!
Christiane Seiffert, Die schönsten Stellen aus der Dissertation meines Mannes

»Bei Gott, dem Dicken! Was soll der Quatsch?« – Ich sträubte mich wieder gegen Modernisierungen; damals verwünschte man als Jungakrosoph die Geldautomaten und die dazu benötigten Karten. Freund Butzmann, der emphatische Konsumist und Neuerer, hatte mich dann doch einmal von den Segnungen der sogenannten Euroscheckkarte überzeugt, als es ihm nach gemeinsam erledigter Arbeit und anschließend durchpraßter Januarnacht 1981 in Den Haag mir nichts, dir nichts gelang, unter Zuhilfenahme eines geringfügigen Kärtleins einen gewöhnlichen Geldautomaten anzuregen, zwei klammen Ausländern sechshundert Gulden auszuwerfen, die wir prompt in Matjes und Bier eintauschten. Am nächsten Tag wurden uns wiederum sechshundert Gulden an einer solch eigentümlichen Elektroluke bewilligt! – »Geldautomaat! Du holländisches Donnerwort!«
Ich beantragte eine ebensolche Euroscheckkarte. Es kam eine hochgeheime Post ins Haus, worin sich die »Geheimnummer«, eine lediglich vierstellige, hochbanale, andererseits schlecht zu merkende Zahlenkombination befand. Es ließ sich kein Merkmuster hineinlesen; die Ziffern waren jeder noch so ausgefeimten Gedächtnisstützung abhold, und so sicherte ich sie vorerst vielmals schriftlich auf Blöcken und Zetteln.

Auf einem aparten Zusatzschrieb wurde freilich geraten, die Zahl irgendwo zu verstecken, sie in ihrer amtlichen Mitteilungsform aber auf jeden Fall zu vernichten und besser überhaupt auswendig zu lernen und aus Gründen der Sicherheit außerhalb des Gedächtnisses völlig zu tilgen. Ich verfeuerte die Zettelblöcke auf allerlei Aschern und notierte die störrische Zahl verdeckt in irgendeinem meiner Buchbände, vergaß jedoch umgehend und gründlich, in welchem. Dann wandte ich allerhand Zauber und »Lullische Künste« auf, um die Zahl mnemotechnisch zu zähmen, und es gelang mir auch anläßlich jäher Stichproben, sie fortan hinreichend aufzusagen. Anschließend trat ich eine erste euroscheckkartengestützte Dienstreise an.
Vorerst aber dies noch: Es hatte sich zuvor in den siebziger Jahren eine von Josef ›Biby‹ Wintjes eigentümlich betriebene Versandklitsche für literarischen Underground in Bottrop niedergelassen, von wo man die Zeitschrift ›Ulcus Molle Info‹ zyklisch ins Land hinausjagte. Man hatte sie als Initiierter abonniert. Allerart Ploog-Typen und Heftchenmacher spukten durch das freihändig gestaltete Blatt, und hier, aber auch anderswo, begegnete einem auch immer wieder die Hamburger ›Buch Handlung Welt‹ der Hilka Nordhausen als unverzichtbare Größe des literarischen Untergrundes, in welchen ich selbst bestrebt war hinabzusteigen, um von dort den Aufzug in jene möblierten Stockwerke zu nehmen, wo man das Knöpfchen drückt, wo dransteht: Hic habitat poeta laureatus Kapielskius! – Jenau hier: wohnt der berühmte Dichter Kabolski! Zweimal klingeln, bitte! – Ding dong! (»Wie aber west das Ding? Das Ding dingt.« Und der Gong gongt.) Und dann würde ich im pelzverbrämten Bademantel mit Goldtroddeln noch auf der Schwelle die entgegengestreckten Schweinslederbände der Werkausgabe signieren.
Nun war es mir zur gleichen Zeit nach Hin und Her sogar gelungen, im ›EVS‹ (Eigenverlag stinkt) ein mir heute noch

peinliches Heftchen voll illustrierten Frühwerks herauszugeben, welches man dann selber vertreiben mußte, was man für problemlos und völlig nebensächlich hielt. Man verschickte den Geniestreich an drei, vier ausgewählte Adressen, von wo aus er ohne jegliches Dazutun ganz gewiß eine Kettenreaktion auslösen würde. Unverständlicherweise und tatsächlich aber wurde das verkorkste Dingens allenthalben refüsiert, und nur Hilka Nordhausen hatte damals in Hamburg ohne viel Aufhebens ein Exemplar großmütig in Kommission genommen, und in Berlin hatte Brockmann von der ›Heinrich Heine Buchhandlung‹ sogar eins gekauft. – Grundgütiger Himmel! Zwei von fünfzehnhundert Exemplaren!

Ahoi! Alle Jahre übermannt mich die Lust, nach Hamburg zu fahren. Zwar schien mir das Wetter auf Schnee zu grübeln, aber was soll's: Ich habe das Hafenweh, die Luft ist weit und tauglich, trübe Seelen zu filtrieren; man fährt alle Jahre hin, latscht die Landungsbrücken ab, besteigt die Schute zur kleinen Hafenrundfahrt und singt an Bord beherzt das schöne: »Tiefe Stille herrscht im Wasser, / Ohne Regung ruht das Meer«, woraufhin die Bootsmannschaft a cappella: »Und bekümmert sieht der Schiffer / Glatte Fläche rings umher« anfügt und dann, con calore, die Zeilen »Keine Luft von keiner Seite! / Todesstille fürchterlich! / In der ungeheuren Weite / Reget keine Welle sich« folgen läßt, woraufhin der Kapitän selbst dann immer solo und zur größten Freude und Überraschung aller übrigen vom Liede schon sehr finster angerührten Hafenrundfahrter für gewöhnlich noch die treffliche Coda aus der Sesamstraße »Alles im Lot auf'm Boot! / Alles in Butter auf'm Kutter!« hinten dransetzt. Dann geht man an Land und faßt zur Belohnung in der Karpfangerstraße ungeheuerliche Tintenfischteller zum Rijocha, was ich nun erstmals mit der Scheckkarte zu bezahlen mir vornahm. Dann läuft man hoch, am ›Astrabräu‹ vorbei, am Krankenhaus (wo der Patient, wieder zu sich gekommen, auf eine blaue, mit Sternen ver-

zierte Zimmerdecke schaut, auf der geschrieben steht: »Sie befinden sich in der Ausnüchterungszelle des Hafenkrankenhauses Hamburg!«), und guckt sich weiter nördlich die Nutten an. Woran sich weitere widerchristliche Kreuz- und Querzüge fügen, die nur dem Zwecke dienen, weitere Biere aufzunehmen und das andere Geschlecht zu inspizieren. Mors, Mors! Hummel, Hummel!
Und noch was anderes: Ich wohnte damals mit Peter Gente, welcher mit Heidi Paris den Berliner ›Merve Verlag‹ betreibt, in einer Art philosophisch möblierten Wohngemeinschaft. Er gab mir nun einen quasi dienstlichen Auftrag mit auf den Weg nach Hamburg: »Kapielski, bring mir doch mal aus der Weltbuchhandlung den Katalog von Mike Hentz mit, den sie da gemacht haben. Und grüße Hilka Nordhausen!« So hatte ich jetzt neben der Absicht, eine pure Vergnügungsfahrt zu unternehmen, auch dienstliche Order und konnte Hamburg, den Buchladen als auch Hilka Nordhausen endlich einmal sogar professionell erleben und hierbei meine frische Euroscheckkarte erproben sowie einfach mal testen, ob das kümmerliche Kärtlein die Tüchtigkeiten besaß, die man ihm neuerdings überall nachsagte.
Zur gleichen Zeit begab es sich aber, daß der damals im Nachtrab strukturalistischer Literaturbegeisterung umherspukende Begriff des ›Virtuellen‹ allen sehr dunkel blieb, vielleicht aber gerade darum sich großer Beliebtheit erfreute und auch eben darum dazu herhielt, alles Ungenaue, Obskure, Halb- und Mißverstandene präzis umnebelt zu benennen. Nur allzubald aber sollte ich ihn verstehen lernen!
Im Zug nach Hamburg gab es seinerzeit zwei Annehmlichkeiten: Die erste bestand darin, daß der Zug bis auf die Kontrollstopps an der Sektkorkengrenze zwischen Berlin und Hamburg nicht anhielt, weswegen auch niemand zusteigen und lästig werden konnte. (Außer Büchen!) Man blieb unter sich; ganze Abteilladungen wuchsen sich im Laufe der fünfstündi-

gen Fahrt, von Stumpfsinn und Alkohol überschwemmt, zu beachtlich aufgelegten Kollegenkreisen aus.
Ein zweiter Komfort ließ sich anitzo im Mitropa-Speisewagen alter Bauart auskosten; dort sammelten sich unter den ungläubigen Augen des Bordpersonals und der begleitenden Grenztruppen der DDR die entschiedensten als auch insgesamt stabilsten Reisezecher um ehemals DDR-übliche Speisen, orderten unersättlich grausam überzogene Schnapsfuhren und lärmten um die stumpfsinnigsten Zoten und Pointen wie die Orientalen selbst. Das ganze türmte sich während der Fahrt zu allerhand Heikelkeiten: Es kam vor, daß die Ordnungskräfte ungeachtet des großen Valutadurstes der DDR den Ausschank bremsten! Ich selbst zog gleichwohl den Trink- und Speisewaggon dem etwas zu familiären Abteilbetrieb vor, den ich hin und wieder abzupendeln mir dennoch nie verkneifen konnte.
Kurz, man traf für gewöhnlich doch ziemlich zusammengetrunken gegen zwei Uhr mittags am Hamburger Hauptbahnhof ein und gönnte sich besser immer erst noch ein halbes Stündchen in der einschlägigen Bahnhofswirtschaft, die Besinnung wiederzuerlangen. Dann nahm man die U-Bahn Richtung Landungsbrücken, konnte Feldstraße aussteigen, stieg aber lieber St. Pauli aus, wo nun leider auch ›Heinz Karmers Trinkhalle‹, mit Kai ›Biernatzki‹ Damkowski als unentbehrlichem Dauergast, unter einer entbehrlichen Bürohalle beerdigt liegt und wo man auf dem Heiligengeistfeld gegenüber noch etwas Rummel durchlebte und infolgedessen geradezu frischluftbetäubt nordwärts aufs Karolinenviertel stieß, wo sich die Marktstraße und in ihr auch die ›Buch Handlung Welt‹ befanden.
Ich bemühte mich vor Eintritt um etwas Façon und lief dann forsch auf die Tür zu. Der Laden war abgesperrt. Durchs Türglas konnte man eine Frau sehen, die mit geschlossenen Augen zwischen Hunderten von ordentlich auf dem Boden aufgereihten Büchern ebenfalls auf dem Boden wie in einem beschla-

genen Hibernakulum lagerte. Es gibt ein Foto von Malraux, auf dem er inmitten seines »imaginären Museums« zwischen gleichfalls auf dem Boden verteilten Büchern steht und von oben fotografiert sehr wach und freundlich gelehrt nach oben in die Kamera schaut. Was man hier durch die Türscheibe sehen konnte, war, was die Bücher betraf, auch irgendwie, wenn auch oberflächlich nicht erkennbar, systematisch, dunklen Modi folgend und auch äußerlich durchaus geordnet auf dem Fußboden ausgelegt, nur, daß sich dazwischen ein doch irgendwie somnambul zerzaustes Weib befand, welches weiß Gott nicht aufrecht stand, sondern sogar im heideggerschen Sinne aufrichtig hingeworfen wirkte. Ich klopfte nur zaghaft, traute mich nicht, dieses dormitante Arrangement mit liegender Dame zu stören. Was nun? Ich hatte schließlich dienstliche Aufträge zu erledigen!

Gleich nebenan, Eingang vis-à-vis, hauste ein Klamottenladen für Hipsterbedarf. Ein zuvorkommender, nach damals neuster Mode, also fast so wie heute gekleideter, allerdings auch schon etwas ökologisch verhunzter Fachverkäufer klopfte hilfreich Geheimrhythmen wider die Buchladentür. Die Dösende reagierte matt und langwierig auf die Klopfzeichen des Textilhändlers, leuchtete endlich schwach auf und wankte herbei. Ihre leicht abhandene Befindlichkeit schien sich neu zu sortieren, sie steckte schon den Kopf durch den Türspalt: »Wer da?« – »Ich bin da!« – »Oha!« – Ich wurde eingelassen.

Sodenn. Wir starteten ein übliches Vorstellungsgespräch, und so stellte sich endlich heraus, daß es sich bei der Liegenden um Hilka Nordhausen selbst gehandelt hatte, die in mir auch sogleich und überaus froh einen ihrer Lieferanten selbstgemachter Heftchen und Kommissionskunden erkannte, welche harmlos sind, weil sie keine finanziellen Ansprüche erheben dürfen, sofern ihre in Kommission befindlichen Bücher nicht verkauft sind. Und das sind sie meistens. Und so war es auch bei mir der Fall: Meine EVS-Neuerscheinung lag erfreulich berieben, bestoßen, etwas stockfleckig, mit starken Anstreichungen, rissigen Gelenken und staubig im Schnitt, just wie ein Prunkstück aus dem modernen Gebrauchtbuchhandel zwischen anderen, eher uninteressanten Scharteken in der Auslage, und es war klar, es hatten sich zumindest etliche Kunden dafür interessiert, den Kauf aber leider wohl vorerst hintangestellt. Hilka Nordhausen lotste mich nun durch die Bodenauslage ins Innere des Geschäfts und sperrte auch den Laden sofort wieder hinter uns ab: »Es muß nicht immer alles verfügbar sein!«

Damals las man mehr oder weniger ›Die Ordnung der Dinge‹ fast sogar ganz, sofern man die anfängliche Bildbesprechung hatte schadlos nachvollziehen können. Hiervon angeregt, sortierte man das eigene Gedankengut gern in ebensolche kryptisch verschraubten Diskursschachteln. Hilka Nordhausen hatte irgendeinen Nomos ausbaldowert, nach dem sie das Buchsortiment parterre neu ordnete, und hatte sich zur Probe seiner Wirksamkeit auch gleich ein wenig dazugelegt und mit hineinsystematisiert; worüber wir sofort auch gelehrt debattierten, denn es handelte sich bei den Argumenten ihrerseits um theoretisch leicht verhackelndes Wirrgut, weswegen ich ordnungshalber vorschlug, den recht einleuchtenden kosmologischen Gottesbeweis in folgender Weise auf die hiesigen Ordnungsprobleme zu variieren; also: Ein bedingtes Dasein hat ein anderes Dasein zu seiner Bedingung. – Gut! – Ist die Bedingung des bedingten Daseins wieder ein bedingtes Dasein, dann ist die Bedingung der Bedingung auch eine Bedingung des ersten Daseins und somit immer folgender Ordnung. – Auch klar. – Es muß also am wirklichen Anfang etwas Außerordentliches, Unbedingtes stehen! – Und das war hier natürlich der mehrdimensional gedachte Nordhausensche Nomos in zweidimensionaler Ebene! – Soweit waren wir uns einig. (Übrigens: Philosophie ist nicht zum Verstandenwerden da! – Soweit waren wir uns auch einig.)

Ich allerdings war immer großer Anhänger des ultrafrappanten Anselmschen, auch ontologischen Gottesbeweises gewesen, der mit dem wahrlich siebzehnten Trick arbeitet, indem er auf die Existenz eines dem Begriff gemäßen Gegenstandes schließt, was faul und so richtig auch erst von Kant bemerkt worden ist! Beispiel analytischen, also tautologischen Urteilens: Existierten Ufos nicht wirklich, sondern nur als Idee, so widerspräche dieser Mangel dem Begriff vom Ufo als des absolut allerrealsten Dinges. Es muß sie also geben, weil es sie nämlich schon als Idee gibt. Hähä! Also ist völlig einleuchtend: Fides quaerens intellectum. Respektive: Credo ut intelligam usw.

Hieraufhin sprach Hilka, sie brauche keine Gegenargumente, sie sei selber dagegen! Tür zu. Abgang. Denn jetzt reichte es! Es war jetzt besser, in die ›Erbse‹ zu gehen und die Gesprächsstoffe idiotischer zu setzen. Es muß nicht immer alles verstehbar sein! Wohlgemerkt, wir haben nichts gegen Intelligenz, aber tagsüber genehmigten wir uns doch lieber ein ordentliches Bier.

Die ›Erbse‹ war eine ungewöhnlich verdorbene Gaststätte, ebenso wie die ›Buch Handlung Welt‹ an der Marktstraße gelegen, und sie schien Hilkas Stammwirtschaft zu sein. Verschiedene Herrschaften ruhten schlecht beleuchtet in Armbeugen inmitten trüber Lachen an Tischen und Theken vor schalen Alkoholgetränken in unförmigen Bierpullen (die sonst ja in Hamburg an sich extrem schön geformt sind), schütteten auch hin und wieder einen ungepflegten Knallkümmel in ihre qualmenden Schnapsluken und lauschten matt der zwischen den haushohen Aschbechern hindurchbrüllenden, inhaltlich betrachtet, unfaßbar zahnlosen Musikbox, wobei sie ihren Urin, wenn nicht direkt untertischs, rückwärtig in sperrangelweit stinkenden Verliesen abschlugen. Wir wurden von einem trinkversehrten, nahezu ohnmächtigen Schankwirt zu schleppendem, aber stetigem Schnapsverzehr aus Mostrichgläsern

genötigt, und es gelang mir nur mit Mühe, ab und zu ein minderes Flaschenbier der Firma ›Astra‹ an die Stelle einer neuerlichen Schnapsfuhre zu setzen.

Auf unerklärliche Weise fanden wir uns Stunden später auf dem nahe gelegenen ›DOM‹-Rummel wieder und nahmen eine Karussellfahrt auf einem Fahrzeug namens ›Turbodriller‹ in Augenschein. Wir bestiegen die Schleuder und zentrifugierten einen neuen peripatetischen Disput; denn zwischen ›Erbse‹ und ›Turbodriller‹ hatte es eine Art leere Zeit gegeben, weswegen unserer Meinung nach folgendes als Irrlehre anzusehen war: Da der Anfang ein Dasein ist, wovor eine Zeit vorhergeht, darin das Ding nicht ist, so muß eine Zeit vorhergegangen sein, darin die Welt nicht war, d.i. eine leere Zeit. Nun ist aber in einer leeren Zeit kein Entstehen irgendeines Dinges möglich; weil kein Teil einer solchen Zeit vor einem anderen irgendeine unterscheidende Bedingung des Daseins, vor der des Nichtseins, an sich hat. Also kann zwar in der Welt manche Reihe der Dinge anfangen, die Welt selber aber kann keinen Anfang haben und ist also in Ansehung der vergangenen Zeit unendlich.

Das also war augenscheinlich Quatsch; wir hatten es ja gerade erlebt: die leere Zeit zwischen ›Erbse‹ und ›Turbodriller‹! Und der ›Turbodriller‹ ließ es auch irgendwie noch evidenter werden: daß die Thomisten wohl doch recht hatten. Kein schöner Gedanke, aber nuda veritas. Und im ewigen Kreisverkehr ist denn doch mehr Wahrheit enthalten, als Otto Weininger mit seinen »letzten Dingen« linear wahrhaben mochte. Fand Hilka auch: »Richtig! Denn dieser Mann hatte 'n schlechten Charakter.«

Nachdem wir uns rechtschaffen schwindelig gerummelt hatten, beschlossen wir nach allerhand Unschlüssigkeiten doch wieder die ›Erbse‹ zu bevorzugen. (Ewige Wiedereinkehr!) In diesem Zusammenhang brach erstmals Unglück über mich herein. Mir war das Geld alle geworden. Die ›Erbse‹ hatte schon anläßlich unseres ersten Tagesbesuches die Geduld verloren und erwartete zumindest Gesten vorsätzlicher Zahlungsfreudigkeit. Da setzte ich mitten auf der Feldstraße ein Haltekommando in die Luft und entsann mich meiner fabrikfrischen Euroscheckkarte.

Au ja! Auch Hilka Nordhausen mußte die finanztechnische Neuerung bekannt gewesen sein, denn sie bugsierte mich präzise in die Nähe einer solchen Zahlstelle, wo sie mir erklärte, daß ihre Möglichkeiten hierbei leider längst erschöpft seien, woraufhin ich beherzt und kavaliershurtig meinen Magnetstreifen richtig rum in den zuständigen Schlitz schob und die nötigen Handlungen vollzog. Dazu trat ich vor das Gerät und wußte: Es gibt eine vierstellige Nummer, sogar eine gewichtige, mit Kraft und Möglichkeit versehene, mir diese Bundeslade und alle sonstigen geldwirtschaftlichen Vorratskammern der Welt zu öffnen: meine Geheimnummer, die allseits, gottlob!, kein Mensch kannte.

Ich leider auch nicht mehr!

Nach drei Versuchen schluckte der öffentliche Geldschrank meine Scheckkarte und gab sie, obwohl Hilka Nordhausen ihn mehrmals energisch in den Magen boxte, nicht wieder her. Da gab es also ein mit Virtus versehenes Ziffernquartett, von dem man nurmehr wußte, daß es sich leider und aller Lullischen Künste zum Trotz nicht hatte merken lassen, und welches nun in Lethe getunkt ganz kraftlos einer anderweitigen Verwendung harrte oder sonst was. Es gibt also Sachen, die es gar nicht gibt! Und die sind ›virtuell‹! Jetzt wußten wir, was das ist, kamen aber nicht an die dringend benötigten Zahlungsmittel!

Wir betrachteten das unbegreifliche Geldgerät, während dieses seinerseits uns recht blöd im Auge behielt, und ventilierten zunächst ratlos eine Theodizeevariante: das Problem der Rechtfertigung von Geheimzahlen hinsichtlich der durch sie verursachten Übel in der Welt. Also: Was ist los mit dem Scheißapparat? Entweder 1) er will auszahlen, kann aber nicht; dann ist es eine Willens- oder besser Könnensschwäche, oder 2) er kann, will aber nicht; dann ist er mißgünstig und bösartig, oder 3) er will weder, noch kann er; dann taugt er gar nichts, oder 4) der Geldautomat will und kann auch. Warum tut er's dann nicht?

Man wollte der Schatulle keine Niedertracht unterstellen, also traf hier die allzu menschlichste Variante 1) den Kern des Problems – er will, kann aber leider nicht –, und somit alarmierten wir 5) die Polizei!

Worauf ich selbst nie und nimmer gekommen wäre! Hilka Nordhausen aber gelang es, auch in mich die Überzeugung zu pflanzen, daß es sich schließlich um den einstweilen schwachen, also auf Verstärkung angewiesenen Willen eines Geldautomaten und unser Eigentum handele und es jetzt auch schon zeitig sei, weswegen wir auch bald mal endlich wieder in die ›Erbse‹ zurückmüßten, was nur mit Geld und – »Denk doch mal nach!« – Peterwageneinsatz möglich sei! Hilka Nordhausen argumentierte so schlüssig, daß dies endlich auch der inzwischen eingetroffenen Streifenbesatzung und den um uns neuerdings zahlreich versammelten und vor Schaulust zitternden Menschenmassen einleuchtete. Letzteren aber doch mehr noch als den Beamten, denn jene bestärkten uns am Anfang mehrfach volksentscheidend wider die zwo zögernden Wachtelmeister. Diese nämlich waren faul, das Volk aber war erlebenslustig. So ging es hin und her im ›sic et non‹-Verfahren: »Doch, doch!« – »Nö, nö!«

Einer von den zwei Streifenbeamten handelte nun unverhofft klug: Er benachrichtigte, freilich aus niederen, subalternen Gründen, die Zentrale, welche, um ihrerseits Arbeit zu vermeiden, die zuständige Bank verständigte, welche, um ihrerseits Ärger zu vermeiden, eine ständig irgendwo im Wartestand befindliche Inspektions- und Reparaturkolonne losschickte, die mit Hilfe doppelbärtiger Schlüssel und allerhand Zauberhandlungen und unter allgemeinem Beifall der Menge meine Scheckkarte aus dem dämlichen Elektrosafe befreite. Da rief das Volk: »Hurra! Dank sey Gott, der uns diesen Sieg gegeben hat durch unsern Herrn Jesum Christum. Amen« (1. Korinther 15,57). Aber so leicht war's ja nun auch wieder nicht gewesen, denn: Amat victoria curas – Ohne diese Anstrengung wären wir bankrott davongeschlichen.

In diesem Moment allgemeinen Taumels wurde mir nun die Kraft zuteil, etwas Verwegenes zu riskieren: Ich trat vor und hielt die unglückselige Zahlkarte in die Höhe: »Volk von Hamburg! Wir haben, so es glückliche Umstände wollten, wiederum drei Versuche! Nun habe ich in Gottes Namen! und ein für alle Mal die Scheißgeheimzahl vergessen. Also soll diesmal die ehemalige Drogistin und nunmehrige großartige Buchhändlerin und Künstlerkollegin Hilka Nordhausen die drei Versuche nach eigenem Gutdünken coram publico durchführen. Möge ein Gottesentscheid den Mammon rühren oder auch nicht! Amen.«

Ein gottesfürchtiges Raunen ging durch die Menge, die Geldautomatenwärter verriegelten den wiederum ordentlich auf

Normal- und Betriebsbereitschaft eingestellten Apparat und plazierten sich vor den Massen neben die zwei Schupos in der vorderen Reihe, woraufhin Hilka mit dem ihr von mir übergebenen Scheckdingsbums an den Bedienstand trat, die üblichen geheimen Handlungen vollzog und im zweiten Versuch vierhundert Mark herauszog!
»Herr im Himmel! – Nun danket wieder alle Gott!« Die Masse tobte! Nur die Automatenmänner stutzten und prüften nochmals den ordnungsgemäßen Zustand des Auszahlungsgerätes, stellten jedoch keinerlei Unregelmäßigkeiten fest. Die vormals so bürgernahen Streifenbeamten besannen sich für Momente und schlugen sich im Kampf der Sparbüchsen gegen die Schatztruhen auf einmal ganz seelenlos auf die Seite der hamburgisch-fiskalischen Obrigkeit, indem sie wiederum und auch fernmündlich schikanös Hilka Nordhausens und meine Personalpapiere kontrollierten, fanden jedoch keinerlei Fahndungserbeten oder sonst was Diffames vor und entfernten sich all so blamiert unter dem erklecklichen Gejohle der Volksmassen nach sonstwohin. »Sackpinscher!«
Jetzt war es soweit! Wir hätten die Rotte bewaffnen und aufs Rathaus führen können! Nun wurde aber, weil uns dies zu umständlich schien und wir auch endlich zurück in die ›Erbse‹ wollten, die Lage ungemütlich. Da der gewohnte Volksfeind in Form von Obrigkeit, Schmiermichel sowie ominös technischer Hilfstruppen verschwunden war, mithin das Feindbild fehlte, wurde die Lage für uns brenzlig; denn wir wurden mit einmal wie Lottogewinner angesehen, und man erwartete anstelle der von uns angeführten Raubzüge und Brandschatzungen zumindest Freibierlagen an einem nahe gelegenen Stehbierstand, dessen Besitzer zuvor regen Anteil am Geschehen und auch selbstverständlich für uns Partei genommen hatte. Allein, für solche Ausstattung von womöglich ausufernden Volksfesten sind vierhundert Mark ein schmächtiges Sümmchen! Es galt also, einen Ausweg zu finden, den wiederum

Hilka Nordhausen solchermaßen ebnete: »Leute! Alle mal herhören! Wir holen jetzt mit Taxi noch mal vierhundert woanders raus und treffen uns dann alle in zwanzig Minuten wieder hier! Ihr könnt inzwischen überall Bescheid sagen.«
Ich dachte, o Gott!, ist das nicht ein wenig schwächlich argumentiert? Nein, denn warum soll der Herr Geld ausgeben, wenn er Wunder machen kann? Und wie Massen so sind, nahmen sie die von der Stehbierbude aus herbeigerufene Droschke für so etwas wie ein Pfand auf unser Versprechen und winkten einsatzfreudig und begeistert nach, als wir in die ›Erbse‹ davonfuhren. Außerdem bewirkte das »Allen-Bescheid-Sagen!«, daß sich der Pöbel aufs erste zerstreute und entschärfte.
Am nächsten Tag ging es uns schlecht. Am nächsten Tag hatte auch Hilka die Geheimzahl fortgespült, hatte bereits an zwei Automaten versagt, und einen dritten Versuch verweigerte ich ihr, ganz ohne Glauben an neue Wunder. Wohingegen aber in der Zeitung stand, daß auf dem Heiligengeistfeldrummel ein Apparat namens ›Turbodriller‹ verunglückt sei und mehrere Menschen in die Gräber geschleudert habe. Da freuten wir uns.

Weiter wurde vermerkt, daß es im Karolinenviertel, in der Nähe eines Geldinstitutes, Ausschreitungen gegeben habe, diese hätten sich dann aber ebenso plötzlich und unerklärlich aufgelöst, wie sie entstanden seien. Da freuten wir uns auch.
Ich aber fuhr nach Hause, übergab den dienstlichen Mike-Hentz-Katalog und legte mich hin, ganz so wie es Christian Fürchtegott Gellert getan, nachdem er den Satz geschaffen hatte: »Er lebte, nahm ein Weib und starb.«
1993 starb Hilka Nordhausen an Krebs.
Warum gibt es so etwas und überhaupt viel besser gar nichts?

II.
Bekenntnisse

Ich möchte mich weder zum König
noch auch nur zum Freund haben, und wenn
ich mir begegne, erschaudere ich.
Hans Imhoff, Republikanische Blüte

Europa ist alt geworden.
Walter Bröcker, Poetische Theologie

Es ist die Ekstase, die mir fehlt.
Hilka Nordhausen, Glücklichsein für Doofe

Tolle, lege!
Augustinus, Confessiones

Den Autor eines Buches kennenlernen zu wollen, weil man sein Buch schätzt, ist so, als wollte man – zum Vergleiche schwankend hinkend – das Glas kennenlernen, aus dem das Bier geschmeckt hat.
»Was sind denn Sie für ein Mensch?« Was soll man da sagen? Das ist schwierig. Man beseelt seine Fleischhülse und müßte es wissen und ahnt es vielleicht sogar, solange man nicht darüber nachdenkt. Tut man es, weiß man gar nichts mehr! Insofern habe ich mich eigentlich noch nie verstanden und mische mich auch nicht gern in meine Privatangelegenheiten ein.
»Heute geht es mir prima!« – Eine gelöste Feststellung, denn morgen bekümmert von neuem Trübsal mein Befinden, und dann steht das Fleisch des Geschriebenen wieder auf und lügt gedruckt.
Ich stehe meist sehr früh auf, entsprechend früh gehe ich schlafen. Die Nacht ist mir zu bevölkert, und der Wunsch, lange aufbleiben zu dürfen, ist in meinem Alter würdelos. Früh

schreibe ich ein paar Stunden Behauptungen dieser Art, dann lese ich etliche Stunden Behauptungen anderer, und dann warte ich, bis es zu vertreten ist, tagsüber ein Bier trinken zu gehen.

(Die »Ich«-Be/Schreiberei ist – selbst selbstanpinkelnd – im Grunde natürlich eine hochgenante Angelegenheit und muß gelegentlich nur sein. Ich bin mir gleichwohl im unklaren, ob der Gedanke, das Ich sei hassenswert, nicht selbst hassenswert ist. Also:)

Im ›Blauen Affen‹ mache ich eine tägliche Sorgenpause, sitze als prästabilierte Harmonade ganz ichvergessen in immer dieser selben Rollwenzelei selig am selben Platze, studiere die Zeitungen FAZ und BZ in umgekehrter Reihenfolge, denke nach und sinne hin oder sitze nur so da, genieße den Trunk aus Halbliter-Monstranzen und lerne interessante Biergläser kennen, wobei ich ihren Äußerungen folge: »Das Krughafte des Kruges west im Geschenk des Gusses!« – Aha! Somit gilt auch: Halte den Willybecher fest, dann werden Einfälle entspringen! (Rem tene, verba sequentur!)

Beträumen der Alltagslage, dazu kleine Übungen: Warten ohne zu warten, das ist, sofern nicht unangenehm schwer, angenehm leicht. Derweil senke ich das Bier von foris nach intus und weiß wieder nicht, ob ich mir ein Weib auf Zeit und Ewigkeit oder nur auf Zeit ansiegeln lassen mag. Auch wenn Kierkegaard noch so erzverschlagen disputiert: Ich vermag es nicht, mit nur halber Überzeugung, aus dem windigen »Enten«-(Entweder)- in den angeratenen »Eller«-(Oder)-Zustand zu konvertieren und ein ethisch stabiler Christ zu werden. (Abgesehen davon, daß ich die Anerkennung der Entweder-Oder-Grenze immer schon ablehnte!) Die ästhetische Edeltrebe macht einen auf Dauer zwar auch nicht froh, aber kein anderes Glück war mir bisher zu schmecken vergönnt. Meine Gelöbnisse (Pia desideria oder herzliches Verlangen nach gottgefälliger Besserung? – Weiß Gott, ich weiß es nicht!)

waren, wie bei ihm, auch nur Dampf, aber ich brach sie aus fataleren Gründen als denen des Dänen, und ab fünfzig werde ich mich als Verlobungswitwer an seinem zweiten Bande laben, bereuen und ellern aber nichts mehr erzählen können.
Ein vitaler Weltschmerz ist der schmerzliche Gemütszustand, der aus der gefühlsweichen und willensschwachen Hingabe an das moralische oder physische Elend in der Welt sich ergibt und wohl auch auf die theoretische Überzeugung von dem tatsächlichen oder notwendigen Übergewicht des Elends in der Welt sich gründet. Ein dritter Halber schüttet ihn ein wenig mit Herbstlaub zu.
Drüben am Tisch sitzt für gewöhnlich eine uralte Dame vor kleinem Gedeck, die mit Interesse von anderen angesiechten Personen vor großem Gedeck betrachtet wird. So auch von mir, denn an ihrer klapperrüstigen Gestalt korrespondiert ein jeder hier ein wenig mit dem Traum seiner um ein weniges wenigstens prolongierten Unsterblichkeit. Meine Stärken nämlich sind Entscheidungsschwäche und eine, beruflich gesehen, auf ewig – wer weiß, wie lang es gutgeht? – verschleppte Jugend. Diese lebt sich in geplatzten Schwüren, Berufs-,

Kinder- und Verantwortungslosigkeit sowie Abwartehaltungen aus und harrt der Jahrtausendwende, als Haltbarkeitsdatum, damit man dann wird glauben können, daß es sowieso zu spät ist. Bei Leerlauf lasse ich mich vollaufen, und die Risikotaste drücke ich, als Mann aus gutem Hinterhause, der sein Abitur mit durchschnittlich 1,2 Promille bestand, immer nur angeheitert.

Man müßte einmal nur über seinen Schatten trinken können. Denn was nutzt es einem, schlau und unreif zu sein, wenn man überreif und doof ist? Als Auslaufmodell siecht man in Wahrheit dem Heimgang entgegen und läßt sich zur Vorsicht (aus Angst) vom Freunde Bernd Gärtner theologisch und von Freundin Ramona, in Hinblick auf Lebenstüchtigkeiten, angewandt katechetisch beistehen. Denn der ziemlich liebe Gott soll leider auch ziemlich gerecht sein, gemäß Psalm soundso, die Stelle, wo es steht.

Man nimmt also Lebe- und Sterbeunterricht und betrachtet mit Argwohn den Dietmar-Kamper-Doppelgänger im ›Blauen Affen‹. (Dieser hier heißt jedoch Dieter und berichtete neulich, daß er sich mit einem hereinverirrten Russen auf russisch unterhalten habe. »Russisch?« argwöhnte ich wieder. »Ja«, bezeugte Dieter, »der sprach sehr gut russisch!« Jener Dietmar aber hatte einstmals, um nichts weniger arg, sogar vor, zwecks »Schillerns der Revolte« mit Querdenken an Hochschulen den Igel zu Tode zu hetzen statt des Hasen! Das ist schriftlich, und man fragt sich: Mußte so was sein? – Damals ja!)

Im Prinzenbad zu Kreuzberg wiederum sitzt im Kassenhäuschen ein hochgrädiger Karl-Lagerfeld-Doppelgänger, welcher, ebenso wie jener, zum Pferdeschwänzchen die seltsam zwielichtig verschattete Hochbedeutsamkeitsbrille trägt, aber Knut heißt und noch nie solches sagte außer »Dreifünfzig« und »Bitte sehr«. Darob wird er sich auch posthum nie grämen müssen.

Mal abgesehen davon, daß es mir nach einer Cioran-Lektüre

bessergeht, frage ich mich: Muß man sich denn zu Lebzeiten derart mit Tod und Sterben befassen? Man wird es doch sowieso noch gründlich und ewig müssen!
Außerdem besteht ›Murphys Gesetz‹ aus drei Teilen! 1) Nichts ist so einfach, wie es aussieht. 2) Alles braucht länger, als man denkt. 3) Was schiefgehen kann, geht schief. Alle drei Punkte beweisen sich am Gesetz selbst. Da man gemeinhin annimmt, ›Murphys Gesetz‹ bestehe nur aus 3), sind 1) und 2) bewiesen! Und schief ist auch was gegangen, da man, den Fehler 1) machend, glaubte, es ginge nur um 3)!
Für mein Leben spielt auch das ›Peter-Prinzip‹ eine gewichtige Rolle; es geht dabei um die vertikale soziale Mobilität. Das ›Peter-Prinzip‹ gilt für Normalbiographien wie folgt: Man steigt so lange sozial/beruflich auf, bis man auf eine Position gelangt, wo man überfordert ist. Daher sind alle Aufsteiger in ihrer Letztposition überfordert, was ringsum einiges erklärt! Aus Mangel an Aufstiegsmöglichkeiten wirkte das ›Peter-Prinzip‹ bei mir negativ: Man war abgestiegen bis auf einen Stehplatz, wo man notorisch unterfordert am liebsten nur noch lag. Und so auch überfordert war, denn es gehört schon ein wenig Format und Fortüne dazu, sein Leben gehörig zu verpfuschen. Im Grunde lebt man doch derzeit als Nequam wie ein Bundesunmittelbarer!
Abends bin ich etwas ratlos. Ich kann dann nicht schon wieder BZ und Bultmann lesen oder neue Fermatzahlen faktorieren. Und schreiben sowieso nicht mehr. Und raus will ich schon gar nicht, denn: »Lasset uns ehrbar wandeln am Tage!« (Römerbrief 13,13) Es gibt aber leider auch kein gutes Abendprogramm mehr im Fernsehn. Man sendet irgendeine Mache, dumpf konfektioniert und verschlagen. Macht nichts. Für etliche Stunden knipse ich trotzdem an, denn ich brauche ab und zu etwas Weltgeschehen, auf Distanz.
Neulich sah ich mit Interesse die Wiederholung der Ritterserie ›Ivanhoe‹. Au warte! Schwarzweißes Pappmaché und sehr

idiotenhaft! Die Serie hatte ich als Kind gesehen und infolgedessen zwei Jahre meines Lebens mit einem Stock in der Hand im Galopp verbracht. Ein Kausalrätsel: Ich wußte noch den Vorspann auswendig! Er und die Anfangsmelodie sind nun wahrlich grandios! Wie alle »Ivanhoe!« in den Wald brüllen und von der Arbeit fortrennen und wie Roger Moore dann auf old Fury angeritten kommt! Man sage, was man will: Das mimt! Und grault! Denn all das, was man jemals fernsah, spukt folglich bis zum Ende (und weiter?) heimlich irgendwo im Hirn (und in der Seele?) umher und läßt sich wiedererwecken. Und ist womöglich unsterblich!
In den Siebzigern sah ich gut acht Jahre lang nicht einmal fern, weil man Besseres zu tun hatte. Man war vergnügungssüchtig und wollte nebenbei, mit links, die Menschheit beglücken, während diese lieber vor dem Fernsehapparat saß und so bereits, mit Recht, glücklich war. Dies führte zu Verständigungsschwierigkeiten. Die Mondlandung oder die Münchener Schießolympiade, davon wußte ich fast gar nichts! Als ich dann wieder anfing, die Televisionen zu nehmen, kannte ich die ganzen Deppen nicht mehr: Der ehemalige Fernsehkoch Clemens Wilmenrod hatte sich das Leben genommen; Lou van Bourg hatte man wegen Unzüchtigkeiten in die Wirklichkeit zurückgejagt; die Tanzkurse des Ehepaars Fern (sic!) waren auch entfernt worden. Alles war fremd und in Farbe. Eine gänzlich neue, synthetische Welt! Die nun auch mich glücklich machte: Das war meine Mondlandung! Aber nach einem Jahr kennt man die Arschgesichter wieder alle, und dann ist dieser schöne Effekt verbraucht. Ich habe gelitten, aber durchgehalten, bis mein Faustkeil, meine Fernbedienung, zu Bruch ging. Schluß nun! Eine neuerliche Phase der Abstinenz wurde vorgenommen.
Bis ich eilends wieder weich geworden ins Gartencenter eilte, eine Bambusstange zu erwerben. Mit dieser lag ich auf dem Sofa und piekte von ferne am Apparat herum, bis sie Fecht-

szenen sendeten. Es war beglückend, wenn nach Stunden einsamen Kamierens, Traversierens und Ligierens dann endlich ein Pulk Musketiere, ein Swordsman oder Römer in Eintracht mit mir im Programm herumstocherten. Auch hatte ich über die Bambus-Verbindung das sumpfige Fernsehschauen methodisch um etliches verfeinern können. Man muß Mist ästhetisieren! Und dieser Aufwand führte wiederum dazu, daß ich es sehr einschränkt habe.

Die Höhepunkte meiner Woche bilden zwei verschiedene gegenreformatorische Stammtische. Ansonsten langweile ich mich viel. Der Nihilismus nagt sehr an mir. Deshalb stelle ich mir Aufgaben. Bei Bedarf auch Kunst, sonst eher Staubwischen oder notwendige Ordnungen schaffen. Man macht einfach etwas. Man muß ja auch machen: Die Lebenslauferei muß erledigt, der Leib muß genährt, das Kabel bezahlt und der Wetterbericht muß kontrolliert werden.

So ergab es sich aber auch, daß einen die Künste umfingen: Vor Jahrzehnten mußte eine Großausstellung im Berliner ›Künstlerhaus Potemkin‹ bestückt werden, und die Umstände bedingten einen Mangel an Künstlern. Disparate Zirkel hatten

sich gegenseitig so weit ausgeschlossen, daß man auf Außenseiter zurückgreifen mußte, um das plurale Konzept zu wahren. Da dachte man, um Himmels willen, nehmen wir noch den Kapielski hinzu, es wird schon nicht allzu schlimm werden. Zumal es die Zeit war, als das Nichtmalenkönnen als vorzüglichste Könnerschaft galt. Man bat um ein Werk, das sich hängen und umstandslos anliefern ließ.
Gut. Ich hatte bis dahin ein wenig häusliche Musik gemacht, geknipst, getuscht. Tuschkasten, das war bis dahin angemessen. Jetzt dachte ich: nee, immer diese privat verlaufenen Rudolf Steiners und dieses brackige Tuschwasser! Jetzt ist die Herausforderung da, die Chance, die dicke Kairos-Stelle, jetzt gehst du auf Ölheizung!
Ich lief ›Schmincke‹ für meinen ersten Schinken kaufen und habe die Gunst der Stunde mit Öl geschmückt. Das war noch in den euphorischen Zeiten, als man mit gepfuschter Ölkunst und Faust-Schlag 1985 über Nacht berühmt und reich werden konnte. Das ist mir zwar nicht passiert, aber das war der Anfang einer mittleren, teilweise bahnbrechenden Laufbahn. Mehr mußte nicht sein! Was mir dabei persönlich geholfen hat, war, daß ich nicht viel davon verstanden habe, was in der Branche vor sich geht.
Ich wollte, um die Ergebnisse zu sichern, mir dann von Konrad Kujau noch ein HdK-Diplom anfertigen lassen, aber der sagte, das brauchst du gar nicht, du kannst das auch so. Laß dir lieber ein Großes Latinum machen. Denn: Artifex nascitur, poeta fit. – Zum Künstler wird man geboren, aber der Dichter muß erst mal die Grundschule schaffen!
Unleugbar: Die musikalische Begabung war die mir am knappesten beigemessene musische. Meine Darbietungen fußten auf Kammerton ä. Dennoch: Musik betrieb man aus Gründen einer störrischen Jugend. Stockhäusliche Tonbandfummeleien am ›TK 25‹ von ›Grundig‹ und ›Silverapple‹-artige Kellerquartette waren unsere Schreie in die Aussegnungshallen des

Kapitalismus und sollten die Autoritäten mürbe machen. Die Autoritäten entschlossen sich dann, selber Krach zu machen, die Lautstärken der Jugend in eigene zu verwandeln und den dazu benötigten Haartrachten mehr Spielraum zu gewähren. Und so gewann man Amerika und die Popmoderne lieb, da man die Schlachten gewonnen glaubte. Bis man dahinterkam und nur noch Ruhe wollte.

Ohne Zufall hörte ich um 1980 einen mir genehmen Bruitismus Frieder Butzmanns und besuchte ihn in der legendären Berliner Musikalienhandlung ›Zensor‹. Butzmann saß hinten in einem Kabuff vor mächtigen Stempeln zwischen zwei Meter unerledigten und zwei Zentimeter erledigten Rechnungen, während Burkhardt Seiler vorne krude Neuheiten vorführte. Wir kamen sofort gut miteinander aus, als begeisterte Jugoslawische-Räuberplatten-Fresser. So machten wir dann eine Strecke lang im Duo Musik, erlangten auch eine gewisse Berühmtheit, und man holte uns bis nach Amerika! Nur die angenehme Begleiterscheinung eines, wenn auch bescheidenen, Reichtums mit kleinen Groupiegeschichten fiel wieder aus. Und irgendwann konnte keiner mehr diesen speziellen Krach ertragen, weil ein neuer ertragen werden wollte. (»Welche Gattung?« – »Begattungsmusik.«) Wenn wir nicht solche Zweifel am Rhythmus gehabt hätten, wären wir allerdings auch bei der Techno-Marschmusik noch ganz brauchbar gewesen. So nun wird man heute ab und an als historische Attraktion an die Tempelstätten der Neuen und Elektronischen Musik geholt. Und auch altersgemäß quartiert! Ich war ganz gut untergebracht in dieser Krach-Ära, weil mir auf der Strecke von der Note zur Klaviertaste schnell die Puste ausgeht. Und deshalb spiele ich auch lieber mit zwei Händen: da geht's schneller!

Auch das fachgemäße Malen und Zeichnen tut sich mir schwer, aber ich versuche mein Bestes und habe Glück, daß sich die abstrakte Kunst so lange hält. Dabei mißfällt mir

diese seit Jahren von Monat zu Monat mehr. Ab Manet (nicht Seerosen: Seerasen!) ist für mich Feierabend. Allein, es wird mit einer Penetranz weiterproduziert, es ist kein Ende abzusehen. Es hagelt Zumutungen und Dauerdesign. Schade für die gegenständliche Kunst ist, daß Hitler und Stalin sie schätzten, sonst hätte das alles auch anders kommen können, und ich hätte was Ordentliches werden müssen. So muß ich mich, mit Hilfe Platons und aus Mangel an naturalistischer Abbildungstüchtigkeit, mehr an die optische Darstellung der ›Idee‹ halten und als Ideenkünstler bei den Halbstarken mitschwimmen.
Andererseits ist es weder meine Pflicht, grundsätzliche Fragen zu verstehen, noch mein Problem, alles einzuordnen. Ein angestammter Müßiggang sowie eine immer etwas zerzauste Vielseitigkeit zwangen mich automatisch zur Gemütsgröße einfacher Handhabung: Ich knipse gern, weil eine idiotensichere Kleinkamera meine Mängel an Darstellungskraft kompensiert und selbst dann nichts schiefgehen kann, wenn was schiefsteht.
Auf Nachfrage antworte ich mit Kunst, sofern mir etwas Einfaches und Verantwortbares einfällt. Musikausscheidungen erfolgen freigebig, wenn ein gutes Hotel gebucht wird und Frieder Butzmann neben mir auf der Bühne steht, damit ich weiß, welche Knöpfe zu drücken sind. Meine beständigsten Jammertalsperren aber bestehen aus freimütig begeistertem Umgang mit theoretischem Material aller Art. Theorie ist behaglicher als Praxis. Die Theorie allerdings, Theorie sei, was man nicht sehen könne, kann ich nicht einsehen.
Am liebsten schreibe ich jetzt dieses hier. Es ist die beste Arbeit gegen Langeweile, Frevel und Not. Vollends erfüllte Leere! Von Land aus betrachtet man die Segelflotte der Gedanken! Man vergißt für Stunden seinen Leib und seinen Geist, weil der Geist gerade mit Schöpfung und der Körper mit Dasitzen und Hinterhertippen beschäftigt ist. Und der

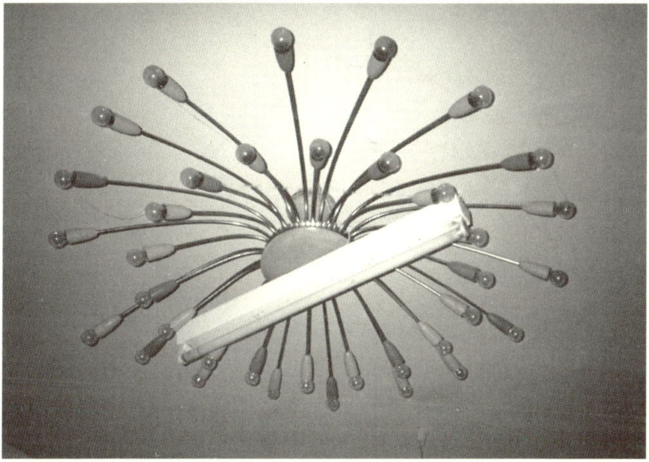

ganze Schwachsinn draußen gilt beinahe nichts mehr. Nur noch das, was man hinter sich gebracht hat, um es erzählen zu können.

Und im Affen danach findet man zu Gott. Und zwar problemlos: O! Wie ist mir da alles so schön versöhnend, vermittelnd, wie herrlich!

III.
Die Hannoverschen

So kommt es denn zuletzt heraus,
Daß ich ein ganz famoses Haus.
Wilh. Busch, Kritik des Herzens

Tröste mich des, daß mit der Zeit
doch meine Bücher werden bleiben
im Staube vergessen, sonderlich wo ich
was Guts geschrieben habe.
Luther, WA 50; 658

Was die Schickung schickt, ertrage!
Joh. Gottf. von Herder, Gedichte

Got hilfft dem sterckisten.
Joh. Agricola, Drey hundert Gemeyner Sprichwörtter

Ich hatte bis 1994 dann immerhin schon sieben Broschüren und vier Bücher geschrieben, letztere auch mit Hilfe einiger Abbildungen immer auf knapp jeweils zweihundert Seiten gebracht, und wartete nun in Berlin auf Einladungen zu Lesungen gegen Honorar im deutschen Sprachraum. Die Erwartung zu steigern und auch weil man als Dichter nach Fertigstellung von Büchern regelmäßig in ein Loch zu fallen habe, tat ich es meist außer Haus, gewöhnlich bei ›Ambrosius‹ oder auch schon im ›Blauen Affen‹. Von dort kehrte ich abends angebraten heim und inspizierte wählerisch die kleinen Zettel mit den Angeboten am Telefon: »Bitte Harry Hass anrufen! Er will sein Pfund wiederhaben!« So ging es Jahr um Jahr.

Eines Tages ein ganz aufgeregter Zettel mit rotem Filzer: Es sei ein »Knusti« am Telefon gewesen und habe unten von

Hannover aus angerufen und auch eine »Silke Arm-Bricht« oder so ähnlich habe recht herzliche Grüße ausrichten lassen und wissen wollen, nämlich, ob ich etwas machen wolle, im Keller unten, ich wüßte schon Bescheid. (Ich wußte überhaupt nicht Bescheid!) Es sei mal wieder ein Bunter Abend fällig, es käme höchstwahrscheinlich auch ein gewisser »Harald ›Sack‹ Ziegler«, und man freue sich schon maßlos auf alles, da würde nämlich mal wieder »tüchtig was wackeln und erdbeben« müssen (?), da stünden schon wieder jede Menge Gottesbeweise an (?), man sei sich da ziemlich sicher, und überhaupt, ich solle mal den »Feinen Menschen« in jedem Fall mitbringen (?), man lege auf jeden Fall Wert darauf, daß ich den »Feinen Menschen« vortrage.
Ach so! – ›Der feine Mensch‹! Das ist meine Nummer mit dem Titel ›Wer ist Kapielski?‹ Und das geht so: Ich stelle mich vorne hin, auf die Bühne oder einen Stuhl, verdrehe mich fürchterlich und behaupte wiederholt und mit stärkster Überzeugungskraft: »Der Kapielski ist so ein feiner Mensch! Das gibt's überhaupt gar nicht!« Da gibt es Beifall für, und sie wollen Zugabe! (Und das gibt es sogar auf Platte! Und als Endlos-Kassette!) Dann laß ich sie ein wenig betteln und behaupte dann während der Zugabe minutenlang das Gegenteil: »Der Kapielski ist so ein Arschloch! Das gibt's überhaupt gar nicht!« Woraufhin sie wieder Zugabe wollen und so fort.
Ich solle, so wurde weiter mitgeteilt, mir sonst weiter keine Sorgen machen, man würde schon zu feiern wissen und ordentlich saufen, bis die Schwarte krache, und es stünde sogar (Holla!) ein, wenn auch klägliches Sümmchen an Vergütung bereit! »So long, Kapielski! Raff dich auf, alter Korbstuhl!« So stand es da! Frohe Botschaft eines jungen Menschen an einen feinen, etwas älteren. Also sprach ich ein leises »Mature fias senex, Arschloch, si diu velis esse senex« in Richtung Hannover und hätte es auch laut tun können; denn das verstehen

sie nicht, die heurigen halbstarken Laffen! Und daß man besser früh alt werde, wenn man lange alt sein will! Allerdings gilt auch: »Profecto deliramus interdum senes.« Denn in der Tat spinnen wir Alten bisweilen gewaltig.
Also gut, ich komme!
Tag der Hinreise. Juni. Eine unfaßbare Hitze. Ich schwitzte schon Bahnhof Zoo wie ein Pferd. Dreißig Grad, canaillenhaft überfüllte IC-Strapaze, Sitzplatz zunächst nur im Speisewagen. Ich dehnte die Steaks wie schlafkrank und maß mit Fingerspitze und Armbanduhr nach, daß ein heißer, nein, eher warmer Speisewagenkaffee auf etwa 95 Kilometern (bei allerdings nur geschätzten durchschnittlichen 90 Stundenkilometern) auf die an jenem Tag ungewöhnlich hohe Großraumwageninnentemperatur ›herunterkühlte‹. Also etwas mehr als eine Stunde brauchte er schon, und die Halbwertzeit ließ sich anhand einer Kurve mit variierter Zweierpotenz streng nach Weierstraßscher Funktionenlehre auch errechnen. Sie lag bei aufgerundeten 14 Minuten und 36 Sekunden, während derer sich zwei andere Herrschaften am Tisch erschreckend unbekümmert um einen Kartoffelsalat mit Käse- und Schinkenstreifen kümmerten.
Der bis dahin einzig erwähnenswerte Vorfall bestand darin, daß mir eine gleichfalls ziemlich mattgeschwitzte, ältere Dame ein mit 4711 numeriertes Erfrischungstüchlein anbot, was ich höflich ablehnte, und welche dann wenig später einem ebenso desolat transpirierenden Herren am Nebentisch die Frage: »Hätten Sie wohl die Güte des Zuckers?« stellte. Woraufhin dieser »Ja« sagte, ansonsten aber überhaupt nicht reagierte!
Ob Veteran oder Backfisch, Wrack oder Halbwüchsiger, ein jeder saß welk und dienstunfähig im eigenleiblichen Schlamassel, und wer's konnte, zog, den Jammer zu dämpfen, Zeitschriften, argloses Druckwerk oder, wer's schaffte, sogar richtige Bücher hervor.
Ich natürlich Bücher. Man hatte ja Abitur und Hochschulexa-

mina und mußte nun den Pegel dauernd oben halten. »Nichts ist ohne Grund, warum es sey.« Gegen die Behauptung balancierte meine eher metaphysische Reiselektüre allzu große deterministische Gewißheiten aus und wirkte (dennoch!) auf ihre Weise sogar kühlend. Es waren Hans Jonas' ›Gedanken über Gott‹. Der Theologe und Philosoph Jonas ist schon einer: Da seit Kant (be-kant-lich!) Gottesbeweise unmöglich seien, aber auch Gotteswiderlegungen, mache, so Jonas, das nunmehr ganz freimütige Gottesbeweisen erst so richtig Spaß. Und wie! Vor allem ihm: »Im Anfang, aus unerkennbarer Wahl, entschied der göttliche Grund des Seins, sich dem Zufall, dem Wagnis und der endlosen Mannigfaltigkeit des Werdens anheimzugeben.« Eine welsche Hymne folgt dem anderen deleuzianischen Panegyrikos. Es ist ein Vergnügen. Auch wie ihm eine Kuppelei zwischen Gnosis und – ohne Quatsch! – Nihilismus glückt: in einer Zeitschrift namens ›Kerygma und Dogma‹! Das muß man sich mal vorstellen. Und ich saß neben den Affen, die in Magdeburg einsteigen.

Die Zugfahrt war ja zumindest bis Magdeburg noch einigermaßen angenehm gewesen. Die marod vor sich hin schwitzenden Damen und Herren Passagiere hatten sich nämlich bis dahin einem allseitig respektierten Zustand des sich gegenseitig Schonens »anheimgegeben« und tropften metabolisch, dumpfen Blickes und duldend vor sich hin. Somit hatte, gottlob!, kein Anlaß zu irgendwie geartetem sozialen Expressionismus vorgelegen, und eine taktvolle Erschöpftheit sorgte, wie um Plessner zu bestärken, für die unter dicht gestapelten Menschen notwendige Gemütshygiene – bis Magdeburg. In Magdeburg nämlich stiegen gegen vier Uhr nachmittags lauter kurzärmelige Beamte mit Schlips zu, und es wurde komisch und enger, was alles noch komischer machte. Sie hatten alle kantige Aktenkoffer mit 007-Zahlenkombinationsschlössern dabei und schielten verstohlen auf meine treue, alte, solide Aktentasche aus Rindsleder in Braun, ob sie wohl etwa der

neue Taschentrend sein könnte, den sie immer Angst haben zu verpassen oder gar zu früh aufzugreifen, und dann klappten sie alle auf einmal ihre Schlepptops auf, an denen sie Verfolgungsjagd spielten oder ›Bilanz‹ und wurden laut! Außerdem telefonierten viele mit hochwichtigen Händis, die sie wichtig »Handys« nennen, banalsten Quatsch durch den Großraumwaggon, so daß man's gezwungen war mitanzuhoren, diese autistische Nummer, dieses geisteskranke Mit-sich-selbst-Reden. Was mir persönlich so was von peinlich wäre! Und alles auch noch Menschen in meinem Alter. Was kann man sich seine Biographie verhunzen!
Der Waggon verwandelte sich in eine Zillestube für Besserverdienende, und man hörte solches sagen: Von Kostenstellen, in denen Datensätze sich darstellen; von Kostendarstellungen, die wir nicht akzeptieren wollen würden; von Schnittstellen in Buchungskreisen, die so nicht durchgingen und einem gewissen Händlingsbedarf nicht entsprächen; von Leistungsträgern, die sogar schon im Doppel gemischt gespielt hatten! Von: »Das ist der Knackpunkt!« und sogar von: »Wie sieht Ihre Umschlagshäufigkeit aus?« – No? Wir Lauscher waren alle sehr gespannt! Sie läge im »Äveridschbereich«. – Aha! Man staunte! (An Sätzen wie: »Willste dies Jahr noch was mit deinen Beinen unternehmen?« oder »Meine Staude geht ein!« erkannte man, daß noch normale Menschen unter die Deppen gemischt waren.)
Es schien sich bei den Anormalen um Angestellte zu handeln, die der Ostzone beruflich aufhelfen möchten, also ihr unser Schweinesystem applizieren – aber um jeden Preis in Braunschweig wohnen bleiben wollen! – Was ja nun alles sagt! Die steigen dann allesamt in Braunschweig oder Hannover aus, rennen wie die Bekloppten runter in die ›Ride-and-buy-Boutique‹, um dort, als erste angekommen, der Mutti eine Häßlichkeit, ein Mitbringsel als Drachenfutter einzukaufen. Manche von denen dürfen erster Klasse reisen. Dann stehen

sie lieber im Gang erster Klasse, als sich zweiter zu setzen, wo es jetzt doch noch paar freie Stühle gegeben hätte, auf meiner speziellen Hinfahrt.
Kurz: Ab Magdeburg herrschte umfassende Idiotenhaftigkeit. Die Männer alle parfümiert. Die Weiber auch. Nun stimmt, was Plautus sagt, keineswegs. (»Mulier recte olet, ubi nihil olet.«) Denn das Damenparfüm duftet doch bisweilen recht lüstern, während die maskulinen Toilettengewässer ausschließlich und gotterbarmdich stinken! So schwitzten denn die Völker von vor Magdeburg gegen die von dort frisch eingetroffenen »cool water boys« aus Magdeburg an und hatten im Gegensatz zu Tillys seinerzeitigem Erfolg bei der Einnahme Magdeburgs 1626, von der sich diese Stadt übrigens bis heute nicht erholt hat, dieses Mal das Nachsehen, weil man gegen die nicht anstinken konnte! Da saß ich nun dazwischen und hatte es zu ertragen, während draußen das ehemals weltläufige ›Helmstedt‹ grämlich vorüberstarb, anstatt sich zu freuen.
Früher war schöner. Heute ist besser. Früher ging's uns gut, heute geht's uns besser. Besser wäre, es würde uns heute wieder gutgehen!
Seit dem Anschluß der Ostzone haben wir eine grundsätzliche Verspätung aller Züge zu verbuchen. Egal, welche Richtung. Lieber noch mal grundlos eine viertel Stunde auf gerader Strecke stehenbleiben als pünktlich in Hannover ankommen, sagt sich so ein ›Intercityteam‹ händereibend.
Ankunft Hannover. Winke-winke. Wie ein doof geratener Primat schleppte ich meine Projektionsoptik und meine braune, treue Arbeiterklassenaktentasche geradeaus weg vom Bahnhof durch eine Einkaufszeile auf die vermeintliche Mitte der Ortschaft hin. Warum, wußte ich auch nicht.
Du lieber Gott! Dieses deutsche Städtetreiben! Mit der Theodizee geht es in Hannover ganz schlecht. So ein unzumutbarer, neuerlicher Brutaleffekt, so was von realster Anknallerei! Es stinkt allerorten nach Bratwurst, es plärrt und bettelt

und kauft und klampft à la manière de Cat Stevens von oder über einen gewissen »Fortschn Gämbler« erpresserisch um Almosen.

»Gibst du mir deine Uhr?« fragt das dem Schlachter Haarmann verwandte Volk und gibt dir als Gegenleistung dafür »die genaue Zeit!« Fluchtartig schwenkte ich rechts herum: Ein Straßenbahnhof sah aus wie ein jugendmöblierter Raketenstartplatz! Es drehten sich Dönersäulen drum herum um eigene Achsen. Allerorten alles arg verschwittert. An einem Imbiß stand: »Falaffel – das Kichererbsending!« Irgendwie zündete dieser kecke Blödsinn aber meinen Hungerreflex. Restaurants, egal welcher Art, hätte ich jetzt schadlos nicht überstanden. Ich kenne das doch, wie mir dann der Schweiß auf die ›Räuberplatte‹ tröpfelt und der Fluchtreflex vor Hochwasser sich über den Hungerreflex schiebt. Von meinem Scheckkartenbevollmächtigten Frieder Butzmann hatte ich ja die Technik übernommen, die Stirn ab und an mit der Scheckkarte trockenzuspachteln. Das beeindruckt, man schiebt sich den Scheckkartenwischer über die Stirn und schlägt lässig das Schweißwasser von der Karte. Das hat eine ziemliche Grandseigneurs-

gestik und mimt so, wie früher mit dem Stofftaschentuch nach Gutsherrenart den Nacken auswischen.
Ein Fleischer kam in Sicht. Das ist gut! Die kühlen ihre Verkaufsräume, und ein Paar kalte Wiener würden reichen. Ich stellte mich falsch an. Eine hübsche Hausfrau verlangte dafür eine Letztbegründung: »Wer gibt Ihnen das Recht, sich hier vorzudrängeln?« – »Carl Schmitt«, behauptete ich, »Leiter der Wurstabteilung.« – Den kannte sie nicht. Ich entschuldigte mich deswegen. Man mußte sich von links anstellen, was ungewöhnlich und auch wohl ein Ausnahmezustand ist. Und war.
Au weia! Dies also die Stadt von Klages und Theodor Lessing; es wundert nicht, denn beide sind, auf ihre Weise, im Grunde verwunschene Ahnen sentimental ökologischer Weltsicht und wie zwei neblig neuplatonische Argumente dritten Ranges sogar im selben Jahre hier geboren (1872! – Ein Jahr nach Paris!). Wobei der Ratio-Zermürber Lessing doch auch ein feiner Kerl war, und ich ihn auch gerne las. (Und Klages eigentlich auch.) Also: Gott schütze ihrer beider Seelen, von denen sie so oft sinnig und geistreich abhandelten! Amen!
Hohe Not! Ein letztes dringliches Begehren durchströmte mein Psychosoma: Ich möchte bitte sofort ein großes, kühles Bier! Ick hatte Durscht wie ne ›Welwitschia mirabilis‹! Und ich hatte was von einem ›Brauhaus Ernst August‹ »im Centrum« gehört! Ich schleppte meinen Leib mit letzter Nervenkraft in eine »Schmiedestraße« heißende Altstadtverheißung und geriet in eine rustikal touristisch, grob gezimmerte Erlebnisbrauerei nach dumpfester Neubauart mit Brauhausmöblierung und stürzte ein mäßiges Hausbräu zu fünf Mark das 0,3-Liter-Gläschen. Schuld an allem hatten hier letztlich wieder General Harris und Ludwig Mies van der Rohe.
Ums Eck ein bei ihnen ebenfalls in Patenschaft befindliches Postgebäude in Legobauweise. Es schien etwas kühler darinnen. Ich lief rein und beantragte an einem ›Telekom-InfoPoint‹

mit fester Stimme »einen Kabelanschluß für mein Funktelefon!« Die Dame wunderte sich. Ich erläuterte blöd begeistert nickend: »Weil, Kabeltelefon! Und Funkfernsehn! Haben wir schon!!« – Sie zögerte. – Dann fand sie es: »Super! Echt!« Und füllte mit mir ein Antragsformular aus, was ich bewußt in die Länge zog, da ich zufällig unter einem Deckenventilator plaziert worden war und auch sonst alles recht nett und klimatisiert und blödsinnig war: Als schlüge man, wie weiland Schopenhauer beim Lesen der ›Phänomenologie des Geistes‹, die Fenster zu einem Irrenhause auf! (»Dies Perhorreszieren stammt aber in der Tat aus der Unbekanntschaft mit der Natur der Vermittlung und des absoluten Erkennens selbst.« Vorrede.) Genauso war es in Hannover!
Was nun? Du mußt nach Silken und Knusti hin! Halte durch! Eine Taxe, mit deren Erlaubnis ich während der Fahrt meinen dampfenden Schädel aus dem Fenster stecken durfte, trug mich verzweifelt Wege suchend nach Knusti und Silke hin, denn irgendwelche notleidenden Arbeiter demonstrierten in Gestalt eines Autokorsos gegen die Abschaffung irgendeines »vierzehnten Monatsgehaltes« (sic!) und unterstrichen die Dringlichkeit ihres Begehrens durch Hupen. Eine Nebenforderung, unter anderen kuriosen, war: »Stopp dem Stau!«
›Silke‹, stellte sich heraus, war ein Veranstaltungsort und keine Silke, eine Kellerlokalität, und Knusti war ein Hans-Joachim Knust mit Programmvollmachten. Ich stieg hinab und dachte: »Kapielski, alter Mann, mußt du dich denn auf alles einlassen, mußt dich unter der Jugend in Partykellern tummeln, anstatt deinem Alter angemessen an honorigen Stammtischen konservativen Blödsinn von dir zu geben?«
Doch es passierte etwas Wunderbares: Die Kühle des Kellers senkte meinen Blutdruck, ein junger Mensch stellte ohne Umstand ›Herrenhäuser‹ in Flaschen vor mir auf, ich labte mich, und es wurde mir kommod und wohltemperiert ums Herz, und mein Gemüt sprach freundlich an auf die lustige

Gruft und ihre jugendlichen Bewohner, und alles wendete sich zum Guten. Derweil oben, im überirdischen Hannover, die Angestellten und sonstigen Arschgesichter durch die Affenhitze und ihre satanischen Einkaufszeilen latschten, um das darzustellen, was man gemeinhin ›Wirklichkeit‹ nennt. Hier unten aber saßen icke und olle Knusti und der ganze verfluchte sonstige, höchst integere Underground schön gemütlich auf bierfleckigen Polstermöbeln herum, prosteten einander tapfer zu und ließen die Arschgesichter oben Arschgesichter sein.
Bloß wo waren mal wieder die Weiber? Die eben ja doch noch massenweise und halbnackt durch die Einkaufszeilen gewackelt waren? Ich weiß es nicht. Wo wahrhaft gute Männer gute Sachen machen, fehlen gute Weiber! Das war die leidvolle Erfahrung einer viel herumgekommenen virilen Ruine. Vielleicht hätte man früher mal eine Jazztanzgruppe belegen sollen. Dort sollen sie sich tummeln. Oder Joga. Dabei haben sie alle die Augen geschlossen, und man kann in aller Ruhe seine Kerze betrachten. Haha!
Aber es ist so! Vor Jahren mal hatte mich nämlich ein ziemlicher Schurke überredet, aus Daffke an der ›Dynamischen Meditation‹ des Halunken Bagwahn teilzunehmen. Ein unvergessenes Erlebnis! Denn hier auf einmal gab es zu meiner größten Verblüffung den allerhöchsten mir je untergekommenen Frauenanteil innerhalb einer gemischten Gruppe, und mein mich begleitender Schurke und Anstandswauwau erläuterte, daß es die Frauen nämlich sowohl gesund als auch je nach Gusto immer etwas spirituell mögen, weswegen sie hier auch so zahlreich vertreten seien.
Ich staunte! Weil es hier im ›Sanyassin-Meditations-Center‹, Mehringdamm 55, auch tatsächlich seltsam gesund als auch ganz schön heftig und sogar ziemlich numinos zugehen sollte, wie sich gleich herausstellte! Es war nämlich folgendes zu tun: Als erstes mußten sich die Teilnehmer, es waren an die siebzig, nackt ausziehen, durften aber, im Sinne einer rever-

sierten Bekleidung, Augenklappen benutzen, wie es sie auch im Flugzeug zum Verdunkeln des Einschlafens gibt und die einen hier nun blind für all die Nacktheit machten. Wovon mir aber, just als ich dies, von milder Scham befallen, tun wollte, mein mich betreuender Oberspanner heftig fuchtelnd abriet!
Dann begaben wir uns, teils mit, teils ohne Augenklappen, aus der heillos verlumpten Umkleide hinüber in eine zur Turnhalle umfunktionierte Fabriketage, wo man mit möglichst viel Platz um sich herum Aufstellung nehmen mußte und nichts weiter zu tun hatte, als die, von einem Vorturner erklärten, fünf Abschnitte à zehn Minuten heftig brüllend nachzutoben.
Auf sein Kommando taten wir dies. Ich, als Neuling und sich blöd vorkommender Alltagsmensch, ging die Sache zögerlich an, sah mich etwas um. Und erstarrte erst mal vor Entsetzen! Auf einen Schlag nämlich war der ganze Saal in ein von Tollwut durchseuchtes Inferno verwandelt, wirkte wie ein unter Mutterkorndrogen gesetzter, wackelnder Schulhof für Taubstumme. Wobei jeder für sich und geradezu autistisch sein ganz persönliches Jammertal mit voller Wucht hochgehen ließ, und somit jeder einzeln irre Gewordene so etwas wie Charakter oder persönliche Note aufführte. Nur ums überhaupt fassen zu können, nicht aus der Reihe zu tanzen und weniger aufzufallen, hopste ich vorerst allegretto-moderato mit und sah mich nach meinem Bekannten um. Er sprang grinsend und presto als Spanner im hinteren Teil der Halle auf und ab und fiel, im Gegensatz zu mir, nicht weiter auf. Also gab ich auch etwas piu mosso in die Agogik und beschleunigte bis kurz vor die Seitenstiche.
Man war nun im Tempo, hatte die hiesigen Sitten und Gebräuche recht rasch internalisiert und sah sich, heiter galoppierend, etwas sicherer um. Alsdann nahm ich ein derartiges nie für möglich gehaltenes Tittenspringen (Mamma pendulans) wahr und möchte beschwören, daß ich solches mein

Lebtag, vorher nicht und hinterher erst recht nicht, werde erlebt haben dürfen. Wie auch? Beziehungsweise wo?
Das Mannsgebärden war, abgesehen vom eher lächerlichen, aber doch auch beachtlichen Schwanzwedeln, noch kurioser, insgesamt sogar hysterischer, verzweifelter, ja tragisch! Man hörte hier und dort sogar im Zorne flehentlich nach »Mama!« oder »Mutti!« brüllen, und einige Schmächtige, bei denen man es nie und nimmer für möglich gehalten hätte, tobten derart, daß es Auswirkungen auf die Richterskalen der Forscher am entgegengesetzten Ende der Erdkugel gehabt haben mußte!
Annähernd gleiches trug sich nun bald auch in Hannover bei Silke und Knusti zu. Denn es folgte gegen Abend eine längere Phase köstlichster, turbulentester Nebelhaftigkeiten. Die Hannoveraner Kellerjugend entfaltete so etwas wie destoheftigste Kellerlochseligkeiten; es gelang mir Zusammenhängendes und auch den ›Feinen Menschen‹ vorzutragen; ein gewisser »Harald ›Sack‹ Ziegler« war tatsächlich erschienen, musizierte auch betont infantil, aber gut. Man wurde einander noch und noch vorgestellt, man wurde auch gegen Ende zunehmend mit Pfefferminzlikör (›Pfeffis‹) traktiert, man mußte verschlagenste Treppen wieder und wieder hoch und runter zwecks Abschlagen des immer heftiger anfallenden Urins (oder auch nur eines imperativen Scheinharndrangs wegen), und zum guten Schluß wurde ich von drei netten, zuvorkommenden jungen Herren mit dem Wagen zum Hauptbahnhof hinchauffiert, den ich selbst nie und nimmer gefunden hätte. Obwohl er ja groß genug ist. Danke!
Heimfahrt nach Berlin. Hannover Hauptbahnhof. Tausende am betreffenden Bahnsteig. 2 Uhr 56, alles springt auf, ein vergammelter Zug rumpelt in den Bahnhof, kommt von Holland, will nach Moskau, wird gestürmt. Darin bereits befindlich zuhauf: Arme, Besoffne aller Länder, alle Sorten Ostvölker mit zahlreichen Waschmaschinenkartons, Knoblauch-

zöpfen und Großmüttern. Sie alle fahren also nachts in diesen Geisterzügen hin und her durch Europa, während tagsüber die Bahncard-›first‹-Fittis sich im Eilverkehr befördern lassen. Das war mir auch neu.
In mein Abteil schwankten zum allgemeinen Entsetzen nun noch drei junge, reichlich angesoffne Männer (aus Magdeburg!) mit jeweils einer Dreiviertelliterflasche ›Mariacron‹ in der Flosse und berichteten aufgeregt vom abendlichen Freizeiterleben beim Konzert der Gruppierung ›Die Toten Hosen‹ in Hannover. Es mußte also neben Silke auch anderes stattgehabt haben. Da freuten sich alle! Daß ich nun aber den Sänger und Herrn Campino bei Filmarbeiten, an denen mein Freund und Kollege Frieder Butzmann beteiligt gewesen war und welcher es also bezeugen kann, flüchtig kennengelernt hatte, wollten mir die drei verwegenen Magdeburger Burschen nie und nimmer glauben. Sie wurden sogar zunehmend stänkerich darüber! Dabei hatte ich sie ja über einen sozusagen gemeinsamen dritten Bekannten nur prophylaktisch beschwichtigen und heiter stimmen wollen, nun aber das Gegenteil erreicht. Und nun wurden die neuen Bundesbürger überhaupt auch sonst noch sehr böse gegen die polnischen Großmütter und kaschubischen Knoblauchzöpfe! So sehnten wir anderen Magdeburg herbei. Nach und nach verdrückten sich alle dezent. Auch ich dachte, besser, du gehst mal für zwanzig Minuten pullern, bis sich die Herren aus dem Jubelblock der ›Toten Hosen‹ – man glaubt's ja nicht! – so weit beruhigt hätten und ihrer eigentlichen Bestimmung, der soliden Ausländerjagd an den ihnen zugeteilten Wohnorten, wieder »anheimgeben« (Jonas) mochten.
Endlich Magdeburg. Ich komme vom gedehnten Austreten ins Abteil zurück. Die drei Dumpfmänner, gottlob, fort! Nur ein zertrümmertes ›Mariacron‹-Fläschlein zeugte stumm von gehabtem Kulturtourismus.
Fort war aber auch meine Aktentasche!

Die Kameraden hatten meine Aktentasche geklaut! Meine Zettel, Dias, Platten, Kulturbeutel, alles. Ich dachte, ich kriege einen Pickel! Soll das die Einheit sein? Hat das Begrüßungsgeld nicht gereicht? Mußte es auch noch meine Aktentasche sein? Verflucht und zugelötet!
Und nun kommt, warum Hannover meine Glücksstadt ist und bleibt und wohl eingerichtet die Welt. Grämlich, triefend, verkatert, hinfällig und abgelebt; müde, matt, marode und morgens kam ich zu Hause an und greinte die Liebste voll: »Die Ostgoten! Sie haben mich ausgeraubt! Wegelagerer! Meine treue alte Arbeiterklassenaktentasche. Ach und O!« Da sagte die Liebste beherzt: »Schnauze jetze! Schluß mit Rumgejammer! Don't cry – work!« (Sie liest den Goetz.) »Ich ruf da mal an: in Magdeburg.« Und es ging sogar einer ran! »Ja! Hier Magdeburg, Hauptbahnhof. Es stand über Nacht eine herrenlose Aktentasche nach Verlassen des D-Zugs 1945 in der Bahnhofshalle. Sie kann abgeholt werden. Jederzeit.« Ein Wunder! Gelobt sei Jesus Schmitz!
Erneute Reise von Berlin nach Magdeburg. Ankunft. Umarmen der Aktentasche. Alles noch drin. Neckisch! Die Toten-Hosen-Fans hatten mir wohl lediglich einen Streich spielen wollen. Da darf man sich nicht so haben. Höhö. Oder sie waren einfach so doof, daß sie den unschätzbaren Wert des Tascheninhalts nicht erkannten.
Wir traten erneute Rückreise an und packten noch mal die Tasche aus, weil man es nicht fassen wollte. Die ›Silke Arp-Brichter‹ hatten mir bei dramatischen Verabschiedungsszenen neben vielerlei Schallplattengaben auch eine Zeitung zugesteckt, die sie dort herausgeben. Sie war kopiert, A 4 und hieß ›Karriere-Kurrier‹: »Illustrat – ehrlich – modern« zu 1,50 + 0,50 Pfand. Themen: Trinken in der Hauptstadt, Flaschenmode 94, Rezepte.
(Wurstwasserbowle: 1 großes Glas Bockwurst, 1 kleines Glas Gürkchen, 1 Glas Cocktailkirschen, 1 Flasche italienischen

Schaumwein, 2 Liter Pilsbier, 35 cl. Vodka. Zubereitung: Würstchen vom Wurstwasser trennen und in mundgerechte Stückchen schneiden. Beiseite legen. Cocktailkirschen enthäuten. Wurstwasser mit Bier und Vodka auffüllen. Würstchenscheiben mit Gürkchen und Kirschen beigeben, nach Belieben mit Schaumwein auffüllen und etwa 3–7 Stunden ziehen lassen.)
Und wie ich da nun so weiter rumblätterte, plötzlich zwei Gottesbeweise! Einer geht so:
Hansa-Pils von Silke. Es war einmal bei Silke. Wir tranken die Reste mit Klaus aus. So feierten wir Klaus sein Geburtstag. Als es Sommer war, sind wir mit Klaus an Kiesteich gefahren. Er hatte immer noch Hansa da; es waren die letzten drei, und wir waren auch drei und wollten die drei trinken. Wir Flaschen machten unsere Dosen auf und wunderten uns schon, daß man den Verschluß noch richtig schön wegschmeißen konnte. Außerdem schmeckte das Bier noch mehr nach Blech als sonst. Ein bißchen so wie Erbsen schmecken. Da haben wir uns sehr gewundert und gedacht, ob das schon zu alt ist. Dann haben wir drunter geguckt. Auf der Dose stand, es war genau der Tag, der war. Ha ha. Danke, lieber Gott, daß das Bier noch nicht abgelaufen war.
Ein weiterer geht so:
Erdbeben bei Silke. Es war einmal bei Silke, da lief ein Film von K&K mit Always Ultra und Orginal Flüssigkeit. Aber auch einer mit Sandmännchen, wozu die Kinder auch lustige Geräusche gemacht haben. Aber auch einer über Erdbebenvorhersager. So und nicht anders war das. Der Abend ging zu Ende, wir blieben aber noch und tranken. Wir hatten es uns vor dem Ofen gemütlich gemacht. Da ging unser Freund Jens M. nach unten in den Keller, um Nachschub für uns alle zu holen. Da geschah es ihm, was ihm und uns noch nie geschah, er fiel. Die Treppe hinunter. Am nächsten Tag erfuhren wir aus dem Fernsehn, daß ein Erdbeben geschehen war, deshalb

war Jensi gefallen. Ha ha ha. Danke, lieber Gott, das war ein lustiger Abend!
Nun war mir klar, was das mit dem »tüchtig beben« und so auf sich hatte!
Alles wird immer gut. Frohe zweite Rückreise im ICE mit ›Herrenhäusern‹, die es doch tatsächlich im Bahnhof von Magdeburg an der Bude billig und im Gebinde zu kaufen gab. Ich war aus dem Gröbsten raus.
Später dann wurde ich wieder einmal dorthin eingeladen. Da gab es auch wieder Ärger, auf der Rückfahrt. Am Hauptbahnhof Hannover war nachts alles von Polizei abgesperrt, und ich war wieder spät dran. Und da war jetzt wieder die Ungesichertheit des nächsten Augenblicks, die der Nichtglaubende als Daseinmüssen und der Glaubende als Daseindürfen erfährt. Sie sagten, es sei Bombenalarm im Bahnhof, und ließen mich partout nicht durch. Ich sagte, ich möchte, auf eigene Verantwortung, lieber von Bomben zerfetzt werden als diesen Zug verpassen. – Nein! Der Staat schützt seine Bürger um jeden Preis. Und ich soll den Nordeingang nehmen. Dazu mußte man unter einer sechsunddreißig Gleise breiten Brücke hindurchjagen, um die Ecke laufen, in den Nordeingang flitzen, zurück in Richtung Bombe (idiotisch genug!) und Gleis 8 finden, hochpreschen, und da stand schon ein Zug, zum Glück auch etwas verspätet. Auf einem Schild stand »Berlin«, also rein, Tür zu, Schuhe aus, Bier auf, Abfahrt. Und alles schön leer.
Zwanzig Minuten später hielten wir in Minden/Westfalen!
(»Allgemeine Regeln und Bedingungen der Vermeidung des Irrtums überhaupt sind: 1) selbst zu denken, 2) sich in der Stelle eines andern zu denken und 3) jederzeit mit sich selbst einstimmig zu denken.« Kant. Ich dachte, das kann nicht wahr sein! Bei Bombenalarm! Und die Vernunft selbst ist doch auch nur ein weiterer Irrtum.) Wie auch immer, der Zug war falsch, war von Berlin und nicht nach Berlin. Der Schaffner aber war

von Ricklingen und freundlich; er erklärte mir, wie ich mit regionalen Frühzügen über Stunden würde nach Hannover zurückgelangen können, und wünschte mir alles Gute. Und: »Gute Fahrt!«

Allein, die Wünsche halfen nicht. In Minden nahm ich einen dieser Elendszüge für Frühschichtarbeiter und Pendler, die den Idiotentest nicht schafften. Verkatert hockten wir elend und stumm unter summenden Neonröhren und quälten uns auf die Landeshauptstadt Hannover zu, welche sich ihrerseits seit undenklichen Zeiten auf etwas überhaupt Städtisches hinquälte. Plötzlich trat eine unvermutete Fahrschein-Kontrolle auf und behauptete öffentlich, ich hätte keinen gültigen Fahrschein für den Streckenabschnitt Minden–Hannover (was im Prinzip zutraf), weswegen ich nun sechzig Mark Buße auf Ablaß zu entrichten hätte.

Da verlor ich die Kontrolle! Ich bin an sich ein friedfertiger Mensch, und es würde sich das belegen lassen. Nur hier kam es nun anders. Ich brüllte wie ein Affe immer wieder die Worte »Bombenalarm«, »Berlin« und »Scheißminden« und argumentierte in besonnenen Erholungspausen, daß ich wahrlich Besseres zu tun hätte, als mitten in der Nacht in ein »Scheißminden« zu reisen! »Ich will nicht nach Minden! Ich will nach Hause!« Dafür hatten alle Verständnis. Alle wollten sie nach Hause! Der Kontrolleur erkundigte sich nun am nächsten Bahnhof nach etwaigen Bombenalarmen in Hannover und gab grimmig auf, an mir herumzuzerren, als dies telefonisch bestätigt wurde. Daraufhin verhöhnte man ihn noch ordentlich, woraufhin er sich an einem Bahnhof namens ›Haste‹ kleinlaut davon machte. Arschloch! Die Fahrt ging mühselig, aber um einiges beschwingter weiter.

Dann stand ich endlich, früh um fünf, in Hannover herum. Hotel lohnte nicht mehr. Ich dachte, so, hier ist der Bahnhof, und jetzt gehst du mal hier in der Gegend herum und in so ein rot ausgetöfftes Puff-Dingsbums rein, und dann guckst du mal weiter. Das probierst du jetzt mal aus. Denn heute ist der Tag, an dem du mal in so einen Puff gehst. Und heute ist der Tag, an dem dir dort ganz sicher eine Versteifung gelingt! Heut ist Tag der Auferstehung des Gliedes! Es war aber weit und breit kein gemöfftes Plüschdingens auszumachen. Also stand ich zwei Stunden steif in einem Stehbier-Dingsbums herum. So war das.

Der Rest bestand aus etwas zu groß geartetem Kleinkram. Mehr ist da nicht zu erzählen. Diese Zeit war flau.

IV.
Die zwiefachen Zeugen

Wo lex voran,
Da fraus Gespann.
Alter Spruch

Es ist der Gang Gottes in der Welt,
daß der Staat ist.
G.W.F. Hegel, Rechtsphilosophie, § 258, Zs.

Eines Tages war die Mauer offen, wir brauchten keine Angst vor ›Vopo‹ mehr haben. Da man nun alles von der Welt, fast nichts aber von der Ostzone gesehen hatte, ihr als Projektion regressiver Paradiesvorstellungen bisweilen auch still gewogen war, wollte man sich das kuriose Land doch einmal von nahe anschauen. Und auf eigene Faust.

Ich hatte den Osten zuletzt als Kind erlebt; da sah man nichts, da spürte man nur einen Mulm. Die Sache war mulmig. Man war voller geomatischer Mutungen unheilvoller Art. Denn mein Vater hatte als Kommunist und Skeptiker Probleme in der DDR gehabt und war, 1950 aus der Partei ausgeschlossen, in den Westen gegangen. In der Ostzone befürchtete er immer das, was er schon bei den Nationalsozialisten zu befürchten gehabt hatte. Ein Erzübel der Obrigkeit der DDR war ein grundlegendes Mißtrauen und eine Feindseligkeit auch – oder gerade! – den ihnen Gewogensten gegenüber.

Dann hatte es während meiner Schulzeit merkwürdige Propagandareisen in die DDR gegeben; da hatte man schon mal tiefere Blicke hineinsenken dürfen, aber das war natürlich auch so eine seltsame Zeit für sich und so eine komische Sache für sich, wenn man da als Schüler mit Akne und Staats-

gast mit dem ›Ikarus‹ durch die Gegend chauffiert und allerorten gemästet wurde. – Davon später.
Dann gab es die ›Passierscheine‹. Ein Formularwahn aus der Vorstellungswelt der Büros und Kanzleien beider Staaten. Drei-, viermal hatte ich diese Antragskomödie ertragen. Man erlebte in Westberliner Baracken eine gesamtdeutsche Beamtennummer surrealer Art. Der Besuch war dann regelmäßig eine derbe Enttäuschung. Man kannte keinen im Osten, und das wahre Leben fand in den Wohnungen statt, also latschte man blöd in Mitte durchs falsche Leben um diesen blöden Funkturm herum und ließ sich demütigen: »Nein! Sie werden plaziert!« Und überall Bullen und Kohlenmief. Im Zweiertakt wurde dem unsrigen Autowahn hinterhergestunken, und der ganze Quatsch bedrückte außerordentlich. Das alles mußte Absicht gewesen sein, denn man fuhr nicht mehr hin.
Einmal noch fuhr ich mit Butzmann hinüber. Ein Kunstkommissär Tannert hatte Kontakt aufgenommen; er wollte irgendwie ein befreites Kirchenkonzert mit uns organisieren. Also sind wir rüber, soffen einen Abend gemeinsam im ›1900‹ und hörten von Christoph Tannert Dinge, von denen man nichts geahnt hatte. Hugh Everetts Viele-Welten-Theorie war offenbar doch richtig. Gegen Mitternacht wurden wir in einen ›Trabant‹ gesteckt und nach Hause getunnelt. Aus diesem Auftritt wurde natürlich nichts. Es war auch unvorstellbar, wie wir unseren Elektrokram da hätten rüberbringen sollen; wie wir das den Grenztruppen hätten plausibel machen sollen, daß wir so was ständig mit uns führen mußten, so viele Knöpfchen und Kabel. Mein Gott: Kabel! Wir wären verhaftet worden. Kabel waren doch so was von verdächtig und suspekt! Da konnte man durchfunken; das war Agentensache.
Also, man hatte es nie für möglich gehalten, doch das Arbeiter- und Bauerndingsbums brach ächzend zusammen. Alle standen blödsinnig begeistert mit ihren Hämmerchen an der

Sektkorkengrenze herum, machten den obligatorischen Festkrach und freuten sich. Na gut.
Ich pendelte damals beruflich Berlin–Kassel ab. Borgte mir regelmäßig den alten braunen Variant-Volkswagen der Mädels Christiane Schmidt und Nora Bierich, die für freimütige Autoverborger gelten, weswegen sie hier unerwartet erwähnt und tüchtig belobigt werden sollen. Danke!
Man verließ keck die Transitautobahn, fuhr als Spanner die Reichsstraße eins, Aachen–Königsberg, ab, auf der Lauer nach pittoresken Plastesachen und ungewöhnlichen Ereignissen. Ein Begehren nach Kolportierfähigem trieb alle rastlos hin und her. Allerorten fand investigativer Tourismus statt. Seine Basis ist bekanntlich die Summe aus Geiz und Schnäppchen. Man fraß und soff mit gerubeltem Geld die Ostzone kahl, kam sich schick vor, beim Fassen der Schweinenacken mit Setzei zu 3,91 M Ost, eins zu zehn gerubelt bei Zwielichtern am bösen Bahnhof Zoo, von wo man schon immer die Ostzone zu zermürben gewillt war. (Wofür ›Christiane F.‹ dann die ausgleichende Quittung war!) Leute, bei denen man es nicht für möglich gehalten hätte, fingen diese ekelige Heckerei an, die sie sonst wahrscheinlich in sogenannten Urlauben in Griechenland treiben – ich weiß es nicht, war nie dort –, waren aber natürlich für den Erhalt der DDR an verquatschten runden Tischen mit Indianergeld.
Alle gaben an, was sie alles Tolles in Brandenburg und irgendeinem ›Mecklenburg-Vorpommern‹ entdeckt und billig abgegriffen hatten, und die schönen Seen und die alten Mäuerchen und der ganze Heimatscheiß und die blöden geklauten Mitropateller und der ganze gekümmelte Salatbarwichs. Ach und O!
Das war damals die Spanneravantgarde, die gutgelaunten jungen Menschen, der dann in vorsichtigem Abstand diese ganze Zehlendorfer Tagesspitzelei folgte: der dumpfe Sonntagsmarsch, wo es jeden Beamtenkopf in die Parks um Sanssouci

treibt, und dort tappen sie fotografierend in den tiefen Spuren Fontanes und Onkel Ohffs umher und halten Ausschau nach günstigen Immobilien und stellen sich an Friedrichs zwoter Liegestelle auf und denken nach über Deutschland. Eine ideologisch hinreichend kolumnierte Siedler-Bewegung.
Man stellte allerorten den Fahrersitz aufrecht und gaffte mit fünfzig übers Lenkrad in die Geschlechtsteile der Ostzone, die einem das dortige Regime vierzig Jahre lang vorenthalten hatte. Im Autoatlas wurden Feldwegrouten rommelmäßig markiert. Die Radfahrerhelme arbeiteten sich mit ihren blöden Rucksäcken und Gören wie Spätheimkehrer durch die Rapsfelder und lobten das authentische Gelb. Man lutschte an jeder Müllkippe ganz unten und lugte in LPGs und HOs mit begehrlichem Blicke.
Nicht unangerührt von solcher Vollidiotie, rollte ich während jener Tage eine kaum befahrene Landstraße mit dem braunen Variant entlang – die Ostgoten waren derzeit noch schütter motorisiert, es ging noch gemütlich, aber die Autofrachter aus Fernost brummten schon durch den Suezkanal, das Begrüßungsgeld höchstmögend nach Japan zu holen –, als ich auf einmal eine somnambule Vollbremsung vornahm.
Was war das jetzt gewesen?
Rückwärtsgang. Tatsächlich: Ein Geschenk war für mich am Straßenrand abgestellt worden! Ein gekonnt verschnürtes Paket, eine opulente Packpapierbescherung. Ich sicherte nach links und rechts und zerrte das geheimnisvolle Stück geheimdienstlich hinten in den Variant rein. Und befuhr erst mal einen bedeckten Waldweg, wo ich dann aufgeregt an den Paketschnüren schabte. Es liefen ja auch neunundachzig noch die alten Uniformen zahlreich durch die Landschaft, und man hatte noch diesen alten Ostmulm in den Knochen. Bei mir ist das bis heute nicht verschwunden, diese schauderösen Reaktionen auf Gerüche, Bilder und Trabanten; ich fand ihn gar nie putzig, diesen Wagen; für mich ist das was ganz Schauri-

ges, dieses im Zweiertakt stinkende Kleinbürgertum, in dem jetzt die Bekennenden Patrouillen fahren.
Gut versteckt schabte ich an meinem Weihnachtspäckchen. Was heißt Päckchen? Das war schon ein Paket! Also, was war drin? Es waren Formulare drin. Hoheitliche DDR-Sachen. Die Blätter waren zu dicken Abreißblöcken verklebt. »Protokoll über Zechbetrug«, also Zechbetrunk und Zechprellerei. Unfaßbar! Jeweils vier Durchschläge schwarz, rot, grün, blau. Pigmentarme Saugpostqualität. Große Umständlichkeiten, zwei Zeugen, dies und das. Ein unfaßbarer Bürowahn. Im Westen hätte man es für einen fotokopierten Büro- und Kneipenulk gehalten. Die Dinger waren aber amtlich und ernstgemeint!
Was sollte das? Der unfaßbare Hanne-Darbovensche Papier-, Aufschreib- und Protokollfleiß der DDR verblüfft bis hin zu großer Traurigkeit, weil es doch mit den vielen Zetteln um jeden Scheiß mit vier Durchschlägen in tausend Hängeakten in zehntausend Eisenschränken und Karussellapparaten vor kilometerlangen Leitzordnerfassaden so völlig aussichtlos war. Ein total verstopfter Quatsch. Wer hätte das alles jemals bewältigen oder bearbeiten können? Das wäre doch nur mit Großrechnern zu bewältigen gewesen, wie sie die Hardthöhe und der Verfassungsschutz bei uns längst haben. ›IM‹ hätte sozusagen nur als ›IBM‹ funktionieren können. Und so wird – mit Gottes digitalem Dazutun vermittelst Hegel und irgendwelchem globalen Nixdorfgefummel – der Pfarrer Gauck nun erstmals die gehäuften Schriften und Zechprellapokryphen überhaupt hermeneutisch bzw. exegetisch bewältigen können, weil er ja jetzt die Festplatten hat. Insofern organisiert er wohl die Apotheose neuester Staatssicherheiten.
Die Modellpalette der Staaten ist weiß Gott absonderlich. Als ethische Großeinrichtung würde ich, als älter gewordener Mensch, ihm, dem Staat, jedenfalls den Vorrag vor jeglichem Chaos zugestehen, sofern er nicht völlig verderbt ist oder die

allgemeine Wein- und Bierschank-Gerechtigkeit bezweifelt. Hauptsache, ich kann sagen und schreiben, was ich will. (Tun ist was anderes.) Dann soll es ruhig auch ein wenig elektrokomisch zugehen.
Ich habe neulich mal interessehalber so einen Klappkomputer und Schlepptopf auf einer sehr genauen Küchenwaage vermessen. Anschließend stopfte ich das Programm für die neuen Postleitzahlen, den ›Wahrig‹ sowie den ›Duden‹ mit hinein, beides durchaus Kleinmöbel. Dann wog ich nach: das unheimliche Gerät war nicht ein hundertstel Gramm schwerer geworden! Dem ›Wahrig‹ mußte etwas wahrlich Virtuelles widerfahren sein oder so; er war ja drin, aber anscheinend auch wieder nicht. Ein schwereloser Datenspuk. Und damit soll es nun alles leichter gehen in Zukunft, vielleicht. (Auf jeden Fall sind wir angefixt und werden die Kisten lebenslänglich anschaffen müssen, bis hin zur bildbeschirmten Grabgestaltung.)
Dahingegen die real existierende Zettelaporie der DDR, ihre unterirdischen Aktenwucherungen und Laufaktennetze, der umfassende Protokollwahn; das muß man auch mal zurückgelehnt bedenken und bewundern: Das sind ja weltwunderliche Zeichenpyramiden, das ist ja ›Art brut‹, wenn nicht gar ›rhizomatisch‹! (Das deleuzianische »Deterritorialisieren« habe ich mir übrigens immer von Erich Honecker gesprochen gedacht: »Dädärredorrellisiern«; es macht das merkwürdige Wort seltsam wahrhaftig! Wie von Spitzweg gemalt.) Auch der Kampf gegen den Verfall der Saugpostpapiere durch ständige Handkopien war aussichtslos, eine Planierraupe ewiger Aufschieberei endloser Auswertungen. Da hockten hunderttausend gebückte Büroknechte, die Punkt zehn mit dem Stullenpapier knisterten, und dann dampfte republikweit der schlechte Kaffee aus tausend Thermoskannenschloten nach sowjetischem Vorbild!
An solch autopotenzierte Bemühungen kommt im Westen

eigentlich nur ›Video‹ ran. Hochzeit, Taufe, mindestens drei Videokameramänner nehmen alles auf, ›in Echtzeit‹. Und während der Vorführung der verdreifachten Hochzeiten und Taufen werden wiederum Aufnahmen gemacht, die alles verneunfachen! Und die Mormonen speichern alles in ihren atombombensicheren Archiven und retten unsere und unserer Verstorbenen Seelen.

Jetzt kommt aber noch eine ganz unwahrscheinliche Nebengeschichte, wie sie bei unglaublichen Geschichten immer hinzukommen und dafür sorgen, daß es nachher überhaupt keiner mehr glauben möchte: Ich besuche einige Zeit später den Freund und Trommler Sven Åke Johansson. Er kommt gleich an: »Kapielski, ich habe was Ulkiges für dich!« – Protokolle über Zechbetrug!

Was denn nun? Er hatte, Zufall, um Minuten oder Stunden versetzt, denselben Geheimtip befahren und ein gleiches Paket gefunden. Es mußte also ein Lastzug, in Eile und ohne Sorgfalt über und über mit Paletten mit Protokollen über Zechbetrug beladen, die Nebenstraße befahren haben. Es mußte eine uns verborgen gebliebene Massenbewegung des Zechbetrugs in der DDR stattgehabt haben, deren Spuren man eilig verwischen wollte. Nur eine Nachlässigkeit beim Versand kehrte die Absicht ins Gegenteil. Wir waren zu zwiefachen Zeugen der Protokolle über Zechbetrug in der ehemaligen Ostzone geworden!

Und nun muß es ans Licht! Man muß endlich eine vollständige Liste der Zechbetrüger der ehemaligen DDR herausgaucken. Man muß Roß, nun aber endlich auch einmal Säufer nennen! Sie alle können dann als Widerstandstrinker gelten und Lastenausgleich in Form von Getränkecoupons auf Westzechen beantragen. Und die Säufer waren ja nun auch die einzig wahren Kämpen früher! Weiß Gott, ich habe es selbst erlebt, 1967 in der Uckermark, die sie selbst dort Schluckermark nennen, und im Spreewald 1968 noch schlimmer!

V.
Irrlehren und Linsengerichte

Hosann! Triumf!! Halleluja!!!
Quirinus Kuhlmann, 79. Kühlpsalm

The similarities are numerous and astonishing.
J. M. Bochenski, Thomism and Marxism-Leninism

Weißgardistische Wichte mit der Kraft
eines elenden Gewürms.
Geschichte der KPdSU (B). Kurzer Lehrgang

Osten ist schöner – Westen besser! Das dachte man so salopp dialektisch als radikal linkshegelianisch bekennender junger Mensch ab 1967 im Berliner Westen. Manchmal sogar umgekehrt! Da war ich sechzehn, und da war man dem Osten schon gewogen; aber so ein Zaun drumrum und drinnen, in dieser seltsam vernagelten Wohnlaubengenossenschaft, ein paranoid und sozialpädagogisch vereinfältigter Buch- und Schallplattenvertrieb, das ging nun natürlich gar nicht! Wir wollten auch nach Laune mit bedenklichen VW-Bussen nach Afghanistan verreisen dürfen, um dort dem Jammer der Dritten Welt, während elend ewiger Regenzeiten, den eigenen hinzuzufügen. Wir wollten am Teufelssee nackt Nachtsbaden und die mit Herpessalben chronisch verschmierte sexuelle Revolution vorantreiben, so was wollten wir! Auf schwarzlackierten Regalen mußten neben den ›Captagon‹-Schachteln die indirekt beleuchteten Artaud-Bände neben der vierbändigen Mao-Tse-tung-Ausgabe stehen, und während verhaschter Hustenanfälle hörte man ›Haps Hash and the Colored Code‹ und schüttelte den verfemten Pilzkopf. Das Rauschmittelsortiment wurde breit gehalten, damit es uns breit halten konnte. Wer wollte, ging in die ›Dicke Wirtin‹ saufen, bis die Schwarte krachte, oder nahm seine Essigvariationen im ›Mr.Go‹ ein oder tat sonst was er wollte im ›Unergründlichen Obdach für Reisende‹ und sonstwelchen befreiten Löchern. Dabei wurde sogar ein gewisser Verlust an allgemeiner Schwindelfreiheit in Kauf genommen. Das war alles nicht leicht und oft etwas sehr unerlaubt, aber es ging.

Wenn mir heute, dreißig Jahre später, eine Streichfettreklame im Fernsehn die Behauptung: »Die Freiheit néhm ich mir!« aufs Brötchen summt und dazu mit einem weiblichen Haucher Generalapprobation in Gestalt eines: »Du darfst!« drauf gibt, tja, dann lache ich mich tot über mein heutiges Gänsehäutchen, denn das haben wir so nicht gewollt, aber doch so erreicht, den soften Konsumnihilismus und einen brachialen Sozialnihilismus, und wir dürfen endlich Diätmargarine kaufen bis zum Abwinken und auch sonst machen, was wir wollen, wenn wir nur können. Die diabolische Kraft der befreiten Konsumbegierde ist weltweit zum Movens aller letzten Dinge geworden, hat den Ostblock weggeschmolzen und wird nun auch alle übriggebliebenen Indianer kirre machen. (Um dann autoimmunschwach selbst davonzusterben?)

Mein damals schon etwas angekränkelter Ostonkel ›Orje‹ aus Berlin-Johannisthal hatte seit etwa 1987 sogar auf Westmineralwasser der Marke ›Bismarckquelle‹ bestanden und sich die Kästen als Rentner auch anstandslos rüberschleppen dürfen, währenddessen seine werktätigen Genossen diesen eklig süßen Rhabarbersaft saufen mußten, vor Verzweiflung mit immer mehr Schnaps drin. Da wußte man dann schon: Das hält nicht, dies Land wird untergehen! Aber lange davor war man der DDR innerlich doch ziemlich gewogen, aus Gründen des Protestes, aus Gründen projizierter Sozialpusselei und fast schon wie Egon Bahr aus Gründen tieferer Einsichten den Weltfrieden und die Geopolitik betreffend und auch die gegenstrebigen Fügungen und die philosophischen Implikationen der Differenz mitbedenkend.

Ding dong! – Wir hatten so unsere Gedanken! Das hatte Tiefe und stimmte dann ja auch! Dabei wußte man gar nicht genau, was da drüben so lief, in diesem eingeschnappten und um Anerkennung winselnden Landstrich. Man kam ja eine Strecke lang überhaupt nicht rein dort, als Westberliner.
Gegen Ende der sechziger Jahre, als die Ostzone also diese hochverplombte Monade bzw. Angelegenheit und es auf normalem Wege unmöglich war, in diesen sonderbaren, diesseits hartnäckig mit Anführungsstrichen bekämpften Erdenbezirk zu gelangen, hatten wir an unserer Berlin-Neuköllner ›Fritz-Karsen-Schule‹ einen Schulkameraden und Jungkommunisten namens Rolf Schübner, welcher sich als Mitglied zur Gruppierung ›Freie Deutsche Jugend Westberlins‹ (FDJW) bekannte, die eine sozialistisch orientierte, im Grunde aber – wie wir wissen und wußten – revisionistische Parteiung Moskauer Prägung war und sich natürlich vorzüglichster Beziehungen zum kommunistischen Ostsektor und der dortigen FDJ rühmen konnte. Dieser unser freier deutscher Jugendliche Schübner betrieb also auf Grund seiner besten Verbindungen zur DDR, neben allerhand Indoktrination und Parteigruppengewese vor Ort, auch ein auf die DDR spezialisiertes Agitprop-Reisebüro für Westberliner Schüler, welches über ihn und verhackelt mit allerhand ostzonalen Parteiorganen uns, den dort ja für gewöhnlich barsch ausgeschlossenen Westmenschen, eine exklusive, angenehme und preiswert veranstaltete Unterwanderfahrt auf Pauschalebene mit Vollpension in jedweden Winkel des verplombten, damals ja geradezu entelechisch vor sich hinschmurgelnden Landes ermöglichte.
Es ähnelte auf komische Weise dem, was der Westen später mit den Massen im Osten trieb, als er, erste Durchlässigkeiten nutzend, sie mit Reisebussen und Heizdecken für unerklecklich Fahrtkosten in den ›Heidepark Soltau‹ verbrachte, um sie dort hinterlistig in die Vorzüglichkeiten kapitalistischer Lust- und Lebensprinzipien zu verheddern. Auch bei uns Schülern

waren diese verkehrten Margarinereisen in die Ostzone sehr beliebt, sie hießen aber nicht Margarine- oder Buddhafahrten, sondern ›Bockwurstfahrten‹. Inoffiziell natürlich.
Die Bockwurstfahrt kostete fünf Mark West, welche einem aber augenblicklich in fünf Mark Ost Taschengeld zurückgetauscht wurden; eine Großmütigkeit, für die man sich gewöhnlich und schnell noch vor Antritt der Busfahrt ins Landesinnere der DDR, am Bahnhof Friedrichstraße am Wurststand oder im grauen Wurstimbiß unter der Bahnbrücke, eine der wohlfeilen ostdeutschen Bockwürste kaufte, weswegen die Bockwurstfahrten auch Bockwurstfahrten hießen. Man kaufte diese Bockwurst, weil es schwerlich Möglichkeiten gab, die fünf Ostmark während der Dreitagereise anders fortzuschleudern, da auf einer solchen Bockwurstfahrt eisern Vollpension galt; denn heimliches Ziel der Reise war ja, daß wir frohe Botschaft vom Arbeiter- und Bauernstaate mit hinüber nach Westen tragen und dem Lande auch fortan von Herzen gewogen sein sollten, wozu komsumistische Vollsättigung unbedingte Voraussetzung war, weil diese damals im Streit der Systeme sozusagen die Hauptkampflinie bildete und es damit bekanntlich östlicherseits etwas schwächlich bestellt war, weswegen wir während der drei Reisetage im Schube einer Art sozialistischen Kompensationskonkupiszenz auch derart gestopft und genudelt wurden, daß man fast schon wieder froh war, anschließend einer beschwerlichen Flucht über die Staatsgrenze in den frugalen Westalltag offiziell enthoben zu sein.
Wurstfrühstücke mit zwei Eiern, vom späten Vormittag an zweimal warm, dazwischen Gebäck und Tortenspeisung, maßlose Platten zum Abendessen und im Bedarfsfalle immer verfügbare Nachtmahlzeiten, ein allgegenwärtiges ›Edite, bibite!‹ auf rotem Parolenstoff und darunter die Sachen für zwischendurch in Wurstkesseln und Gurkengläsern zur immerwährenden Wegzehrung. Bei Gott! Die sozialistischen Speisepläne waren schon am frühen Vormittag regelmäßig mehr als über-

erfüllt, und so mochte Adams Sattsein vor dem Sündenfall sich darstellen! Da fehlte nur noch das Apfelkomplott.
Und das paßte ja, denn man fraß ja in diesem Alter wie ein Irrsinniger. Ich hatte mir damals vor Hunger sogar einen dampfgetriebenen Eierkocher angeschafft und fraß ein Jahr lang wenigstens acht harte Eier pro Tag! Im Hungerdelir fraß man ohne Bedenken den südamerikanischen Völkern die Bananenstauden vom Kopp! An dieser Sündenfrucht stopften wir uns gottlob schon 1968 über; damit war dieser Fall oralneurotisch infantiler Selbstmästung erledigt. 1989 fand der epidemische Bananenfraß und die Vertreibung aus dem Paradiese dann auch im Ostvolk statt. Damals aber fraßen wir Schneisen durch die DDR. Als Maoist war einem auch bekannt, daß die chinesische Grußformel »Chi le ma?« wörtlich »Schon gegessen?« bedeutet.
Die Fresserei fördert uns vor Gott wohl eher nicht (1. Korinther 8,8), sie ist aber ohne Zweifel ein Politikum. Die propagandistisch kalkulierte Vollmast zeigte Wirkung unter uns Schülern. Und das alles hatte auch so eine physiotheologische Abgründigkeit: Im fundamentalontologischen Völleempfinden sagt sich ja der Mensch, zum Dasein erwachend: »Du bist satt!« Aber in diesem Du-Bist klingt mit: Du mußt jedoch nicht satt sein! Etwas, du weißt nicht, was, ficht dich in deinem Sattsein an, und dieses Angefochtensein von der Möglichkeit des Auch-nicht-satt-sein-Könnens bewirkt Angst, und zwar so, daß sie dich anzieht und abstößt. Im Rückstoß erfährst du, daß du bist! Wenn du aber nicht satt sein mußt und doch bist, was ist es, das bewirkt, daß du bist und nicht nicht-bist? – Tja, was? Es lag metaphysische Antwort in Form einiger mit Südfrüchten durchgarnierter Obstteller nahe. Sie stellten 1967 im Osten sogar Bananen für uns bereit! Folglich begegnete man im Hunger dem Tode; im Sattsein Gott, vulgo Sozialismus! Denn der Sozialismus und die DDR sättigten uns! Das Sattsein bestimmte das Bewußtsein. Das waren so die eher

theologischen Argumentationsstränge des jeweiligen Kantinentraktes, und das war natürlich merkwürdig, denn wir befanden uns schließlich auf dem Territorium der doch wohl eher atheistisch gesonnenen Deutschen Demokratischen Republik! So ganz abwegig war dies alles aber auch wieder nicht! Denn eben hier, im sozialistischen Entwurfe, versuchte man ja, vermittelst eines kommunistischen Erlösungs- und Speiseplanes, die Grenze des individuellen Westdaseins zur sozialistischen Welt und so die Erkenntnis der je eigenen Hinfälligkeit vermittelst unerhörter Fressereien dialektisch aufzuheben. Wir Reisenden waren über Tag in eine Art Speisesoteriologie verstrickt; allerdings nicht allein auf Grund der uns offiziell verordneten Gelage, sondern auch wegen allerlei selbstorganisierter, inoffizieller Nebensachen.
Die nach dem raschen Bockwurstverzehr im Raume Friedrichstraße erheblichen Restgelder nämlich wurden dann für gewöhnlich und eilig an umliegenden Buden in Spirituosenkäufe gesteckt, weswegen die Bockwurstfahrt ehrlicherweise ›Schnapsfahrt‹ oder fachgerechter ›Goldbrandfahrt‹ geheißen hätte. Manch einer unter den Jugendreisenden gab sogar noch Westgeld für übermütige Valutaschnäpse im nahe gelegenen ›Intershop‹ hin, da wurden dann von einigen die ›Osbornes‹ und ›Jim Beams‹ rangeschleppt, weswegen diese Geldonkels hiernach auch immer viele neue Freunde unter den Reiseteilnehmern gewannen, die sich, einzig dieser freizügig ausgeschenkten ›Racke rauchzarts‹ wegen, gleisnerisch um diese umjubelten Westschnapsstifter scharten.
Anfänglich geringschätzte man diese Dicktuerei aus sozialmoralischen Gründen, bis man dann später erlebte, was die Westschnäpse noch so bewirkten und wie den hochmütigen Westschnapsstiftern dann letztlich nur Vorteile zuwuchsen; vor allem, wenn man anrechnete, wie es mit der Trinkbrüderschaft zwischen den uns später offiziell zugeführten und kennenzulernenden Ostjugendlichen und ausgerechnet diesen eklig

jovialen Westschnapsgönnern immer regelmäßig noch ganz dicke und enger wurde als mit uns Knickern und unseren ollen, politisch korrekten Ostfuseln! Die oberste Reiseleitung hatte nämlich immer eine Zusammenführung und Aussprache mit natürlich handverlesenen Gleichaltrigen aus dem Osten in der Planung. Du liebes Bißchen! Das ging immer sehr prüde los, aber später dann, sobald die ganzen Knacker und Jugendonkels abseits in ihren Nischen soffen, da wußte man schon, warum man hier doch besser den Bruder Lustig mimte und harte Währung für ›Osborne‹ hergab!

Zu jener Zeit hatte ich von meinem Vater eine sehr brauchbare Drogenaufklärung empfangen: Er sagte: »Junge! Nimm keine Drogen! Trinke Bier! Das gibt es überall zu fairen Preisen und ist legal! Und: Meide zuviel Schnaps!« – »Danke, Vater!«

Da ich trotz großer Bemühungen mit Haschisch gar nicht klar kam – ich wurde nur schwermütig und lebensuntauglich, wobei ich auch noch stundenlang kotzen und – gleichzeitig! – husten mußte –, nahm ich mir das zu Herzen und vermied immer möglichst auch die Schnäpse. Also kaufte ich dann immer ›Radeberger‹ bei ›Aldi‹ und schleppte, anläßlich der Bockwurstfahrten, anstatt eines Intershop-Schnapses immer einen Kasten ›Radeberger‹ mit in die DDR. Nach Onkel Orjes nachmaligem Vorbild! Der Kasten war dann gottlob immer schnell, meist schon Friedrichstraße alle, und gegen das gewöhnliche Ostbier war nun soviel auch nicht einzuwenden.

Im Vorfeld der Reise wurden den Reiseteilnehmern, deren Höchstzahl einer Busladung, also etwa 40 Personen, entsprach, allerlei Fragebogen ausgehändigt, welche sie im Beisein unseres Reiserenegaten Schübner umständlich auszufüllen gehalten waren – eben dieser damals notwendige und hochwichtige Formular- und Saugpostirrsinn der DDR. Dann überreichte man dem Schübner als eigentliche Vertragsbeschließung für die Reiseteilnahme einen unserer ›Spandau-Dollars‹,

also einen Fünfmarkschein West gegen Quittung im voraus und war quasi per Handschlag im Ost-West-Geschäft!
Für damals unfaßbar. Denn kein Westberliner durfte während dieser Jahre in die DDR einreisen, und mit dem ›BRD-Paß‹, den sich viele Westberliner extra besorgten, durfte man ausschließlich und höchst umständlich für Stunden nach Ostberlin hineinschauen, während in den ganzen Rest allenfalls vorher in Quarantäne auf Hundestäupe untersuchte Alliierte vordrangen.
Wir aber durften! Alles umwehte mithin ein Hauch von Geheimnis und Landesverrat. Wir befanden uns schließlich in den Kalten Kriegswintern der Jahre 68, 69, 70; und obgleich uns das bundesrepublikanische System grundsätzliche Reisefreiheit zubilligte, wurden solche seltsam völkerfreundschaftlichen, west-östlichen Pauschalreisen von den unsrigen diversen Geheimdiensten dennoch drastisch beargwöhnt und abgehorcht, auch wenn es heute den Anschein hat, als hätte es damals einzig und allein östliches Interesse an Staatssicherheit und informeller Mitarbeit gegeben. Quatsch! Ein Elend nämlich ist die Bewachung eines großen Vermögens! Und Furcht vor Unterwanderung hegten auch die fetten Reiche des Westens. Das ganze Geheim- und Spitzelgewese lief nur etwas dezenter, in gewisser Weise moderner und klinischer ab als im Osten.
Gerade wir wußten das genau. Denn wir selbst, die ganze und gar restlose Westberliner Reiseexkursion, bestanden ja selber aus lauter radikalsubversiven Conventikeln und waren ML-Zeloten aller Couleur, vor denen die Bundesrepublik sich damals besonders leidenschaftlich fürchtete. Der Reisepulk bestand aus einem guten Dutzend Maoisten chinesischer als auch italienischer (›PLPI‹) und sogar albanischer Konfession; bestand aus einer nicht unbeträchtlichen Anzahl an Mitgliedern und Kandidaten der trotzkistischen ›4. Internationale‹ sowie einem Halbdutzend neuapostolisch orientierter Anhänger

der Nicaraguanisch-Cardenalschen Befreiungstheologie sowie noch allerlei, im weitesten Sinne rousseausch gesinnter, Utopisten und Philanthropen und im übrigen ja auch aus dem grauen Revisionisten und Reiseführer Schübner selbst nebst kleinem Nachtrab (›FDJW‹).

Dieser Nachtrab hatte es allerdings in sich! Der Schübner war, wenn auch mitunter sehr heiter und jugendbewegt, im Grunde eine etwas langweilige Gestalt. Der soff zwar auch gut mit und war auch für etlichen Mist zu haben, nur wurde sein Wesen, da konnte er machen, was er wollte, eine gewisse Karl-Heinz Haftigkeit nie los. Diesen inneren Hans-Joachim konnte er nicht abschütteln, und er sah auch immer aus wie ein etwas zu jung gebliebener Schlafwagenschaffner: weißes Oberhemd, die Bügelfalte, Bürobrille mit Goldrand, während wir anderen alle wie struppige Waldschrate, Frühchristen und bunte Berber rumlatschten. Wie also war es diesem Kassenwart gelungen, gleich zwei so scharfe und verdammt gut gebaute Proselytinnen zu machen? Wie hatte er bloß die zwei eindeutig besten Frauen, nicht nur dieser Reisegruppe, auf seine FDJW-Leimrute locken können? Ausgerechnet ihn, den Schlafwagenschaffner, umgab hier der allererotischste Damenflor! Für alle unfaßbar!

Man neidete inständig! Besonders die Trotzkisten konnten es nicht verwinden! Denn hier lag das Problem derjenigen Gruppierungen, die die Lehre vom Marxismus-Leninismus seinerzeit vorgeblich reiner vertraten: Es fehlte ihnen gehörig am weiblichen Elemente; sie krankten an der natürlichen Zusammensetzung ihrer geschlechtlichen Gruppenabende! Unter den Trotzkisten nämlich befand sich damals überhaupt keine, unter all den Maoisten lediglich eine Dame! Dazu eine sozusagen mitgebrachte, irgendwie verwandtschaftlich lose an einen Maoisten gebundene, halbwüchsige Monika, die die maoistische Gruppierung als auch insbesondere die Reise in den Osten nur zum Anlaß nahm, sich immer mal gründlich ihrer häuslichen Bewachung zu entziehen und sich hemmungslos ihren pubertären Neigungen hingeben zu können, die zentral aus promiskuitiven Unternehmenslustigkeiten bestanden. Da sie sich hierbei als sehr transferabel erwies und auch überaus ansehnlich war, im Reisebus auch grundsätzlich in der letzten Reihe Platz suchte, wo immer die Frivolsten hockten, galt die frische Interbrigadistin Monika, ein wenig zum Verdruß ihrer maoistischen Stammesgenossen, als allseits begehrtes und ökumenisches Vollmitglied der interkonfessionellen Reiseexkursion.

Zu diesen Maoisten gehörte leider auch ich. Eine Frau und zwei, drei Gruppenabende die Woche; das muß man sich vorstellen! Und alles freiwillig! Die anderen Nächte der Woche strebte ich dann ins ›Zodiak‹ und an ähnliche Vergnügungsorte, wo alles besser aussah. Die Damen geben eben, vor der Politik, dem Tanz den Vorzug; also tanzte und tagte man eben auf zwei Hochzeiten. Ein seltsames Doppelleben damals; einmal diese ernsten Vereinsabende in Kampf-Kritik-Einheitsstimmung und dann immer die bekifften Headbanging-Orgien mit Wabbeldias im ›Zodiak‹!

Also ein gutes Drittel der Reisegruppe war weiblichen Geschlechts. Aber was heißt das? Von ein paar wenigen gräulichen, der Befreiungstheologie anhängigen Neuapostolinnen sei nur vermerkt, daß sie, wie Gemeindehelferinnen in asexuellem Reformschuhwerk, unauffällig, aber beharrlich, hinter uns herlatschten, im Prinzip also damals schon ›grün‹ waren, als es das noch nicht gab, und zumindest doch recht tapfer und hierbei auch recht auffällig an den häufigen Besäufnissen Anteil nahmen, wobei sie in den trüben Räkelbetten alkoholischer Verwirrung auch hin und wieder penetriert werden durften und auch werden wollten.

Es war ja alles so schonungslos libertär damals, und da wurde, aus Gründen der Egalität, eben keiner verschont. Jeder hatte seine Chance, und es war bei der Drittelparität auch egal, wie wer aussah. Der ›Racke rauchzart‹ machte die Falten schon glatt! Die zwei allerschärfsten Ischen allerdings waren nun eindeutig die zwei rätselhaft mit unserem Hans-Joachim Schübner vertrakten Schönheiten, die wie Models und hippe Discoladys, der Mode immer ein wenig voraus, in Minis, Hot pants oder Schlaghosen herumwedelten und, ich weiß nicht mehr, irgendwie so Gabi oder Sabine hießen (oder gewissermaßen Chadidscha und Aischa, die Weiber des Propheten, obgleich die nun doch sehr unterschiedlich waren) und auch wenig redeten, weswegen das Wunder ihrer Parusie die ganze Zeit über sehr unerklärlich blieb. Diese zwei verirrten Geschlechtsgenossinnen des Schübner machten (wie ›Primzahlzwillinge‹! Z.B.: 697053813 geteilt durch 2 hoch 16352 + 1 bzw. –1) alle Kader kirre und ließen aber keinen ran. Wir alle hofften inständig, auch den anämischen Schübner nicht! Alsbald kam dann Klarheit in die Sache. Doch davon später.

Die Abfahrt vollzog sich auf immer gleiche Weise. Freitag nachmittag versammelte sich die Reisegesellschaft auf dem verwinkelten Westteil des S-Bahnhofs Friedrichstraße, wo dann olle Schübner kraft seines Amtes den gutgelaunten, leutseligen Reiseleiter rauskehrte und den Teilnehmern der Exkursion wieder allerhand hochwichtige Saugpostzettel und Reisedokumente sowie eine Zellophantüte mit fünf Mark Ost gemischter Münze aushändigte und wir ihm anschließend in die finstersten Winkel des Bahnhofs folgten, wo wir auf seinen Befehl hin immer wieder mal jäh anhielten, uns der Reihe nach aufstellten und auf sein Kommando: »Alle mal durchzählen!« uns ziemlich idiotenhaft durchzählten, anschließend wieder in Zweierreihen formierten und, derart frisch ums Fähnlein gruppiert, weiter blöd hinter ihm herwackelten.

Das mußte irgendwie sein. An dieser seltsamen Grenze wurde es mit dem korrekten Durch- und Abzählen übergenau genommen. Und Überzählige waren seltsamer noch als Verschwundene, obwohl das kaum vorkam, daß mal einer zuviel war, eher

noch ein Schwund; den gab es bekanntlich schon. So also marschierten wir als bemüht mengenkonstanter Reisepulk im Gleichschritt, und vorneweg etwas verpimpft unser Gruppenleiter Schübner, über verwobene Wege bis vor eine massiv mostrichfarbene Eisentür, welche, ihrer Farbe wegen, von uns routinierten Mehrfachreisenden bereits ›Mostrichpforte‹ genannt wurde, ehrlicherweise aber, wie gesagt, besser ›Schnapsluke‹ oder ›Goldbrandportal‹ geheißen hätte. Dort hämmerte unser Pfadfinder Schübner dann konspirativ eine Ho-Ho-Hotschiminh-Sequenz gegen den senffarbenen eisernen Vorhang. Woraufhin sich regelmäßig gar nichts tat.
Dann aber doch. Eine Luke wurde östlicherseits durchs Beiseiteschieben einer neuerlichen Eisenplatte geöffnet und das vorschriftsmäßige Antlitz eines Zöllners wurde sichtbar. Aufgerüstet mit so einer, unter den Uniformierten der DDR damals wohl beliebten, finster verschatteten Beobachtungsbrille und einer hoheitlichen Schirmmütze oben drauf, flüsterte er irgendeine dämliche Parole, so ein »Hör ich das Pförtchen nicht gehen?« gegen den plötzlich ganz geheimdienstlich wirkenden Reisekader Schübner, woraufhin dieser mit einer zuvor vereinbarten Gegenparole: »Hat nicht der Riegel geklirrt?« sozusagen Paroli gab und so, vermittelst eines einzigen Schillerverses, einen für jeden Westpolitiker unfaßlich problemlosen Zugang zum kompletten Ostblock einleitete!
Hierzu wurden zunächst wieder die Parolenluke verschlossen, dann aber gut hörbar mehrere Eisenriegel östlicherseits beiseite gewuchtet und die ganze Eisentür, wie sich dann zeigte, sogar zu zweit, von innen, also ›ex oriente‹, unter gräuslichstem Gestöhne nach außen gestemmt. – Aha! Da staunte man! Das kannte man doch von woanders her: Tür nach außen öffnen. Das war wie bei Kneipentüren! Die DDR wurde wie eine Gaststätte gesetzlich nach Westen geöffnet, und man vermutete schon mit Entzücken eine ›Sozialistische Fluchtwegeverordnung von 1516‹, die die Seltsamkeiten dieses Limes um

einen weiteren Irrsinn regeln und erweitern mochte. Wir wurden freundlich hineingezählt und hinter uns fiel – rumms! – die stark armierte Pforte wiederum ins ehern mostrichmatte Schlösser- und Schutzwallsystem.

Als erstes begrüßte und verblüffte uns ein als »Genosse Matthäus« offenbarter Oberzöllner mit den Worten: »Junge Westberliner Freunde! Aufgehorcht! Der Mensch ist ein Fresser und Weinsäufer, der Zöllner und der Sünder Freund! Seid herzlich willkommen!« Ein sonderbarer Begrüßungsunsinn und Grenzulk. Nun, man wußte dann den Scherz als neckische Version von Matthäus 11,19 bzw. Lukas 7,34 zu deuten, und es ging also schon gleich theologisch-neutestamentlich los. Wir wunderten uns erst mal nicht weiter, das kam dann erst später, sondern erwiderten den merkwürdigen Gruß mit einem konzilianten Lukas 18,13 und folgten – man muß mir hier nun auch nicht alles glauben, aber im Grunde war alles so! Nämlich seltsam –, und so also folgte man nun, ohne weiter zu denken und zu deuten, einer anderen seltsamen Zollkraft auf von fahlem Neon beschienenen Pfaden und verließ das Unterirdische nach neuerlichen, aber freundlich gesonnenen Paß- und Papiereinsichtnahmen endlich und vollzählig im vom Ostblock beherrschten Teil des Friedrichstraßenbahnhofs, in unmittelbarer Nähe der bereits erwähnten Wurstbuden und Spirituosenhandlungen, wo sich auch bis heute eine davon, mit Imbiß und Stehbierausschank, genau an gleicher Stelle und natürlich drastisch verändert, bis in die neue Zeit hat retten können und wo sich damals dauernd die auch schon beschriebenen Schnapskäufe ereigneten. Hier standen wir nun also unvermittelt und sprachlos im Ostblock herum. Da war ja gleich alles ganz anders! Da blickte man blöd aus der Wäsche!

Deshalb wohl wurden wir hier ›übernommen‹. Das heißt, Schübner, unser Karl-Heinz Hochkant, wurde ins gemeine Glied degradiert und durch einen gestandenen, hiesigen Gruppenführer und Altpionier der Freien Deutschen Jugend und

wie auch immer verdienten Bürger der Deutschen Demokratischen Republik ersetzt. Dieser nicht mehr ganz junge blau gekleidete Jugendliche, man mochte ihn auf vierzig schätzen, stellte sich als »Jugendfreund und Genosse Günter Schinske« vor und sah auf infame Weise, so recht heruntergetrunken und verlebt, dem letzten Staatsratsvorsitzenden der DDR, Egon Krenz, und seinen von Schnapsmißbrauch umflorten Augenringen ähnlich, weswegen wir Jungtrinker in ihm sofort begeistert den Altrinker erkannten und wir Lebemännchen den Lebemann!
Genosse Günter Schinske zwinkerte und kniesterte denn auch schon doppelbödig, eine schlimme Andeutung nach der anderen verheißend, in seine an sich seriöse Begrüßungsansprache und ließ uns sicher sein: Das hier würde heiter und unkompliziert werden, und er würde schon noch allzeit bereit sein, ein Fläschchen mit uns zu leeren und die Fahne voranzutragen! Offensichtlich war dies ein Mann, der fließend russisch soff!
Mithin fraternisierte man schnell, mobbte den armen Schübner nun noch nachdrücklicher in die untere Gruppenrangfolge hinab und beobachtete auch schon aus scharfen Augenwinkeln, wie sich seine zwo hübschen Parteigängerinnen – wie sie hießen, weiß ich heute nicht mehr, also sagen wir mal ruhig Sabine und Gabi –, wie also Sabine und Gabi wohl hinfort sich verhalten oder zu wem vielleicht sogar hinüberschwenken würden? Das neue Alphamännchen Schinske jedenfalls hatte beide bereits während seiner Begrüßungsrede, was ihn übrigens als rhetorische Kapazität auswies, fix taxiert.
Wir aber auch! Denn ewig währten diese Reisen nicht! Da schwebte ein erotisches ›quousque tandem‹ der Ungeduld über dem Ganzen. Zwei Drittel mußten mit einem auskommen! Da hatte das eine Drittel die freiere Auswahl. Unser maoistisches Maskottchen Monika beispielsweise hatte derweil immer längst schon triebhaft entschlossen einen halben von

drei Reisetagen Vorsprung herausgebuhlt und in den Gängen des schlickigen Transitbahnhofs Friedrichstraße immer bereits schon mindestens eine fleischliche Berührung oder eine irgendwie geartete Zungenkußgeschichte oder sonst was gehabt – und zwar von verschiedenen Beschälern! Das ging da auf dem Westbahnsteig gewöhnlich schon los mit der Balz im Revier um meinen Kasten ›Radeberger‹ herum.
Diese Dinge gingen damals erschreckend schnell! Das war Schülerbewegung! Eine ungezwungene Zielstrebigkeit, eine ungemein hurtige, allgemeine Beischlaferschleichung und dann auch diese drastisch beanspruchte Meinungs- und Handlungsfreiheit in allen Belangen! ›Do what you wilt!‹ Im Grunde räumten wir linken Jugendlichen damit damals schon, als nichtsahnende Vorgängerschaft, die noch übriggebliebenen Sittlichkeiten für den dumpfen Nihilismus heutiger Jugend beiseite. Aber man ist in diesem Alter natürlich scharf wie Puma und greift im Dienste dieser Lüsternheit nach jedem Argumentationsstrang, der Erfüllung verheißt. Daß so was nach hinten losgehen kann, ahnte doch keiner. Was ahnten wir von den kniffligen Paradoxa der Freiheit? Alte Damen in Hutgeschäften hätten wir jedenfalls nicht überfallen. Banken, ja! Das war Ehrensache und ein Rest an Ethik. Mit der Meinungsfreiheit und Wahrheit war es zu dieser Zeit allerdings, und selbst bei den Trotzkisten, bereits sehr stalinistisch geregelt. Sogar der Anarchismus hat eben auch den Systemfehler, daß er die mit Ideen aufgelösten Gesittungen durch neue, mit Revolvern durchgesetzte ersetzen muß, weil es eben ohne Sittlichkeit und Regeln nicht geht. Fast alle, die wir wie Bakunins Eidam persönlich ausschauten, verwandelten sich langsam ab 1970 in verstopfte Parteiköppe, die heimlich hin und wieder in die Tanzdielen schlichen, weil man mit siebzehn eben auch den ehernen Kräften des Samenstranges folgen mußte. Somit spukte der Promillewahn von Vielweiberei und sexueller Befreiung weiterhin ungebremst und subversiv durch

unsere Hirne und Drüsen, und das war ganz gut so, denn hier war eine der Bruchstellen zu verorten, die den ML-Sekten die Existenz dann doch nicht so leicht machen sollten.
Wir wurden nun, nach der Begrüßungsrede, von Gruppenleiter Schinske ums Eck auf einen Reisebus namens ›Ikarus‹ geführt, in dem sich bereits eine typische Busfahrerstatur und Onkel-Otto-Type namens »Heinz Temmel, Temmel könnt ihr weglassen!« aufhielt, von dem es gar nichts zu berichten gibt, außer daß er die ganze Reise über merkwürdig nüchtern blieb und dann aber doch noch auffällig wurde. Davon später!
Hier nun, just vorm Omnibus auf einmal, schmiß der neue Reisegruppenführer Schinske seine Faust in die Luft, kehrte so eine Gustav-›Täve‹-Schur-Type raus und brüllte wie von Sinnen: »Halt!« – Wir hielten. – »Alle mal herhören!« – Wir hörten alle mal hin: Daß nämlich nunmehr 1) eine Austeilung der Stullenpakete durch den Busfahrer und Genossen Heinz erfolgen würde und im Anschluß daran für alle 2) eine halbe Stunde zur freien Verfügung eingeplant sei, während der man, im näheren Umkreis um den Bus herum, die »Hauptstadt« näher kennenlernen sollte, und daß man 3) pünktlich zurück zu sein habe, weil man sonst 4) gleich wieder »nach drüben« rausflöge. Da gäbe es, 5) gar nichts! Nämlich zu diskutieren. Nach einer Kunstpause sagte er noch: »Basta!«
Nanu? War er nun doch so ein Fünf-Punkte-Arsch und Alle-mal-Durchzähler? Nein, wir fanden schnell heraus, daß Günter Schinske einen recht abgefeimten Doppelcharakter gab und daß er den Widerspruch von leninistischer Staatsraison und naturwüchsiger Saumseligkeit in der Balance eines alkoholischen Dauerpegels aufhob, wobei er äußerlich und offiziell barsch tat und feierabends regelmäßig zur Stimmungskanone transformierte, die jedem Menschen nur gut sein konnte. Das mußte man nur wissen. Aber das wußte man irgendwie schon!
Also zogen wir auf Schinskes Befehl mit unseren Stullenbeuteln und fünf Ostmark über eine halbe Stunde frei ver-

fügend zurück ums Eck und stürmten, wie berichtet, durch die umliegenden Getränkehallen der Hauptstadt und erledigten die Schnapskäufe und das Bockwurstessen. Hier gab es an der Friedrichstraße die zwei bereits erwähnten Möglichkeiten: den Wurststand an der Nordseite des Bahnhofs, wo auch Taxis standen, oder die Stehbierhalle auf Selbstbedienungsbasis unter der Brücke vis-à-vis, die es heute noch gibt, aber anders.

Nämlich schlechter! Klar, das war damals besser! Für uns jedenfalls. Schon atmosphärisch, der Osten für den Westen. Der Ostmensch, nehme ich mal an, fand es damals furchtbar. Heute findet er, daß er es damals toll fand. Von heute aus betrachtet, ist es wieder poetisch. Uns ging es sozusagen umgekehrt. Wir komischen linken Schüler fanden es natürlich toll damals und glauben heute, daß wir es damals schon bedenklich fanden. Es war ja für uns, nicht ganz, aber ein bißchen wenigstens, der himmelreiche Sozialismus auf Erden! Das war alles nur noch zu korrigieren und zu vollenden. Und dann war für uns LSD-Köppe auch alles so schön anders! Man vergißt heute, daß wir neben diesen enger werdenden ›Mao-Tse-tung-Ideen‹ auch noch sehr ästhetische Weltsichten von achtundsechzig bewahrt hatten und auch aus der westlichen Warenwelt kamen, wo man einen Blick für die Oberflächen entwickelt hatte, der mehr, und zuungunsten der ›Tiefe‹, mit Nietzsche und den Pejotlpilzen als mit Marx oder Hegel zu tun hatte. Wobei ich mir mit Hegel wieder unsicher bin: »Nur das Innerliche ist das nur Äußerliche.« – Wer sich einen solchen oberflächlich famosen und dadurch tief bedeutenden Satz ausdenkt, braucht nicht auf die Füße gestellt zu werden; der steht besser Kopf!

Das war ja doch auch völliger Wahnsinn! Eine halbe Stunde rein in diesen gespaltenen Bahnhof – klopf klopf, die Mostrichpforte! – und plötzlich eine andere Welt! Noch mehr anders als Frankreich, Spanien, sonst was! Keine ›Volkswagen‹, kein ›Persil‹, keine ›Langnese‹-Fahnen. Der ganze Spuk war fort. Und dann dieser Entlastungseffekt der Urlaubsheiterkeit von der Alltagslage! Das kam auch noch dazu. Die privilegierte Reisegruppe in Sonntagslaune. Hier rauschte ja des Westens Jammers trüber Sturm nicht mehr!

Mit fünf Ostmark betrat man diesen HO-Imbiß Friedrichstraße wie eine Sakralstätte. Man betrat reiselustig und ganz frei von sich selbst in der bloßen Betrachtung der Dinge, diesen länglich-fahlen, mit spülwäßrigen Dampfwurstdispersionen gut durchnebelten Imbißraum und fühlte sich großartig und staunte; denn wir suchten ja eine Welt auf, in der wir noch nicht gelebt und gelitten hatten, die nicht an uns gezehrt, unsere Alltagslaune strapaziert und verbraucht hatte; wir befanden uns auf einer Expedition in den Orient, den wir aus der verzauberten Kamelperspektive des Gruppenreisenden betrachten. Allerdings in Lévi-Strauss'sche (»The pants or the parents?«) Beinkleider gehüllt und angetan mit Intershop-Plastiktüten, durch die der ›Glenfiddich‹ und die ›HB‹s irisierten; und so waren wir für die einheimische Bevölkerung schon auf Kilometerentfernung als in Reisefreiheit verklärt umherknipsende Westraucher erkennbar, weswegen wir uns auffällig anpaßten und uns hier, im Stehbier-HO, zwecks Stärkung, Eindrucksgewinnung und Ansuff, wie alle anderen auch, jene aber eben täglich, um Bier und Bockwurst mit hinein in ihr Jammertal und hinten an eine beachtliche Warteschlange anstellten.

So sann man dann poetisch verklärt über eine allumher seltsame Pigmentarmut hin. Das war das Beeindruckendste, die Farben oder besser, das Fehlen gewisser Farben. Die Tische hatten beinahe die gleiche mostrich-beige Einfärbung, wie die um uns herum verzehrten Bockwürste, welche ihrerseits blaß-gräulich und fleischfarben die sie verzehrenden Bockwurstesser kränklich-mimetisch nachstellten, wobei die Bockwurstesser, von gleich fader Färbung wie der mostrich-eiserne

Vorhang vorhin, sich senf-fahl wiederum den hiesigen blassen Tischen ähnlich machten. Selbst der Senf selbst seimte senffarben in seinen grindigen Senftöpfchen! Ein geschlossener Farbkreis, ein Rudolf-Steinerscher Goethefarbkreis in Mostrich, der mich gelind umfing. Dabei empfand man einen gewissen Schauer, einen sonst an Grelles gewöhnten und nun in Pigmentarmut schwelgenden Gemüts- und Farbtremor. Ausgerechnet in einem Wurstimbiß!

Dagegen setzten wir in Horden einfallenden Westmenschen uns jetzt bunt ab, aber mit unseren frohen Plastiktüten auch schon wieder auf groteske Weise konterbunt und blödfroh. Wie Kakadus. Man wirkte hier noch jecker! Die zwei schönen Schübnerdamen Sabine und Gabi hatten wieder ihre popbunten Trendsachen an und standen nun staunend in Hot pants in den Brüllfarben der damaligen Saison zwischen all den gräulichen Wurstessern und wurden ebenfalls bestaunt! Wir waren schockbunte, angesoffene Kakadus, die, ins graue Kollektiv gesenkt, pigmentarme Bockwürste fraßen. Wobei die zwei Paar rosigen, aus hochbunten Plateauschuhen in knallrote und giftgrüne Hot pants emporragenden Beine der zwei Schübnerschen Heuler Gabi und Sabine hier natürlich den allerglühendsten Farbaufruhr bewirkten, so daß Bunt und Grau nun jauchzend kopulierten. Der Bierhimmel hing voller Bockwürste! Oder Beine! Oder der Beinhimmel voller Bierwürste. Je nach Staatszugehörigkeit und Interessenlage.

Ost und West waren sich ja damals, als man sich noch nicht recht kannte, sowieso freundlicher gesonnen, und man genoß die gegenseitige Differenz mit Zuneigung. Da war noch Liebe unter den ost- und westdeutschen Menschen! Alle Imbißblicke saugten sich also sofort auf den vier farbfroh gesäumten Fleischsäulen und Intershop-Plastiktüten fest, und innerlich hatte man schon vorgreifende, mithin trügerische Gefühle der Wiedervereinigung in ihrer neunundachtziger Ausführung.

Das Verbotene daran war natürlich auch sehr erotisch. Als ein unverhofft grimmig-graugrüner Schutzmann die Stehbierhalle betrat, goß man unverzüglich Bier auf die Wogen, und die noch eben leuchtenden Blicke setzten sich entkräftet zurück auf eine über die Abwaschdurchreiche genagelte Honecker-Abbildung und Betriebsbestenliste. Während solch verzagter Andacht nach Einbruch des Realen leerten alle ihre Leidenskelche freudlos bis auf die senffarbene Hefe. Dann endlich ging ein Seufzen durch die Stehbierhalle, und Ruhe war. Refraktär fraß man weiter. Im wesentlichen Bockwurst.

Es war eben doch ziemlich Scheiße alles damals; man sage, was man will! Eine für uns ungeheuerliche Anzahl Uniformierter war ständig unters Volk gepanscht, und die paar verbliebenen Zivilisten spukten ziemlich grämlich und verschreckt über die viel zu breiten Straßen und zu groß gearteten Plätze der ›Hauptstadt‹. Getrennt von der Welt durch einen zwölfspurigen Hans-Beimer-Prospekt, stand man als Ameise verloren zwischen einem von heroischen Mosaiken umgürteten ›Haus des Lehrers‹ und sonstigen Bauwundern herum und traute sich nichts.

Die Stimmung war schlecht! Inzwischen haben wir das hier jetzt auch, aber damals in Westberlin, da war die Stimmung insgesamt schon mal heiterer und auch insgesamt entmilitarisierter! Das schwöre ich! Nach diesen ersten Pigmentimpressionen sah man dann auch schon solche unangenehmen Sachen. Als gerechte Rächer der Menschheit hatten wir da nämlich einen an unseren auch nicht gerade frohlockenden Volksmassen geschulten Blick für so Alltagsschikanen und geduckte Gemütslagen.

Alsbald also wunderte man sich über die Haltung der beigefarbenen Bockwurstesser, die alle nämlich, beim Wurstabbeißen in der Hüfte weit vornübergebeugt, ihre Oberbekleidung mit der Linken fest an sich drückten und dann so vorgebeugt ganz vorsichtig in die lederhäutigen Würste bissen, damit die aufplatzende Wursthülle das explosionsartig frei

werdene Wurstwasser (Aqua botulus) nicht unvermittelt auf Hemd oder Nebenhemden schleuderte. Ein merkwürdiges Bückbild: Alles stand so komisch vornübergebeugt! Allumher so klagemäuerliche Verneigungen und asiatisches Begrüßen. Nur beim Biertrinken reckte man sich gewaltig, ging kurz auf einen Schluck in eine aufrechte Haltung über und duckte sich dann wieder zurück in diese Bockwurstbücke.
Also man wollte nun selbst auch kein Wurstwasser aufs West-Shirt und tat es den Einheimischen weise nach und verstand jetzt auch gleich einiges von der ganz anderen Haltung im Osten und überhaupt vom Produzieren von Haltung. Das ist dann, phänomenologisch, wieder gar nichts Tiefsinniges, wenn man einem a priori aufrechten Menschen mit Bockwürsten in ledriger Pelle im Laufe der Jahre eine gebückte als auch ständig furchtsam Umschau haltende Haltung unter Androhung von Wurstwasser annötigt und er letztlich nur noch beim Trunke im aufrechten Gang steht. So bedingen Wurst und Trunk und Macht einander!
Allerdings muß ich sagen, daß diese volkseigenen Harthäuter, Pelle hin, Pelle her, ausgezeichnet schmeckten! Das war kein so Böcklunder Zauber und Wasserwerk im Saitling; im Vergleich dazu waren die Bockwürste der DDR trotz ihrer Hautmängel charakterstärker! Und als herabgemendelte Kreuzung haben wir jetzt, nach der Wiedervereinigung, also die ›Deutschländerwürstchen‹ und dazu eine Hymne: »Ja, das sind Deutschländerwürstchen! Deutsch-lääänderwürstchen!!« Wozu weiter nichts zu sagen ist!
Dann war die halbe Stunde Freizeit auch um, und man strebte brav zum Treffpunkt Reisebus. Wie es bei Reisebusreisen im Reisebus selbst zugeht, darüber braucht man nichts weiter zu sagen. Man weiß hinterher meist auch nicht mehr, was los war. Es ist wie bei Weinfahrten an die Ahr, wo gilt: »Wer an der Ahr war und weiß, daß er da war, der war nicht an der Ahr!« Ob es wirklich so ist, weiß ich nicht; ich war nie da,

an der Ahr, oder kann mich einfach nicht mehr entsinnen, weswegen ich dann wohl doch dagewesen sein muß, an der Ahr!

Wo immer und in welchen Teil des Landes nun die Exkursionen in die DDR uns hinführten, irgendwie ging es immer erst über den Spreewald. Er war die obligatorische touristische Zentralattraktion, während die sonstigen Besuchsorte mehr nach politischen Gesichtspunkten ausgewählt wurden und ständig wechselten, damit allein durch ihre Fülle schon eine gewisse propagandistische Beweiskraft auf uns niedersprenkeln mußte.

Busfahrer Heinz chauffierte also den ganzen von Reisehumor erquickten Irrsinn unauffällig in den Spreewald. Dabei zeigte er bisweilen sogar Anflüge von Ausgelassenheit, fing vorne, wo auch die zwei Schübnerfreundinnen saßen, so Faxen an, lenkte kurz mal freihändig mit den Füßen, und als die Frauen darüber zu kreischen anfingen, lenkte er den ganzen Bus über eine gewisse Strecke sogar mit dem Mund! Dann grölten sie vorne plötzlich das durch Ernst Busch bekanntgewordene Lied »Ja, die Komsomolzen, das sind die richtigen Kerle. Knorke! Knorke! Knorke, alle Mann!« Es war irgendwie wohl klar, daß inzwischen auch Onkel Heinz Brennstoff zu sich genommen hatte. Ich vermute, alle Kraftfahrer der DDR hatten das damals: die stinkenden Laster, der Karpatenschreck und die Russenpanzer; sie alle holperten angesoffen über die Wegenetze der DDR, sonst hätte man sich einiges an Merkwürdigkeiten im Straßenverkehr gar nicht erklären können.

Singende Mund- und Fußfahrer waren uns bis dahin allerdings vorenthalten worden, und nur später mal, in der Oberpfalz, hatte sich mir eine schon reichlich angebratene, ältere, männliche Lokalgröße in einer in Hochstimmung befindlichen Gaststätte als »hauptamtlicher Mund- und Fußtrinker« vorgestellt, was allerdings nur zur Hälfte ernstgemeint war, während wir das mit Gesang begleitete Mund- und Fußchauffieren ja gerade miterlebt hatten! Die Frauen vorne quietschten denn auch gebührlich und heizten den Quatsch damit bedenklich an. Als Onkel Heinz nun auch öfters mal grundlos hupte, um den hysterischen Schmarren und das Weiberkreischen seinerseits zu schüren, wetzte Schinske auf einmal wütend nach vorne und brüllte alle dort zur Raison. »Spinnst du, Heinz?! Hast du ’n Nagel im Kopp?« Sofort war Ruhe!

Auf diesen Fahrten passierten die unglaublichsten Dinge, aber das Gehupe ging jetzt zu weit, das war öffentlich, das ging nicht. Das hatten wir langsam begriffen: Draußen herrschte öffentliche Ordnung, drinnen beeindruckte frei improvisierte Halbindividualität. Das ging. Da durfte es sogar ausschweifend werden. Und so etwa funktionierte wohl die ganze DDR. »Soll ick Bericht machen?« Schinske stürmte also nach vorne, um den verrückt gewordenen Dickmann kurz in Angst zu versetzen, damit er die Partien dieser volkseigenen Doppelrolle wieder sauber trennte. Auch besoffen ging es darum, nach außen die Contenance zu wahren. (Eine hohe Schule! Einige der mir bekannten, im Osten erzogenen Trinker sind auf beeindruckende Weise beherrscht; eine Tugend, die nach 1989 sehr wohl Schaden genommen hat, weil manch einer von ihnen sie, unklug, für obsolet hielt. Als schlecht und permissiv erzogener Westtrinker weiß man die rettende Kraft einer solchen Disziplin zu schätzen. Es ist letztlich viel zu anstrengend, sich gehenzulassen.) »Also willste wieder Scheiße fahren, Heinz?« Nein, das wollte er nicht. Er gab sich einen Ruck und war im Hand- und Fußumdrehen wieder der alte, unauffällige Busfahrer Heinz! Es ging aber auch noch wieder um was anderes: Spitzmolch Schinske wollte natürlich auch an den Bällen von Gabi und Sabine bleiben; das merkte man doch! Deshalb mußte er die Laune im vorderen Busteil zweifach systembedingt dämpfen. Da gab es nämlich auch noch ständig diese zweite aufgeteilte und aufgegeilte Doppelbödigkeit in allen Handlungsmotiven.

Die sonst für Frivolitäten zuständige letzte Reihe war während der vorderen Ereignisse seltsam ruhig geblieben und trieb andere Doppelsachen, und es gab übrigens, wie immer bei solchen Fahrten, hinten auch drei männliche Wesen, die quasi von Anfang bis Reiseende ununterbrochen Skat spielten, von denen auch keiner wußte, wie sie heißen, und die ihrerseits immer gar nicht wußten, wo wir sind und wer wir sind. Man kannte sich quasi gar nicht! Damit ihre Buszugehörigkeit nicht abhanden kam, stiegen sie im Spreewald lieber erst gar nicht mit aus, sondern gewannen immer Heinz Temmel als vierten Mann zu einem Match um Ostgeld. Uns war's recht, denn durch ihre Abwesenheit entschärften sie ungewollt unseren geschlechtlichen Drittelmix mehr in Richtung Hälfte-Hälfte. Der Rest der Busfahrt blieb jedoch dunkel; das war das Ahr-Syndrom!
Im Spreewald trug sich dann immer das gleiche zu. Wir wechselten gelaunt vom Bus auf einen länglichen Kahn, paßten auch komplett drauf, saßen ähnlich wie im Omnibus auf Doppelbänken hintereinander in Fahrtrichtung und wurden von einem hinten postierten Mann durch die berühmten Kanäle gestochert. Während regelmäßiger Anfälle kollektiven Übermuts wurde dieser Mann durch koordiniertes Hin- und Herschunkeln so lange verrückt gemacht, bis der jederzeit optimal voraussorgende Reiseleiter Schinske im rechten Augenblick wieder ein Piratenkommando brüllte, das uns vor seinem politischen wie auch unserem seefahrerischen Untergang bewahrte.
Wir hatten wohl schon allerhand Sonderrechte damals, das wird alles bis vom ZK genehmigt gewesen sein, aber zu weit durften wir nun auch nicht gehen. Denn die DDR war im Grunde ein Land, wo, was nicht ausdrücklich erlaubt, entschieden verboten war. Überall die innere und äußere Stimme, das ewige Gebot: So gehört es sich, so und so erlauben es die Gesetze, der Kaiser, die Partei und das Schamgefühl! Der Rest ist sowieso verboten. Das machte das Leben einerseits

leicht, weil alles geregelt war, und andererseits wurde es einem ziemlich schwergemacht, wenn man es mit den Erlaubnissen privat zu überzogen ausdeutete. Dies galt natürlich für Staatsbürger der DDR viel mehr noch als für uns vorübergehend geduldete Deppen, die einen guten Eindruck vom Lande mit nach Hause nehmen sollten und so ein wenig spinnen durften.

Die Flußfahrt wurde immer dann besonders delikat, wenn es zu regnen anfing, und das fing es meistens. Dann nämlich zog der Fährmann hinten so eine zweieinhalb Meter breite und neun Meter lange Plastikplane aus einem Staukasten, welche dann belustigt nach vorne über die Reihen hinweg weitergereicht wurde. So hockten wir also, wiederum seicht schunkelnd, unter der von innen beschlagenen und außen besprühten Folie und glitten psychedelisch besoffen über die Grachten und vermochten bei erhabenster Gemütsheiterkeit vergleichsweise unmaterialistische Wahrnehmungen zu empfangen.

Gesetzt den Fall, Lenin hätte dabeisein können, so wäre ihm die Empfindungswelt Ernst Machs auf solch einer verregneten Spreewaldfahrt ganz sicher, oder doch einmal wenigstens,

plausibel erschienen, und er hätte eher mal fünfe gerade sein lassen und besser wissen können, was zu tun ist! Nämlich am besten gar nichts! Sein ›Schto delat‹ wäre anders ausgefallen, epikuräischer vielleicht. Und da wäre uns und allen allerhand erspart geblieben!
Während solch idealistischer Schunkeleien passierte es dann doch: Der Kahn kippte, ohne allerdings zu kentern, seitlich stark über und vier, alle backbord hintereinander gesessene Passagiere, darunter Schinske und Schübner, fielen vom Boot, welches, um solche seitlichen Verluste erleichtert, in eine stabile Lage zurückschwappte und sich beruhigte. Still glitten wir weiter. Dann erst erfolgte der Aufschrei: »Vier Mann über Bord!« – Wo?! – Man sah keinen. Wir hockten erschrocken unter der verrutschten Regenpelle, hinten bremste der Mann an der Stange die Fahrt und hielt Ausschau nach hinten. Nichts! Stille Wasser, rings umher.
Doch dann – »Wenn ich dies Wunder fassen will, so steht mein Geist vor Ehrfurcht still!« – stand, wie im Evangelium des Markus bezeugt, backbord Schinske, naß zwar, doch heil, und zwar: auf dem Wasser!
Und lief an uns vorüber! Daß man ihn erst wie in Markus 6,49 für ein Gespenst hielt. Wir guckten alle blöd: War der Mann so voll des Sprits, so schnapsbedingt leichtgewichtig, daß ihn bereits das Wasser trug? Schinske kneipte grinsend auf uns zu und sprach die Worte: »Seid getrost. Ich bin's.« Und dann bestieg er den Kahn, als sei nichts gewesen!
Da staunst du! Aber das Wunder war auch gleich entzaubert, denn das Wasser in diesen Kanälen war allenfalls zwanzig Zentimeter tief! Diese Stocherkähne liegen flach und breit gebaut im niedrigen Wasser. Zwei andere Schiffbrüchige wateten nun auch herbei und waren auch längst wieder zugestiegen, als wir endlich auch Schübner heckwärts brüllen hörten. Der Fährmann legte den Kahn längs, und nun wäre das Boot beinahe endgültig gekentert, denn alles warf sich nach back-

bord, um der Sterbeszene des Schübner besser folgen und sie fotografisch festhalten zu können. Der arme Schübner lag, wohl auch etwas stärker angesoffen noch als die drei anderen Schiffbrüchigen, wild um sich paddelnd im flachen Wasser und schrie um Hilfe; bis auch er es merkte und aufstand. Die Bügelfalte war hin. Schinske war naß, und sauer! Und gab dem Mann an der Stange das Kommando: »Hafen!«
Jetzt war wieder so ein Punkt erreicht, wo es Ärger geben konnte. Wir wurden sehr eilig zu diesem Verladehafen zurückgestakt und ausgeladen. Der Fährmann wollte mit uns nichts mehr zu tun haben; er hatte Fahrerlaubnisse, Stakscheine und Antragsgenehmigungen zu verlieren, und wir Arschlöcher machten ihm hier die Pfründen wackelig. Also alle raus!
Nun standen wir tropfend in der Lübbenauer Hafenlandschaft rum. Wat nu? Schinske gab einen Sammelappell raus, und dann trabten wir wieder hurtig hinter ihm her, denn die hermetische Reiseplanung hatte hier längst schon wieder die Fensterplätze eines ›Lübbenauer Terassenrestaurants‹ für ein neuerliches Fresserchen vorbestellt, und man konnte jetzt dort trocknen und von Land aus kauend weiterhin Schiffbrüche betrachten.
Süß ist's, anderer Not bei tobendem Kampfe der Winde auf hochwogigem Meer vom fernen Ufer zu schauen; nicht, als könnte man sich am Unfall anderer ergötzen, sondern dieweil man es sieht, von welcher Bedrängnis man frei ist. So saßen wir mit Blick aufs Kanaltreiben und versenkten Schollen mit Kartoffelsalat.
Man ist, was man ißt. In diesem Falle war es, passend, Scholle mit Kartoffelsalat. Wo Essen war, soll Ich werden. Vielleicht gaben sie uns deshalb so reichlich zu essen. Die Einverleibung der sozialistischen Lebenswirklichkeit, hier in Form von Bratfisch mit Kartoffelsalat und ›Cottbusser Pilsener‹, sollte wohl, in Abwandlung des den Leib Christi nehmenden Hostien-Effekts, ein Leibhaftigwerden der DDR in uns bewirken. So

wie schon die Bockwurst für den gewöhnlichen Bürger der DDR ein kapitaler Bückling gewesen war! Jetzt für uns aber mit »Budda bei die Fiche«. »Das Sein bestimmt das Bewußtsein« war im Grunde eine gemäßigte Variante dieses Kannibalengedankens, denn das Bewußtsein ist ja das Organ zur nichtverschlingenden Einverleibung. Mit »Angst essen Schnitzel auf!« war übrigens auch der Westen seiner spezifisch bulimischen Herrschaftstechniken überführt. Und einem Bericht der Deutschen Bibelgesellschaft zufolge hatten einmal im Pazifik schiffbrüchig treibende Seeleute wochenlang überlebt, weil sie die Bibel lasen und in Seenot die bereits studierten Passagen (samt Äsezeichen) seitenweise auffraßen!
Ob schon mal jemand ›Was tun?‹ vor Hunger fraß? Jemand, der, vom Titel angeregt, sich seinerseits fragte, was er tun soll und sich entschloß, es nicht zu lesen, sondern aufzufressen? Wie schmecken wohl der leicht (oder schwer?) verdauliche ›Kurze Lehrgang der Geschichte der KPdSU (B)‹? Oder die elf Gänge der Feuerbachthesen? Fraß je ein hungriger Kellner ein Kochbuch? Ein durstiger Koch einen Kellner? Es ist vorstellbar. Also auch machbar.
Sauer macht lustig! Denn nun ging es hinein nach Lübbenau, in die ›Saure-Gurken-Stadt‹! Wo ein ungeheures Hin- und Herwogen von hunderterlei Bus- und Kahnladungen vonstatten ging und unser Zug einer unter vielen war, alle auf der Pirsch nach Restauration und Gurkengläsern zum Mitbringen. Um Lübbenau herum wachsen Gurken, die üppige Gurkenernte wird zum größten Teil eingemacht, und zwar ›sauer milchvergoren‹. Somit ist Lübbenau aus zwei Gründen beliebtes Ausflugsziel: erstens dieser kollektiven Kahnfahrten wegen und dann wegen dieser Gurken. Die Menschen aus den fünf neuen Bundesländern fuhren also ehedem in den Spreewald nach Lübbenau, um zunächst einmal eine Kahnfahrt zu unternehmen, sich dabei fotografieren zu lassen und um anschließend saure Gurken zu essen, welches immer genügend

Anlaß gab, sie gesellig hinunterzuspülen. Und das ist auch heute noch so!
Seltsamerweise ist die ›Sauregurkenzeit‹ eine leere Zeit. Vielleicht kommt das daher, daß es früher noch nichts Tiefgekühltes gab und keine Büchsen, sondern nur diese sauren Dauerkonserven als Gurken. Wenn nichts mehr vorratig war, mußte man saure Gurken fassen, weil es nichts anderes gab. Und das war dann so langweilig, daß man schnell von einer ›Sauregurkenzeit‹ sprach. Leuchtet das ein?
Nein. Ich bin ja sehr für plausiblen Quatsch, aber das ist jetzt nicht sehr plausibel. Aber was ist plausibel? – »Sind Sie plausibel?« – »Wer? Ich?« – »Nein, Sie!« Andererseits ist alles plausibel, einfach weil es da ist. Sonst wäre es doch nicht da! Also ist alles plausibel. Nichts kann ja nicht sein. Also ist nichts mit Nichts. Die Frage ist, ob das nun auch für Behauptungen gilt. Die Grundplausibilität aller Tatsachen und Behauptungen scheint mir jedoch über die allgemeine Sinnlosigkeit des Lebens gesichert. Und diese Sinnlosigkeit ist für mich der umgestülpte Sinn des Lebens, und deshalb ist nicht nur das mit den sauren Gurken, sondern auch alles sonst hier plausibel!
Jeder zweite Arbeitsplatz hängt in der Region an der Gurke. Gurkenbuden gibt's dort wie bei uns Wurstbuden, und jeder Lübbenautourist hat ein Gurkenglas unterm Arm, gerade so, wie zum Beispiel in Paris der Pariser nie ohne sein Baguetteglas unterm Arm anzutreffen sein wird. Haha!
Die Gurke ist aber genauso wie die Kahnfahrt ein Vorwand. Es dominierte in Lübbenau die Reisegruppe als Buseinheit. Das ganze Lübbenauer Geschehen funktionierte wie eine umherziehende, busorientierte Kleinstaaterei. Kaum war man, selbst Reisegruppe in Busstärke, an einer Betriebsgruppe in Busstärke vorbeigeschwankt, da torkelte schon eine polnische Reisebusgruppe ums Eck auf eine Gurkenbude zu. Kaum hatte man eine bulgarische Reisegruppe durchquert, da schwankte

man auch schon frontal als westdeutsche Gruppe auf eine Veteranengruppe aus dem heutigen Mecklenburg-Vorpommern zu. Erstaunlich: Die angesäuselten Schwärme mischten und trennten sich, ohne daß es zu Irrtümern oder Verläufnissen gekommen wäre. Und kaum war hier Bier alle, da stand man schon busfuhrenweise dort nach Flachmännern an.
»Immer e Grüppsche um misch rum!« Ein jeder wackelte bezugsgruppenweise durch die Gegend und hielt sein Gurkenglas fest unterm Arm und versuchte, sich innerhalb seiner Reisegruppe zu halten und sich ein paar Anhaltspunkte einzuprägen, die seinen Reisebus von anderen Reisebussen zu unterscheiden halfen. Das alles klappte vorzüglich und just so, wie Kant es in seiner ›Friedensschrift‹ einmal beschrieben hat: Das Problem der Staatserrichtung sei selbst für ein »Volk von Teufeln« auflösbar, »wenn sie nur Verstand haben«. Und hier war dieser allemal zureichend. Alle erforderlichen sozialen Integrationsaufwendungen konnten aus dem psychologischen Fundus des aufgeklärten Eigeninteresses bestritten werden, welches hier eben darin bestand, daß man bei seiner Gruppe bleiben wollte, die ein bestimmter Omnibustyp sozusagen verkörperte.
Kurze Zeit später, wir lagen vor Madagaskar und hatten, allerdings nun längst wieder im Omnibus, die Pest an Bord, da waren wir plötzlich wieder irgendwo da, wo es hieß: »Wir sind da! Alles aussteigen!« Und das war in der Regel eine größere Kneipe oder Kantine, eine Kombinatskantine oder LPG-Cantina innerhalb eines größeren landwirtschaftlichen Komplexes oder Industriebetriebes. Oder eine polytechnische Schule. Dort war jeweils schon eingedeckt, die kalten Platten gab's wieder, während wieder irgendwer, ein Veteran oder ein Neuerer, ein Betriebsleiter oder Parteibevollmächtigter, eine Begrüßungsansprache hielt, die, mit Absicht, jeweils als Übergang in eine ›Aussprache‹ geplant war.
Gesättigt ließ man sich der Höflichkeit halber auf die idiotischsten Debatten ein. Wenn man zwei oder drei politische

Gruppenabende die Woche absolviert, und das taten wir ja alle so idotisch straff damals in unseren Zirkeln und Kapitalarbeitsgruppen, dann kann man natürlich ausgiebig und zäh um jeden Scheiß diskutieren. Bis tief in die Nacht. Wer da früh um zwei den Vorschlag machte, es mal für heute gut sein zu lassen, der machte sich menschewistischer Verbrechen verdächtig und mußte sich einer langwierigen Selbstkritikkampagne unterziehen!

Wir entwickelten also mit Furor und Ausdauer unsere maoistischen oder trotzkistischen Pol-Pot-Sachen, zankten verbiestert auch untereinander und wären wohl als DDR-Bürger umgehend nach Bautzen in die psychiatrische Abteilung verbracht worden, wenn man überhaupt begriffen hätte, worauf unser Gezeter eigentlich zielte und worauf wir mit finanzpolitischen, pfandleiherischen Behauptungen wie »Hü-Gung versetzt Berge!« letzthin hinauswollten.

Man mußte nun, trotz aller Dissonanz, anerkennen, daß die auf uns angesetzten Lokalzelebritäten der DDR ihre Heimat tapfer verteidigten, es mit der sozialen Sache auch sehr ernst meinten, und daß, in gewissen Hinsichten, sich nun Einheitsfronten zwischen ihnen und uns bildeten, einzig mit dem Ziele, dem Imperialismus und seinen Jauchen furchtbare Schläge zu versetzen. Was ordentlich spritzen mußte! Überdehnte ein Zwist die Versammlung allzusehr, dann wurde alles per Toast wieder einsolidarisiert. Besonders Günter Schinske brach mit großem taktischen Geschick in verirrt-verstiegenes Gezänk, indem er aufsprang, Schnäpse in die Luft riß und »Ein Hoch auf die internationale Solidarität!« zwischen die Kriegsparteien setzte. Dann vertrugen sich alle wieder, und die Vorwürfe konnten von neuem wem anders vorgeworfen werden. Dabei ging es im Prinzip um Kerygma und Dogma einerseits und das Machbare andererseits; ein vorgreifend idiotischer Realo-Fundi-Hader. Die Kluft, die wahrscheinlich immer klafft. Selbst in der CDU!

Jetzt war es auch soweit, daß man allerhand sozialistisches Jungvolk unter uns gemischt hatte, damit es auch im zwischenmenschlichen Erleben eine kleine Völkerfreundschaft geben mochte. Die hatten alle blaue FDJ-Hemden an, was ihnen jetzt wahrscheinlich, zwischen uns bunten Westvögeln, blöd vorkam. Es waren, das hatte man jetzt schon wieder durchtaxiert, sehr ansehnliche Menschen, aber natürlich auch die obligatorischen Streber darunter, die sich aber allesamt, bis auf die Streber, klug aus dieser unsinnigen Debattenzwietracht heraushielten. Weder Zustimmung noch Ablehnung; die geläufige Propaganda fiel wie gewöhnlich stumpf und platt in eisiges Schweigen, was wiederum die hiesigen Agitatoren leidenschaftslos machte. Mit stummer Verwunderung nahm die ostdeutsche Jugend unseren rhetorischen Übereifer zur Kenntnis. Um so strahlender hingegen nahmen sie die länderübergreifenden Trinksprüche zum steten Anlaß, eine frische Portion Freischnaps in sich hineinzuschütten und dabei ihrerseits unsere Gabis, Sabinen, Monikas und Kapielskis zu taxieren oder gar in Betracht zu ziehen. Während wir wiederum schon bemerkten, daß es bei ihnen mit der natürlichen Geschlechtergruppenzusammensetzung günstiger als bei uns bestellt war.
Also klar, in ihrer feisten Art war die Bundesrepublik damals doch das Ekelhafteste, fanden wir, was es weltweit so überhaupt gab, und die DDR vermochte mit ihrem dumpfen Laubenkolonialismus bei aller Anstrengung nur schwerlich etwas Gleichlabbriges dagegenzustellen und mit ähnlich geartetem Blödsinn hinterherzukommen. Wie man heute weiß. Ein gesamtdeutscher Spießermuff in zwei unterschiedlichen Fassungen hatte sich zu historischer Notwendigkeit ausgewachsen. Wobei wir damals der weniger komfortabel ausgestatteten Variante auch noch den Vorzug gaben, aber natürlich im Westen wohnen bleiben wollten! Von heute aus gesehen, klingt das etwas irrsinnig. Ich wohnte bereits 1969, also mit siebzehn,

achtzehn, allein in einer Zweizimmerwohnung zu hundertzwanzig Mark Miete und bekam noch Wohngeld und über sechshundert Mark Stipendium für lau; meine Eltern, einfache Leute, Schlosser, Krankenschwester, die hatten so viel sozialdemokratisch umbaute Einkommen und Sonderzulagen, daß sie mir auch noch was zuschoben, und man bekam auch ohne Probleme gelegentliche Arbeit, da war man dann ein halbes Jahr Postbote und ein Vierteljahr Gartenbautrottel, was man wollte, und konnte zwei Jahre reisen davon. Der Halbe kostete zwischen 1,10 und 1,20, währenddessen man am 1. Mai gutgenährt durch die Straßen zog und grundlegende Veränderungen sowie den Kommunismus einklagte und die Ostzone hochleben ließ, ohne natürlich übersiedeln zu wollen. So klar war man nun doch.

Es stellte sich heraus, daß man mit der Ostjugend in den blauen Hemden größtenteils bestens und auch sehr offen auskam. Das mußte aber etwas verborgen und in den gemütlichen Teilen des Nachmittags und Abends geschehen, und die Streber mußten natürlich abgesondert werden. Bis auf Günter Schinske und vermutlich Busfahrer Temmel blieben diese freieren Gespräche und Kontakte der offiziellen Staffage verborgen. Dafür sorgte der auf Untergrund geschulte Parteikader Schinske. Von heute betrachtet komisch; der mußte doch für diese kniffligen Westkontakte besonders ausgesucht gewesen sein und mußte wahrscheinlich auch Protokolle schreiben; aber er war eben ein genial operierender Doppelcharakter, und Heinz Temmel hielt dicht, weil er von unseren Westschnäpsen naschen wollte, abfallende Liederlichkeiten für sich erhoffte und sowieso auf lau zu machen erpicht war. Und überhaupt: Erschlichene Beischläfe sowie ominöse Währungstäusche und Schmuggelsachen, das war ja immer schon so recht nach Busfahrers Art! Unsere im Westleben erforderlichen klandestinen Gebaren waren natürlich auch nicht ohne! Also ging das alles irgendwie gut.

Die amtliche Reiseplanung hatte nach den ganztägigen Besichtigungen, Arbeitsessen und Gesprächsrunden für den frühen Abend immer noch einen gemütlichen Teil vorgesehen, und so war unser gemischtes Jugendkorps zum Tagesausklang noch in die Nähe unserer Herberge, so einem Jugendheim namens ›Otto Nuschke‹, auf eine bunte Abendveranstaltung in eine ambulante Gasthausdiskothek gesteckt worden, wo auch sonst noch einige ostdeutsche Jugend herumtobte.

Da ging es nun erst mal so recht nach Rita Süssmuths Art zu! Es kam unter jungen Leuten zu Gesprächen und beiderseitigem Einverständnis bei Erfrischungsgetränken mit Musik. Hinter den Kulissen und auf den Toiletten allerdings formte sich der Gedankenaustausch schon hin und wieder in Faustkämpfe zwischen dem sozialistischen Gedankengut zu- bzw. abgeneigten Jungbürgern der DDR um. Da wurden dann die Streber verdroschen. Uns Westvolk aber wurde eine gewisse Verehrung zuteil, auch wenn wir noch so linke Spinner waren. Aber unsere Kleidung, unser Gebaren und die uns umwehenden Sehnsüchte nach westlicher Lebensart und Coca-Cola-Düfte heiligten uns irgendwie bei allen.

Dann verzogen sich auch so langsam die Aufpasser und Gruppenleiter, soffen irgendwo in anderen Verliesen des Gebäudes unter sich. Es durfte also schon mal etwas dekadenter zugehen. Die Tänze wurden enger. Es wurde entspannter. Unter die hausgemachten DDR-Schlager wurde damals nach irgendeiner komischen Quotenregelung, auf Grund von Basisdruck, vereinzelt Westmusik gemischt. Das verschob sich nun auch etwas zugunsten der Dekadenz; es kam »On the road again«-Stimmung auf.

Neben ortsüblichen Schütteltänzen nach westlicher Prägung dominierte auf der Tanzfläche eine Art Säbelschieber, der seine Ursprünge im Tschardasch haben mochte und auch als so etwas wie ein eng getanzter Pogo hätte durchgehen können. Insgesamt also sehr ekstatische Zappelnummern, weswegen es

auch bei Wendemanövern oder beim Lämmerhupf zu Karambolagen und Ausrutschern kam und diverse Paare über das Ziel hinausschossen und in die Randzonen der Tanzfläche gerieten, wo reges Abklatschen und Auffordern die verklammerten Paarungen mit Wollust tranchierte, wonach frischvertäute Neudoppel dann so geschwind als möglich ins Zentralgetümmel zurückeilten, wo sie »Triumph! Triumph!!« kreischend neue zittrige Paarungsakte vollzogen.
Es war damals das ›Headbanging‹ in Mode; eine Mode, die sich heute noch in der ›Metal‹-Szene hält. Im Osten trieben sie das aber seinerzeit noch gepaart, nicht so autistisch wie im Westen unter den solipsistisch-kapitalistischen Individuen üblich. Die Ostpaare standen breitbeinig voreinander und schüttelten ihre Mähnen wie die Geisteskranken!
Unter der nicht blau gekleideten männlichen Jugend befanden sich einige mit ungeheuren Langhaarfrisuren und wallenden Bärten, sofern der Bartwuchs dies zuließ. Eine kitzelige Nummer! Matte und Mähne waren, wie bei uns, die Attribute des Rebellen. Und der Kampf um die Haartracht tobte damals im Osten weit gnadenloser als bei uns im Westen, wo es auch nicht einfach war. Man vergißt das zu schnell! Ein normaler westdeutscher Bauarbeiter hätte damals einem, derweil von allen Omas innig geliebten Typen wie Thomas Gottschalk mit bestem Gewissen die Eier abgesäbelt und dazu die merkwürdig unsinnige Standardbemerkung von sich gegeben, er, der schwule, langhaarige Affe, möge doch in den Osten gehen: »Wenn's ihm hier nicht paßt!«
So. Nun guckte man sich den Irrsinn so vom Rand her an: Im Tanzflächengezitter sah man sogar den Busfahrer, der wie ein vom Tischtennis begeisterter Medizinball um die Maoistin Monika herumhüpfte, und Sozialarbeiter Schinske twistete zu dem durch Chuby Checker bekanntgewordenen ›Let's twist again‹ von Hank Ballard wie verkittet an unseren zwo Angela-Davis-mäßig schlingernden Gogodamen Gabi und Sabine auf

und ab. Man war nun auch endgültig besoffen und kam auf Einfälle!
Ich selbst bin ja immer einer, der erst mal zuguckt und Mut für die Tanzfläche in Willybechern schöpft. Und dann platzt irgendwann der Knoten! Ich riß auf einmal enthemmt und per Abklatsch und Aufforderung irgendein resches Busenwunder ins Hauptfeuer und nach einer Weile Einzelgewackel bildete sich mit ihr und den sich wie toll gebärdenden Gemeindehelferinnen eine mit Mähnenschütteln entbürgerlichte Polonaise, die sich, weil alle so blöd waren und mitmachten, in so eine Art Jubelwurm auswuchs, an den sich immer mehr hinten dranhängten. Das war nichts anderes als dieser heute noch überall und gesamtdeutsch übliche Betriebsfestschwachsinn, meist mit ›Klaus und Klaus‹ von hinten an die Schultern. Und das war ja auch was Kollektives und sprach somit die noch verbliebenen Funktionäre und sonstigen älteren Betriebsfestfeierer an. Es war nicht leicht begreiflich zu machen, aber die Pointe dieses bescheuerten Jubelwurms, den ich da angeleiert hatte, bestand darin, daß immer je ein Bursche einem Mädel folgte und man diesem von hinten an die Tultern faßte, woraus sich die Koppelungen dieser Polonaisenvariante ergaben. Das fanden so weit auch die verbliebenen Funktionäre und älteren Herrschaften gut, das kannten die ja von ihren Betriebsfeiern zu fortgeschrittener Stunde. Die Führung hätte also eine Dame übernehmen müssen. Da ich während dieser ursprünglichen Wurmbildung für Momente irgendwie die Besinnung verloren hatte oder in eine Unklarheit geraten war, befand ich mich aber plötzlich an der Spitze des Jubelwurms.
Eine blöde Situation, denn anstatt, wie ich es eigentlich mir fest vorgenommen hatte, mich hinter dem eben von mir aufgeforderten Busenwunder einzugliedern, hatte ich im Überschwange unwillentlich vor ihr die Führung des Wurmes auf mich genommen. Weiß der Kuckuck, und so trabte ich nun wie der Doofe dem Jubelwurm wedelnd voran und Schinske,

die Sau, hing wahrscheinlich sechs Positionen weiter hinten mit beschlagener Brille einer unserer enthemmten Gabis an den Titten, während ich nun in die Röhren der verbliebenen Damen guckte, von denen jetzt aber keine sich vor mir anzukoppeln traute. Und in den Augen aller galt man auch noch als Angeber, der immer erster sein mußte! Klar, wer ist so blöd und geht da vorne hin und übernimmt die Führung? Die wußten als DDR-Bürgerinnen eben längst, daß es sich in der Etappe angenehmer lebte als an exponierter Stelle.
Nun hatte ich nicht umsonst dreizehn Jahre lang ein Abitur ersessen! Kraft meines Amtes als Vortänzer leitete ich mit drei, vier synkopischen Galopps einen verschlagenen Ausfallschritt mit Kehrtwende ein, was alle begriffen und gut fanden, weil es zu neuen Brustberührungen führte, woraufhin der inzwischen bald 20 Meter lange Jubelwurm, nachdem er endlich auch ganz hinten begriffen hatte, worauf das Manöver hinauslief, begeistert Glied für Glied um 180 Grad drehte und ich somit als nunmehr letzter an die spitzen, dem Matterhorn sehr ähnlichen Titten meines Busenwunders zu gelangen glaubte. Damals drehte sich noch alles sehr um den Busen. Er war für den frisch pubertierten Mann der Einstieg in andere verheißene Sündhaftigkeiten, an die man aber einstweilen noch gar nicht so recht zu glauben wagte. Man fing also erst mal außen an.
Alles hatte gedreht, ich war jetzt letzter. Es war schon was komisch, aber schadenfroh und angeheitert trabte ich nun als vorläufige Schwanzspitze dem schieren Blödsinn und meinem Busenwunder hinterher und freute mich auch schon auf die nächste Kehre und die Beulen der Dame, die sich nun entschließen mochte, hinter mir sich anzuschließen. Nur vor mir, mit meinem Busenwunder, stimmte etwas nicht. Es gab gar keinen Busen!
Es war gar nicht das Busenwunder! Es war einer unserer zerstreuten Trotzkisten hinter mir gewesen und hatte geglaubt, es ginge ums volksnahe Mitmachen, hatte sich doof und ohne

etwas von den Regeln des Jubelwurms zu verstehen, leutselig unter die Massen mischen müssen, wobei er als zweiter im Wurme ausgerechnet hinter mich geraten war!
Eine komische Sache. Man sieht da einen Hintern, toll! Und plötzlich: Huch! Is ja ein Mann. Mein Gott, an sich ist es ja so: Warum eigentlich nicht auch mal einen Analverkehr probieren, wenn sich die Gelegenheit ergibt? Man hatte ja schon öfters mit Hochschätzung davon raunen gehört, und es hatte sich bislang eben keine Möglichkeit ergeben. Sollte es nun aber – beim ersten Mal! – ausgerechnet jener arg zerstreute Trotzkist sein? Man verschiebt das Erleben der Abenteuer aus dem Leben eines Manndeckers dann doch lieber wieder aufs nächste Mal. Damals kniff ich dem verwirrten Trotzkisten im Rahmen eines längerfristigen Vorspiels zunächst einmal beherzt in den Arsch, woraufhin dieser entsetzt aus der Reihe tanzte und sich der Polonaisenspuk, wegen solcher Störungen seitens betriebsblinder Trotzkisten, endlich auch wieder in den Paartanz auflöste. So ging das bis in die Mitternacht.
Ein älterer Mensch und Witwer brachte mit der Bemerkung: Langsam getanzt sei auch gut getrauert, noch so etwas wie Telos in den Abend. Dann war Feierabend. 12 Uhr – Alle raus!
Dermaßen angeheizt und heiter rückte man nun wie die Buttlar'sche Rotte unter Absingen verschiedener Hymnen zur Nachtruhe aus und nahm die von Ackersenf und Knoblauchsrauke gesäumten Wege zurück ins Lehrlingswohnheim mit dem hübschen Namen ›Otto Nuschke‹, welcher ein CDU-Obrist der frühen DDR gewesen sein soll. Sie müssen sehr stolz auf diesen Otto Nuschke gewesen sein, denn jede dritte Straße, Schule, Fahne und Laterne hieß in der DDR ›Otto Nuschke‹. Es war deshalb auch ganz schwierig mit den Adressen. Überall doppelt und dreifache Otto-Grotewohl- und Otto-Nuschke-Straßen und alles nur Marx-Engels-Plätze und Florian-Geyer-Kuhställe.

Was nun? Der Haufen war zu allem entschlossen, man wollte unbedingt noch ein ›Hüttenfest‹ feiern. Bereits im Laufe des Tages war überlegt worden, wie man den diensteifrigen Hausmeister des ›Otto-Nuschke-Objekts‹ gegen Abend am besten ausschalten könnte, denn man wollte ja noch dieses ungestörte Hüttenfest mit Etagenbetten und ›Osborne‹ haben. Nun hatte dieser allerorten umherspukende Kundschafter und Schlüsselagent eine stadtbekannte Neigung zum Mokkalikör auf ›Rondo Melange‹-Basis, weswegen wir uns entschlossen, ihm am späten Nachmittag eine mit irgendeinem Laudanum versetzte Flasche Intershop-›Bailys‹ zu überreichen, die ihn zur rechten Zeit beiseite schaffen sollte, wobei es zur Übereinkunft kam, daß Schübner den Likör und wir die Pillen beizusteuern hatten, während Günter Schinske den handgemeinen Teil zu erledigen sich anbot und dem Hausmeister gegen Abend das klebrige Giftzeug einflößte, wobei er selbst geschickt Cognac vorzog. Dies alles war soweit nebenher und diskret erledigt worden. Der Späher hing abends pünktlich halbtot im Ansitz und schnarchte sein Auslugtürchen auf und zu.
Nun war noch ein letztes Hindernis aus dem Weg zu räumen: Die Heimleitung des ›Otto-Nuschke-Objektes‹ hatte in der Gewißheit, daß man sicher hungrig nach Hause kommen würde, noch allerhand Leckereien ihrer Großküche teils kalt, teils warm bereitgehalten. Anstandshalber mußte davon was aufgegessen werden. Das war selbstverständlich!
Es bot sich folgendes Bild: Zur Rechten war ein schon kalt und pellig gewordenes Würzfleisch aufgetragen. Da die Masse aus üppig gemehltem Frikassee bereits ausgehärtet schien, mußten diese Ragout-fin-Geschosse im Gelände des Wohnheims vergraben werden. Dazu wurde eine Abordnung fortgeschickt, der man gleich auch eine nicht unerhebliche Menge ›Hrachová polevká‹, eine Erbssuppenbesonderheit mit Schweineohren aus der ehemaligen ČSSR, in Terrinen mitgab, weil diese Spezialität schon arg gedunsen und verglibbert war. Auf Be-

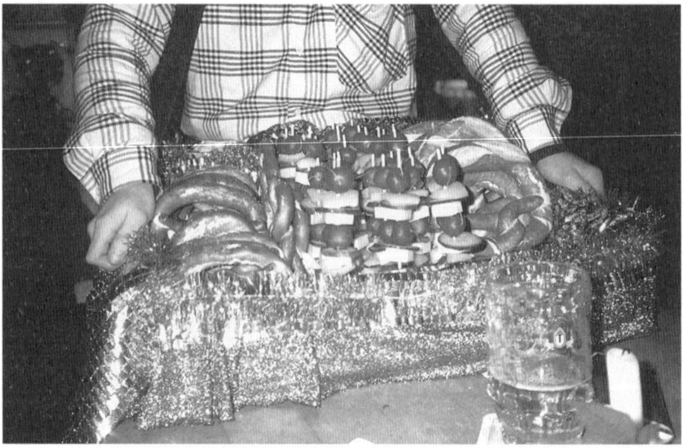

treiben der zahlreichen Schwaben unter den Trotzkisten wurden auch gleich noch zwei Paar Dutzend mit Hack gefüllte, außen eben auch schon sehr ausgehärtete Teigtaschen in scharfer Form als »unkorrekte Maultaschen« kritisiert und mit abgeführt. So. Einiges Brot wurde als Entenfutter von den Gemeindehelferinnen für den Spreewald in Papiertüten verwahrt, und der Busfahrer fuhr den Rest (wie weiland Wieland) auf Schubkarren für sich, sein Weib und die Sippe hin zu seinen geheimen Omnibusluken.

Wir mußten jetzt endlich zur Sache kommen! Das Ganze drohte auseinanderzufallen, bevor auch nur ein einziger Geschlechtsakt vollzogen war! Eine der Gemeindehelferinnen mußte auch bereits wiederbelebt werden! Und das geschah auch. Ich weiß nicht mehr, wie, erinnere aber, daß man »in Ohnmacht befindlichen Damen durch Lebendigbrennen mit einem Löffel Alkohol in der Subclaviculargegend zu einigen zusätzlichen Exspirationen und endlicher Wiederbelebung verhelfen kann«. Das war mir auch neu. Doch auch so war die betreffende Gemeindehelferin mir nichts, dir nichts wiederhergestellt, und es mochte – so Gott wollte! – nun endlich mal richtig abgehen.

Tatsächlich war es dann so, daß die drei besagten Skatspieler Skat spielten, Gabi und Sabine »lieber« schlafen gingen, und der Rest aber zäh weitersoff, wobei die Frivolitäten zunehmend ins Schlickige wegrutschten. Mit Johlen wurde das Bekenntnis unseres Busfahrers aufgenommen, er habe »Dünnschiß von vorhin«! Dieses unerschrockene Bekenntnis über die Verdauung wurde denn auch gutlaunig und diesmal mit der Verleihung einer Schloßherrschaft in Polen sowie einstweiligem, lang anhaltendem Applaus belohnt.
Dann kroch Schübner aus irgendwelchen Bettetagen hervor, stellte sich mühsam auf, grüßte militärisch und lallte eine operettenreife Unaufrichtigkeit aus der Zeit von vor Chruschtschow in den Schlafsaal, so ein: »Ich bleibe dabei: so wahr ich den Stalin und den er gesandt hat: Walter Ulbricht als mein Licht und Gnadensonne erkenne und beständig angenommen, der mir in seiner glorwürdigsten Mutter und Gespons helfe. Amen.« Applaus für den reuigen Renegaten!
Dann trat Günter Schinske ans Fenster und holte Luft: »Ich fasse eure Sünden zusammen in ein Bündlein und werfe sie hinter euch in die Tiefe des Meeres, also daß ihrer nicht mehr soll gedacht werden, und ich breite meine Hände zum Frieden und Segen über euch aus, und es soll euch nichts scheiden und schaden.« Dann schleuderte er ein Schnapsglas hinterher, schloß das Fenster und sagte auch: »Amen!«
Dann war ich dran. Ich wankte vor eine Kerze hin, donnerte eine Schnapsflasche zwischen mich und sie, bzw. ihr Licht, schloß ein Auge zur Steigerung sowohl meiner Konzentration als auch der Spannung des Publikums und schwieg erst mal rhetorisch gerissen – eigentlich aber wegen eines plötzlich heftiger werdenden Aufstoßens einigen ›Danziger Goldwassers‹ von vorhin –, bis etwa folgende Worte aus mir empordröhnten: »Der Metaphysiker betrachtet einen Doppelkorn als etwas Existierendes, Seiendes, das Existenz besitzt, wenngleich auch eine äußerst begrenzte, aber auch als Ausdruck des göttlichen

Seins, das somit gewissermaßen entfernt das göttliche Sein zeigt. Der Materialist hingegen betrachtet das gleiche Schnäpschen nicht als Widerschein des göttlichen Seins, sondern als ein äthanolisch Seiendes, das in Raum und Zeit existiert, das zufälligen und wesentlichen Veränderungen unterworfen ist, die durch bestimmte innere und äußere Ursachen ausgelöst werden, die durch die eine oder andere Gattung oder Art der Existenz bedingt sind. Zum Wohlsein!« Dann soff ich den Schnaps, sprach »Entschuldige, Herr!«, riß erneut das Schinskefenster auf und warf mein Schnapsglas sowie meinen mit wenig Bier gefüllten Zahnputzbecher hinterher und fügte dann noch, mit den Resten meiner Vernunft und um ein nunmehr folgendes allgemeines Gläserwerfen zu verhindern, die Worte »Ein jeglicher möge sein eigenes Gefäß halten!« aus dem 4. Kapitel des ersten Briefs an die Thessalonicher, Vers 4, hinzu, worauf man zustimmend klatschte, sich aber dennoch nicht verkneifen konnte, etliche Gläschen nachzuschleudern. Dann wurde gesungen.

Alles steigerte sich noch, als die Maoistin Monika, zu Wollust angefacht von einer Laute und als einzig verbliebene Dame, den Vers 4, Kapitel 5 aus dem ›Hohenlied‹ auswendig wußte: »Mein Liebster steckte seine Hand durchs Loch, und mein Inneres wallte in mir.« Bzw.: »Jesus ist in das Fleisch gekommen« (1. Johannes 4,2.3). Wodurch eine insgesamt aber eher traurige Schlußstimmung aufkam, weil Monika kurz darauf schwindlig wurde und all unsere Hoffnung in irgendeinen Ausguß des ›Otto-Nuschke-Objekts‹ fahren ließ, wo sie von fern zum Gotterbarmen den hl. Ulrich anrief.

Nach ein paar russischen Trauermärschen verebbte das Gelalle. Wo Du nicht bist, Herr Organist, da schweigen alle Flöten. Irgendwann konnte man einfach nicht mehr, nahm man nur noch Schnalz- und Zischlaute wahr und schnarchte sich langsam über die Vegetationsgrenze hinüber, auf eine endgültige Befreiung der Menschheit vom Joch der Unterdrückung zu. Gute Nacht!

O je! Am nächsten Morgen schlich man wie Schatten in den Speisesaal zum Frühstückfassen. Die Gemeindehelferinnen hatten sich schon gleich entschuldigen lassen und schmorten oben in den Missionarsbottichen der Scham und Schuld. Alles kauerte sehr verstummt um die Teller und Tassen, in die man sein Antlitz versenkte. Gewisse, wohl eilends von der Hauptstadt geschickte, hauptamtliche Gestalten liefen düster im Hintergrund auf und ab und schienen Gewitter zu beschwören wegen allerlei sacrilegii angemaßter Befugnisse unsererseits. Man hatte auch den halbtoten Hausmeister gefunden, und irgendwie war nachts derartiger Lärm gewesen, daß man im ganzen Bezirk Suhl unseren Hüttenblödsinn hatte mitverfolgen müssen. Dann kam – ich habe einiges erlebt! – ein parteigesandter Riesenkaktus her und brüllte etliche Minuten auf üble Art ein weniges über sozialistische Gesellschaftsmoral und Hausordnung. Er drohte eine sozialistische Abstinenzlerbewegung nach skandinavischem Vorbild an, was nun aber selbst die beisitzenden Sittenwächter und Funktionsfinsterlinge hochschrecken ließ.

Schinske fehlte, der schien schon, degradiert und in Ketten, auf den Weg nach Workuta gebracht worden zu sein. Er tauchte aber später, unverwüstlich heiter, wieder auf und grinste, den Weinbrandpegel bereits wieder voll auf Mitte, in die triste Gegend. Dieser Mann war nicht kleinzukriegen!
Jahre später hörte ich von Schübner, den ich zufällig auf der Straße traf und der Schinske noch freundschaftlich verbunden war, daß dieser nach der Wende, ruck, zuck, Kommandeur einer Brigade von Versicherungsvertretern und ehemaligen FDJ-Genossen geworden war, die für große Verbreitung von meistens natürlich völlig überflüssigen Feuer- und Glasbruchpolicen in den neuen Bundesländern sorgten und alle gleich 1989 in den dicksten Westwagen rumfuhren. (Audi! Audi!) Außerdem soll er auf einem großen Anwesen und Wassergrundstück im Brandenburgischen Buckow sitzen, wo er sich, wörtlich, »ein drittes Ei auf Westkosten wachsen läßt« und mit Gabi verheiratet ist. Es soll aber eine andere Gabi sein. Was mit jener unserer Gabi bzw. Sabine sei, wüßte er auch nicht. Keiner wüßte das. Die seien so plötzlich und auch für ihn unerklärlich verschwunden, wie sie gekommen waren. Ich fragte ihn natürlich noch, ob er mit einer von ihnen oder beiden Geschlechtsverkehr gehabt hätte. Er fegte diese Anmaßung mit einem »Wo denkst'n du hin!« weg und lief fort zu einer politischen Bürotätigkeit für ›Die Grünen‹.

VI.
Krippenspiele

Seit ich die Pflanzen kenne,
liebe ich die Tiere.

Erdbeben, Schwarzbären, Saubärn,
die Euch bescheissen?!
Komme im Galopp, das Schlamassel
zu lichten. Euer Eiliger.
K.D. Schacht, Karmische Tupferl

Die übrigen Monate des Jahres 1989 waren genauso wie die vorigen nur noch mit Flaschenbier auszuhalten. Ich favorisierte ›Herrenhäuser‹, weil es das leckerste ist und Hannover, das mich immer begünstigt hat, meine Glücksstadt, weswegen ich aus Dankbarkeit sein schmackhaftes Bier mit dem unverwüstlichen, neunzig Tage gereiften Schaumhäubchen in großen Sühneportionen saufe, ehre und akquiriere. In Berlin ist es schwer ranzuschaffen, aber die Mühe lohnt.
Um die damaligen Berliner Kalamitäten zu ertragen, mußte man sich hin und wieder erfrischen. Es war schon länger alles nicht mehr so leicht wie früher; und nun neue Last! Wir haben im Westen nur noch gestaunt: vorm Fernsehn gesessen und gedacht: O Gott, sie kommen! Frische Schurken, billig gedungene Kanaille, junge, also vornehmlich doofe Menschen, deren größter Traum darin zu bestehen schien, bei uns im Westen tropisches Schalenobst zu pellen! So welche hatten noch gefehlt! Wenn man an den Gardinen entlanggeschlichen ist, hat man sehen können: Es stimmt, was sie im Fernsehn bringen; da unten sind sie! Ich dachte, ich kriege einen Pickel! Es wurden immer mehr, wie 1988 beim Evangelischen Kirchentage zu Berlin, als ich es ahnte: Jene unfaßbare Invasion

an gutmeinenden Knallköppen und Reisepöbel soll uns nur erst Zeichen auf Kommendes sein! Wir saßen damals bei Jes Petersen in der Galerie, Goethestraße, etwas matt und irritiert und deutungsbedürftig. So stach denn Oskar Huth an der Petersenschen alten Flensburger Haus- und Familienbibel aus dem 5. Buch Mose den Vers 38 aus dem 28. Kapitel: Eine ziemliche Weissagung und akkurater Bibelstich! Eine vom lieben Gott über seinen Freund Oskar bemenetekelte Aufrichtigkeit.

»Wolle mer se reinlasse?« – Tat-taaa! – Man wollte. Ich eher nicht. Aber nicht ich, sondern das Man schreibt die Seinsart der Alltäglichkeit vor: Also strömten sie am 10.11.1989 herein in den Westen Berlins, und da übte wie jedes Jahr der ›Kreuzberger Karnevalsverein‹ auf dem Mittelstreifen der Yorckstraße an seinem anachronistischen Zug für den 11.11. um 11 Uhr 11. Dieser jammervollste aller mir bekannten karnevalistischen Jubelwürmer machte, auf Anhängern plaziert und entsetzlich herumwedelnd, seine Probeparade. Die verbeamteten Jecken schmissen mit Zitronenbonbons und Bananen. Am Rande standen Tausende befreiter Ostmenschen mit Tragetaschen an den Gelenken und staunten: Das also ist der Westen!

Dies also hatte ihnen das Regime 40 Jahre lang vorenthalten! Und wir staunten auch nicht schlecht: Da hatten wir jetzt tausend wildfremde, zusätzliche Menschen, die Büchsenbier bevorzugten und in Schlangen nach Räucherfisch angestanden haben sollen, während wir uns im Westen eine ethisch weittragende Konsumverachtung anerzogen hatten. Degoutant! Es war unglaublich, wie sie ungeniert um ihre Begrüßungsgeldscheine tanzten, ständig Schlangen bildeten und Bananen fraßen. »Wer klaut, kriegt keine Plastiktüte!« brüllte ein Verkäufer im soeben gestürmten Kaufhaus ›Hertie‹.

Ich stand mit Butzmann an der Yorckstraße, wir betrachteten entgeistert diesen gespenstischen Umzug, als uns plötzlich einer fragte, ob wir wüßten, wo hier in der Nähe ein bestimmter Laden sei, in dem es »Plastekot« zu kaufen gäbe. – »Plaste was?« – »Plastekot.« – »Ach, Plastikscheiße! Kackhaufen aus Plastik zum die Oma erschrecken?« – »Jaa!« Er strahlte! Wir Deutschen verstanden uns wieder. Es gab tatsächlich in der Hagelberger Straße damals um die Ecke so einen komischen Laden für Gimmicks, Gägs und Plastekot. Wir instruierten ihn, und er marschierte glücklich los und würde nun also einen Teil seines Begrüßungsgeldes in Plastekot investieren. Jessusmaria! So eine ostentative Ostkacke! Jetzt also kommen so welche!

Und hatten wir nicht selbst hinreichend Doofe im Westen? Die Diktatur des Brülletariats war freilich nicht nach Leninschem Plane, dafür um vieles vitaler und auch gegen Leninsche Spekulation sehr wohl »spontan«! – im Westen, seit achtzig etwa ansetzend, bereits gegen Mitte der Dekade im Grunde errichtet. Ihr Hymnus lautete: »Life is live!« Was Quatsch ist. Oder »Life is life!« Was immerhin einigermaßen stimmt. Als Beleg wurde »Nana, na, nana!« hintendran gegrölt. Sehr beliebt auch ein heiter regressives Schütteltänzchen, welches mit der vielmals wiederholten Behauptung »It's my life!« überall und immer längs lief und dem ungebildeten Massenmenschen nach tautologischem Rezepte, also vermittelst brainwashing, die allerfeisteste Anspruchstellerei ins Ohr setzte und ihn gar zum Maßstabsetzer allen möglichen Unfugs akkreditierte. Das alles trieb mich schier an die Pulsadern.

Und nun noch diese frische, unserem Pöbel tief verwandte, ihn um vieles ergänzende und stärkende, heikel motorisierte Wanderbewegung gegen die Laufrichtung der Erde! Das Volk veranstaltete Polonaisen, obligat mit viel Krach und sonstigen Brandenburger Torheiten, angefeuert von christlichen Immobilienverbändlern, Revanchisten und Leuten, die den Verstand verloren haben mußten!

Der noch mit plebejischen Instinkten versehene Connaisseur

duckte ab. Er hatte es geahnt und fürchtete sich. Seine Ökonomie war zerbrechlich. Ein ostpolitisches Subventionskalkül (»Schaufenster des Westens«) hatte an wenigstens einem Ort der ›Ersten Welt‹, in Westberlin, für erträgliche Lebensbedingungen gesorgt und kynisch orientiertes, selbstverständlich auch müßiggängerisches Randvolk akkumuliert, welches aus schlichtester Ökonomie enorme geistige als auch insgesamt die Stimmung hebende Überschüsse produzierte.

So kam es einem jedenfalls vor. Für das im Weltmaßstab halbwegs kommod zu bewohnende Westberlin konnte die damals bereits zu erwartende Abschaffung und Implantierung der DDR nur bedeuten: verblühende Landschaften, finstere Rückfälle in die geistige Atmosphäre von 1956, anschwellender Mangel und ethischer Verfall nach sowjetamerikanischem Vorbild sowie Faulheit und Schlendrian (»...aaalte Gewooohnheit!«) bei Dingen des alltäglichen Lebens. Mit anderen Worten: hemmungsloseste Habgier als allgemeine Grundlage, en detail verspätete und ausfallende Züge, die man zur Kompensation ihrer Mängel ›InterCity‹ nennt (was diesen ehemaligen ›Intershop‹-Schummel seltsam fortführt), dazu transversal schlechte Laune unter und zwischen allen Bevölkerungsteilen, insbesondere gefördert und weiterentwickelt durch Supermarktkassiererinnen, Kellnerinnen und Amtspersonen; ein als ›weltstädtisch‹ verbrämtes Elend, hübscher gekleidete Polizei, anschwellende Hysterie unter der männlichen, insbesondere ausländischen Jugend, exponentiell vermehrtes Fittitum in offenen BMWs, metastatische Verpennerung in U- und S-Bahn und auf allen anderen Steigen bei gleichbleibender Verblödung der rentenversorgten Alternativscheißer und parvenierenden Vollbärte. So!

Dazu eine ethnologisch beachtliche, Jahr für Jahr ins Unfaßbare spiralistisch sich steigernde Weihnachtsfeierhysterie. Und so weiter.

Heute haben wir den halben Salat. Wir kennen die Bürden, und klugerweise hat man es inzwischen als historisches Fatum, jenseits von Gut und Böse, hingenommen, um nicht ganz kirre zu werden, denn – ich weiß, ich weiß! – man muß ja damit leben und wird damit leben. Aber damals paßte es einem nicht. Also: Verflucht, was konnte man machen?

Es ist allweil nicht schlecht, in verzweifelten Momenten die Technik der Flucht in verblüffend entgegengesetzte Richtungen zu proben. Nicht genau entgegengesetzt und kein schlichtes Dagegen, wohlgemerkt. Also keinen Anti-Quatsch. Die Negation muß subtil sein und dialektisch begriffen wenigstens 2 plus ›n‹ bieten. Der Franzose wirft es dem Hegel ja vor, daß er über der Negation die Differenz (also in diesem Falle das ›n‹ oder nennen wir es ruhig auch ›das Andere‹) vernachlässigt und das Problem des Dagegenseins taktisch zu simpel faßt. Indes, Hegel weiß sogar ganz genau Bescheid, hier etwa, in den ›Vorlesungen zur Geschichte der Philosophie‹: »Die Entsagung, das Negative, enthält zugleich eine affirmative Richtung auf das, dem entsagt wird, und die Entsagung und die Wichtigkeit dessen, dem entsagt wird, wird zuviel hervorgehoben.« Bitte sehr!

Heinz von Foerster hatte uns ein Jahr zuvor in Linz erzählt, wie er 1938 vom Großdeutschen Reichsrand in Österreich ins Zentrum nach Berlin umzog, ganz ordentlich mit Möbelwagen und ohne Fluchtgestik, und wie er damit seine jüdische Frau rettete; es konnte sich von den Judentreibern keiner vorstellen, daß man in beschrifteten Umzugskisten direkt auf sie zurollte, und eben diese verblüffende entgegengesetzte Richtung meine ich.

Gut, was hieß das für die uns plagende Absetzbewegung von Osten nach Westen. Es wiederholte sich das alles ja auch schaurig in Kuba. Aus kurzsichtig turnschuhkultischen Gründen täuscht man sich auch dort über eine Zukunft im ›befreiten‹ Kuba gewaltig. Die neue Errungenschaft wird Haiti und nicht Florida sein. Oder Albanien. Eine komplette, arbeits-

fähige Volksschicht an Hungerleidern und Galgenvögeln ist zu jeder Schandtat bereit, um in den Besitz eines BMW-Wagens oder vorerst dämlichen Paars Adidas-Turnschuhe zu gelangen.
Wir waren skeptisch. Wir waren etwas konsterniert und ideenlos, neideten wohl auch beleidigt das Begrüßungsgeld. Uns hatte in dieser Welt keiner mit hundert Mark begrüßt! Was konnte man machen? Welche verblüffende Bewegung wäre die auch gleichsam größtmöglichst blüffende gewesen?
Für mich wurde folgendes entschieden: Du bleibst hier schön sitzen! Stilles Beharren bei Zimmertemperatur bekommt dir am besten. Wo alles mobilgemacht hat, bewegt sich nur noch der, der gerädert anhält. Und sich setzt. Ich setzte mich in mein Lieblingsfauteuil und dachte solchen Gedanken nach. Wobei ich insgeheim natürlich auch mein Phlegma mit hübsch viel Ratio stopfte und beharrlich einen auf Homo deses machte.
Aber ich hatte auch bessere Gründe: Ich stand damals erstmals in meinem ziellosen Leben einer richtigen Familie vor, in der ich den leibhaftigen Papa figurierte und die Alpha-Position in einer typisch triangulären Struktur innehatte, so recht im Sinne von ›klein a‹ und ähnlich Possierlichem nach Lacanscher Familienplanung. Ich hatte sie nicht gegründet, das nicht; sie war mir im Rahmen eines unerklärlichen Kontingenzprogrammes, vielleicht aus metaphysischen Gründen zugefallen. Wie auch immer, der mir zugewachsene Familienzusammenschluß bestand aus einer hübschen Frau und einem entzückenden Kinde und einer unfaßbar riesigen Wohnfläche und einer fundamentalen Suspendierung von jeglicher pekuniären Sorge und dies alles mit so normativer Emphase, daß mir der liebe Gott sofort auch obendrauf noch eine Professorenstelle zuschlug. (Und zwei Jahre später alles wieder fortnahm! Der Herr hat's gegeben, der Herr hat's genommen; der Name des Herrn sei gelobt. Und ein Prosit dem Niesenden!)

Dies vorläufige Wunder erstaunte mich und andere, war ich doch von Hause aus immer ein armes und ewigen Beziehungsrütteleien ausgesetztes Arschloch gewesen und deswegen auch ewig sehnsüchtig häuslich. Und nun war pupigster Kissenkomfort, ferngesteuertes Kabelfarbfernsehn und die Wohnfläche so ausladend weitläufig, daß Operngläser dazu not taten, die übrigen Familienangehörigen zu orten. Zwischen den mit Preisen für schöne Form ausgezeichneten Leuchten und Rührgeräten standen allerlei Lederfauteuils zur Auswahl herum; darin rauchte ich beachtliche Sumatra-Havanna-Sandblattdecker zu neun Mark, die es gerne haben, wenn man ihnen lange Asche läßt, weswegen ich immer höchstens dreimal abstreifte. Im folglichen Heini-Müller-Zigarrenqualm faßte ich große Gedanken und Getränke.
Herr Kapielski, befand ich, ist ein bei Presse, Funk und Arbeitsamt bekannter Mauvaisvivant. Und Herr Müller, folgerte ich, ist ein Mann, der auf Grund seines hohen Berühmtheitsgrades berühmt geworden ist. Dazu stieß ich Ringe aus und frönte der Skepsis des Fleisches in Form von Faulheit. Ad maiorem Dei gloriam! Denn: Ob träge, trunksüchtig, lüstern – niemand ist so schlaff, daß er nicht friedfertig werden könnte!
Unten im Nebenhause befand sich zu meinem allergrößten Vorteile einer dieser satt bestückten Getränkehoffmeister mit wundersam wohlfeilen Vorräten an ›Herri‹ (welches der Kosename für das vorhin schon erwähnte ›Herrenhäuser Bier‹ in Halbliterpfandflaschen ist) und im Hause selbst sich ein Aufzug für das Verbringen der Kästen nach oben. Als der Fahrstuhl einmal ausfiel, mußte ich das Flaschengut wie ein Primat an gedehnten Gelenken durchs Treppenhaus schleppen, und ich sah ein, wie gut es mir ging. Der Vorfall mahnte an, was wohl gefügt und wert, bewahrt zu werden, nicht aufs Spiel zu setzen, so daß ich, ob des reichlichen Glückes, wohl bisweilen schon anfing, mit mißtrauischem Blicke das Wohnfeld nach Übel zu durchkämmen, als nun doch, und ausgerechnet

da, wo alles gut war und hätte bleiben sollen, wie es war, sich 1989 die Scheißgesellschaft verändern mußte! Verflucht! Non deformata, non reformata!
Ich schlug also aus taktischen und konservativen Gründen den Weg der Häuslichkeit ein. Von mir aus sollten die Scheißer draußen alle tun, was sie wollten. Ich wollte zu Hause bleiben! Zu jener Zeit lief im Fernsehn ein Lied zu einer Reklame für halbfetten Brotaufstrich, das ich sehr mochte. Auf die von mir schmetternd mitgesungene Zeile: »Ich will so bleiben, wie ich bin!« mußte die Familie im Chor das auch im Fernsehn chorisch vorgetragene »Du darfst!« begleiten. Auch im Bad und sonstwo tremolierte ich vor Ergriffenheit die Melodie mit dem Text, der im Grunde so blöd wie »It's my life!« ist. Nun ist das Eichendorffsche »Wem Gott will rechte Gunst erweisen, / Den schickt er in die weite Welt« auch ganz schön banales Mundgeorgel. Gleichwohl sieht es Adorno bekanntlich anders. Ich sah es in meinem Falle auch anders, und zwar ähnlich wie Adorno. Beide zielten wir, trotz aller Unterschiede, auf das im guten Sinne Konservative und wußten: nur noch Constanze, Familie, Fahrstuhl, Getränkemeister und Fernmündliches!
Dezember 1989. Freund Helmut Höge ruft an. Ich legte meinen Sandblattdecker beiseite: »Helmut! Bevor du mir was erzählst: Was tun? Welche Bewegungsrichtung? Oder überhaupt bewegen?« – »Ja«, knurrte Helmut Höge, »ich konnte es auch alles nicht mehr ertragen und habe nun gedacht, wir müssen was Kluges tun, was Verblüffendes und so ...« – Meine Meinung! Wir hatten ja schließlich gemeinsam den Certeau, das ›Handorakel‹, den Krauss studiert, somit die Künste des Handelns und die komplette jesuitische Finte intus, und da war er also mit seiner damaligen Bekannten Sabine Vogel im förstergrünen Audi-Wagen in den Osten gefahren, aber von Westberlin aus Richtung Westen! Also schon mal die doppelt gegenläufige Richtung in jeder Hinsicht.

Es gab noch Grenzkontrollen, sie waren aber schon unwichtig. Beide sind ziellos mit dem lindgrünen Försteraudi über Land, haben Ausschau gehalten und auf Eingebungen gewartet. In einem gräulichen Flecken namens Fahlhorst stellte sich eine ein. Sie wackelten rechts über ein kurzes Stück Feldweg und landeten auf einer LPG. Haben dort bißchen rumgeguckt und sich mit ihren Selbstgedrehten auch ein wenig zu einem Gummistiefelmann gestellt: »Wie sieht's denn so aus hier?« – »Aber hallo!« rief der: »Kollegen sind alle im Westen einkaufen. Kümmert sich doch keiner mehr um Kühe hier. Es fehlen vorne und hinten überall Leute.«

Nun hatte Helmut Höge schon Landbau getrieben, kannte das, konnte ein paar Kuhstallgeschichten vom Vogelsberg erzählen. Kleine vergleichende Ost-West-Messungen wurden vorgenommen, Heusysteme verglichen, angeregt wurden verschiedene Herdentypen und PS beziffert, und Helmut Höge hatte im Furor poeticus schon die Schippe in der Hand, als er zu allgemeiner Überraschung allen Ernstes gemeinsam mit Sabine Vogel um Einstellung in den dortigen Tierbetrieb bat! Um Ostgeld! Das gab es ja noch.

»Also, wie bitte?« Die Kolchose hörte wohl nicht richtig! Warum wollen zwei Westgoten freiwillig im Osten für Indianergeld einen maroden Kuhstall fegen? CIA und BND und hin und her und oben und unten; egal, man war trotz allen Mißtrauens der Nöte wegen interessiert an Verstärkung des Stallpersonals und erkundigte sich oben vorsichtig, ob der seltsam verkehrte Antrag erlaubnisgenehmigungsfähig sei. Die betreffende DDR-Führungsebene war inzwischen so weit, daß sie nur noch abgewunken hat, macht was ihr wollt, wir machen erst mal unsere Transferrubelgeschichten! Ebenso waren die runden Tische sehr mit sich beschäftigt, hatten Wichtiges zu bereden, aber nichts zu sagen, und gaben ansonsten ebenfalls »Do what you wilt!«-Losungen aus.

Also sagte sich der damalige LPG-Vorsitzende Kärgel, die

zwei Irren schickt der Himmel, die brauchen wir, und stellte die zwo geisteskranken Westler zum Kackeschaufeln für Ostmark ab nächste Woche ein. Mit Kontrakt und einigen Högeschen Sonderlichkeiten, was die beiden in ihrem ›Babelsberg‹-Buch ja auch ausführlich erzählt haben.
Nun fuhren Helmut und Sabine fortan jeden Morgen um halb vier frisch von Kreuzberg nach Babelsberg, schippten die im Verlaufe des Nachmittags und der Nacht angefallene Kuhkacke und machten sich täglich den Muskelkater neu. Wir verloren sie ein wenig aus den Augen. Wenn beide wie verdroschen in den Betten stöhnten, hockten wir gewöhnlich in Kneipen und besprachen Nutzen und Mängel des Landbaus nach östlichem Muster. Helmut rief mich ab und zu an, und dann saugte ich ihm gierig die sonderbaren Geschichten vom Leben im Sozialismus in den Stenoblock, um sie frisch und in vielen Punkten freimütig ausgebaut bei Jes Petersen zu kolportieren.
Jes Petersen, Oskar Huth, sonstige Laufkunden, wir kauerten tagsüber wie üblich in seinem Galeriekabuff in der Goethestraße, nicht weit von meinem Fahrstuhl übrigens, und werteten bei ausreichend Erfrischung und Getränken und vermittelst Bibelstichen täglich meine Berichte über den merkwürdigen Höge/Vogelschen Subotnik im Osten aus. Alle bestaunten die Vorgänge, wollten alles bis ins einzelne darüber wissen, und mein Ansehen als Postillon d'agricole wuchs beachtlich. Allein Petersens Begeisterung klar gedämpft; er war Landwirt gewesen: »Kühe stinken. Mich kriegst du in keinen Gummistiefel mehr! Nä!!«
Egal, wir mußten da mal gucken. Wir waren ja nun auch schon in Jamaika und sonstwo gewesen, und Petersen hatte auf Kreta mit dem Taxi schon mal einen Leichnam neben sich auf der Rückbank ins Tal transportiert, so was Weltläufiges alles war uns Routine, aber LPG, das kannte keiner, da konnte sich überhaupt keiner was vorstellen, so fremd war das, diese ganze

komische Ostzone. Wir beschlossen eine Exkursion in die betreffenden Gebiete. »Kapielski, arrangier das mal!«
Gut, ich arrangierte das mal! Nachmittags um sechs weckte ich Helmut Höge mit dem Telefon, das war für den ja jetzt schon tiefe Nacht, und kündigte für den nächsten Mittag eine Besichtigung an. Helmut sonderte ein »Ä!?« ab – was ich als ›Ja, geht in Ordnung!‹ ausdeutete –, legte auf und ging wieder schlafen. Alles klar. Wir konnten packen!
Durch die Westbezirke hallte es wie »Ivanhoe!«-Rufe. Alle wollten mit, Osten gucken, LPG-Kadergeheimzentralen besichtigen, Tiere streicheln und gucken, wie Sabine Vogel als Magd aussah. Ein kleiner Konvoi wurde gebildet und setzte sich zusammen aus Ernst und Utes großem Mercedes-Wagen, dem noch größeren Mercedes-Wagen der Gruppe Dittmann/Hoeck und dem noch größeren meiner Dame: (Ich hatte ihn noch gar nicht erwähnt: Ja, einen Mercedes gab's auch! Der Herr hat ihn dann wenig später ebenfalls genommen.) Darin wurden verladen: Petersen und Frau, Oskar Huth, die umfangreiche Dittmann/Hoeck-Gruppe, die Gruppe Krüger, mein Familienverbund mit Kind sowie zwei Hunde, nämlich Jutty, der Petersenhund, und ein Nils Krüger zugehöriger sogenannter ›Reh-Terrier‹, den man ›Ré-terjé‹ aussprechen mußte, welcher aber, soweit ich mich recht erinnere, »Piesel« gerufen wurde und ein wenig wie Elias Canetti ausschaute.
»Die Luft würde den Hunden guttun!« Städtische Präambel einer Treckbildung. Gegen halb zwölf setzte sich der Pulk nach allerhand Umständlichkeiten vor Petersens Galerie endlich in Bewegung.
Die typische LPG-Anlage. Die von Neuschnee und Reif bedeckten Gebäude machten einen charmant verwahrlosten Eindruck. Die Mercedes-Wagenkolonne rollte gemach auf den weitläufigen Innenhof und kam etwas entfernt von zwei Stallbaracken und einer undeutlichen Nissenhütte in der Nähe eines gemauerten Gebäudes, welches wohl einmal das Gutshaus

gewesen sein mußte, in einer Halbkreisaufstellung zum Stehen. Seltsam: Auf dem grau verputzten Haupthaus befanden sich mindestens dreißig Fernsehantennen.
Unsere kuriose Delegation entstieg den Limousinen: Ilona Petersen im langen Nerzmantel, die Köter trotteten unwillig an Land, andere Damen folgten, hatten Landhabit improvisiert und wühlten vorerst in den Kofferräumen nach Strickjacken herum oder restaurierten ihr Rouge an allen Rückspiegeln. Vorn, bei den Kühlhauben, reckten sich die größtenteils übergewichtigen und von den anderthalbstündigen Reisestrapazen noch etwas steifgliedrigen Herren ungeniert wie auf Autobahnraststätten.
Petersen, Galerist und Gutsbesitzerssohn a. D., baute sich im Zentrum auf und überblickte fachmännisch das Landgut, knipste alles, Jutty vorm Haupthaus, Jutty am Geräteschuppen, Jutty mit Réeterjée Piesel und den vielen Fernsehantennen. Oskar Huth stand wie Graf Oskar mit englischer Golfmütze etwas besorgt an der Peripherie herum und hielt Ausschau nach Klarem.
Dann formierte sich nach und nach die vollzählige, schrecklich laute, vorerst noch gänzlich introvertierte Reisegruppe, und endlich führte sie Petersen nach Gutsherrenart vorneweg auf die hinteren Stallungen zu, wo man Helmut Höge, Sabine Vogel und das eigentliche Zentrum der landwirtschaftlichen Produktionsgenossenschaft vermutete.
In den Kulissen kam Unruhe auf; ein paar Landarbeiter pesten hinten aufgeregt hin und her und jagten einer nach dem anderen ins Verwaltungsgebäude, als sei der Dreißigjährige Krieg am Wiederauflohen.
»Alarm! Alarm!« Ein pausbackiger Mensch mit Schirmmütze starrte mit aufgerissenen Augen aus einem Fenster im ersten Stock. »Sie kommen! Die ehemaligen Gutsbesitzer! Die alte Herrschaft!! Aus dem Westen! Sie werden uns wieder leibeigen machen!« Angst und Schrecken! Alles ging in Deckung.

Die westdeutsche Reisegruppe verharrte erschrocken, erwog schon den Rückzug zur Wagenburg. Da stiefelten endlich zwischen den Kühen Helmut Höge und Sabine Vogel hervor, versehen mit zwei furchteinflößenden Mistforken und jeweils zwei wenigstens ebenso bange machenden Ringen unter den Augen und beruhigten aufs erste das in sicherer Entfernung verschanzte Kollektiv mit der Erklärung, wir wären Freunde aus Berlin, ohne Ansprüche und im wesentlichen auch Arbeitslose und die Mercedes-Wagen bei näherem Hinsehen TÜV-gefährdeter Schrott und also Blendung. »Und der Nerz?« – »Das ist was anderes. Das is Ilona ihrer!«
So war man erst mal beruhigt, hielt sich gleichwohl aufs erste bedeckt. Wir begüßten nun im Vordergrund die zwei Kuhhirten Höge und Vogel, welche etwas überanstrengt ausschauten, im Grunde aber einen recht frohen und glücklichen Eindruck machten, ganz so, als hätte die schwere Arbeit die zwo geplagten Tierpfleger (und eigentlich ja zarten Zeitungsschreiber) mit Zuversicht und Lebensmut beseelt.
Ein großes »Hallo!« und »Hurra!« hub an. Da faßte man auch hinten im Landvolk Mut und traute sich einzeln heran, woraufhin ein neuerliches Begrüßen und Schütteln und gegenseitiges Zigarettenanbieten folgten und heitere Jugendherbergsstimmung aufkommen ließen. Mir besonders zugetan schien der vorherige Mann mit den Pausbacken und der Schirmmütze aus dem ersten Stockwerk, denn wir fraternisierten wie die Geisteskranken ein ums andere Mal, und er feuerte das Schütteln und Herzen immer mehr an, wobei mir allerdings unerklärlich blieb, warum er dabei ständig ausrief: »Schön, daß du wieder da bist, Erwin!«
Allein, die endgültige Aussöhnung zwischen den zwei Parteien sollte aufs erste erneut stagnieren: Petersens Köter, sonst ewig hungrig dösendes Fett, jagte wie ein Stachelrochen in einer der Stallbaracken umher, fluchte die Kuhärsche auf und ab und machte den Stall verrückt. Der feige Rehterrier zögerte

noch, sah nun aber die schreckliche und gänzlich risikolose Wirkung des Galerieköters unter den harmlosen, paarhufigen Pflanzenfressern und zog gleich. Mit Mühe kommandierte man die zwei völlig irre gewordenen Tölen aus den Stallungen heraus und sperrte sie aufs erste in einen der Mercedes-Wagen. Die Herde starrte aus aufgerissenen Augen zur neuen Gutsherrschaft und ihren Bluthunden hin und stemmte sich mutlos wider die Ketten.

Nachdem sich die Aufregung etwas gelegt hatte, gaben die Kühe zur Feier des Tages über die Entspannung der Lage einen reihenweisen Schreckschiß ab, und Sabine Vogel sank merklich zusammen. Sie mußte es ja schließlich wieder wegmachen!

Unser zum Treck gehöriges Kleinkind kroch währenddessen unbemerkt durch halbgefrorene Jauchen, und ein paar Altbauern brüllten im Hintergrund dermaßen kriegerisch, daß wir schon dachten, es sei was Schreckliches passiert oder man rüste nun endgültig gegen uns, was jedoch, wie Helmut Höge erklärte, normal hier sei, »das etwas Laute«, welches sich aber gegen keinen persönlich richte.

Jes Petersen hatte schon genug von der Landwirtschaft: »So eine Mistscheiße! So eine verfluchte, riesige Mistkacke! Wie früher!« Schlimme landwirtschaftliche Erinnerungen mußten ihn überkommen haben; er bollerte stur vom Hof.

Wir standen nun blöd herum, die Freunde hatten ihre Arbeit weiter zu verrichten, also entschloß man sich zur gemeinsamen Dorfbegehung, was für die Herren im Pulk lediglich einen Vorwand auf die Ortung einer bereits angekündigten Gaststube hergab. Petersen, fuffzig Schritte voran, schien zu wissen, wo's langgeht. Zunächst mußten nun die eingesperrten Köter trickreich aus ihrem Mercedes-Wagen getrieben werden, wo sie, noch ganz außer Puste, ihre Erschöpfung auskurierten, welche sie sich auf Grund ihres cholerischen Ausfalls zugezogen hatten. Unwirsch schleppten sich die zwei kuriosen

Haustiere herbei. Endlich vollzählig, stapften wir ab. Oskar Huth mantelte eilig voran, den tiefen Schneespuren Petersens nach, zum Hühnerfutter hin.
Die Dorfkneipe, der klare Korn! Wir hatten schon gezweifelt, denn draußen hatte sich keinerlei Reklame oder sonstige Erkennung befunden, so, wie wir es im Westen gewohnt waren, daß uns überall das Gewinsel der Ware um Konsumenten die Richtung anzeigt.
Drinnen gruppierten sich mißtrauische Übergewichtige um ein lustiges Öfchen, und ein vom Schweinefleischverzehr arg gezeichneter Mensch schenkte Doppelte aus und Mokkalikör für die Damen, wobei der Kerl uns arg mus- und mißäugig musterte. Die Köter waren insgeheim unerwünscht. Köter im Hause sind auf dem Land ein Unding. Der Petersensche war sowieso beleidigt, einmal, weil er deswegen hier keinen Stuhl belegen durfte und auch weil Herrchen eben ohne ihn vorausgegangen war. Als Petersen ihm versöhnlerisch Bockwurst bestellte und unter den Tisch reichte, war man im Bereich der Stammtische pikiert. So was mußte auch nicht sein! Uns andern war's klar, den Kötern war's wurscht.
Jetzt ging ein Saufen und Brüllen los, wie es nach extremen Bergbesteigungen verzeihlich wäre. Wurst, Bier, Schnaps, es wurden die insbesondere bei der Dittmann/Hoeck-Gruppe üblichen Sorten und Mengen bestellt und dazu die überstandenen LPG-Erlebnisse bellend ins Maßlose verzerrt. Die sprachlose Dorfbelegschaft horchte mit und versuchte, uns, mit Bourdieuscher, an Überbiß und Stirnrunzeln ablesbarer Anstrengung, auf die feinen Unterschiede hin genauer einzuschätzen.
Nach Stunden mußte sich bei ihnen eine Vermutung herausgebildet haben, denn man schickte hintenherum einen besonders flinken Boten zur LPG hinüber, um mitzuteilen, daß die alte Herrschaft wieder im Dorfe eingetroffen sei und daß man Vorsichtsmaßnahmen treffen möge und daß man sich

bemühen werde, die Junker vorerst im Gasthause festzuhalten, bis auf der betroffenen LPG so weit alles gerichtet sei, die Landnahme zu verhindern.

Als der diskrete Sendbursche wieder eintraf und klärende Rückmeldung erstattet hatte, tuschelte man verstohlen und kassierte nun umgehendst ab, was sich vorher sonderbar verzögert hatte. Die Teilnehmer der Reisegruppe hatten alle einen sitzen und wollten heim. »Wir wollen nach Hause!« Vereinzelt hörte man sogar besonders weinerlich, man wolle »sofort wieder zurück in den Westen«!

So waren wir nun durch die kleine Expedition besser im Bilde, was den Osten betraf, und konnten die spärlichen telefonischen Auskünfte, die Helmut Höge ab und zu nachreichte, dem gewonnen Gesamteindruck besser hinzufügen. Insgesamt war jedoch eine Ernüchterung erfolgt; ein weiteres Reisevorhaben kam nicht zustande.

Kurz vor Weihnachten rief Helmut Höge wieder an: »Kapielski, es ist doch so, daß die Kolchosbauern sich hier schon alle so auf Weihnachten freuen!« – »Ernsthaft? Tun sie das?« – »O ja!« – »Das kann doch nicht sein!« – »Und ob! Also willst du nicht Heiligabend zu uns an die Krippen kommen und drei Tage aushelfen, damit die werktätige Bevölkerung schön in Ruhe an Weihnachten Rinderbraten fressen kann? Es fehlen uns doch so viele!« Ich Idiot sagte zu. »Man muß was erleben. Sich auch mal auf was einlassen. Erfahrungen, die man sonst nie hätte. Weihnachten ist sowieso zu meiden.« – »Genau!« Helmut Höge besorgte alles. Ich bestand eine obligate Stuhlprobe beim Gesundheitsamt Charlottenburg und erhielt schriftliche Stallerlaubnis mit Stempel.

Die ›neue Erfahrung‹ bestand zunächst im Drei-Uhr-früh-Aufstehen, wobei man am Abend zuvor in der Kneipe zehn Halbe lang angegeben hatte, man werde morgen als Tierpfleger der niederliegenden Kollektivlandwirtschaft im Osten aufhelfen. Sodenn wurden die Biermastfliegen von den Stallfliegen ge-

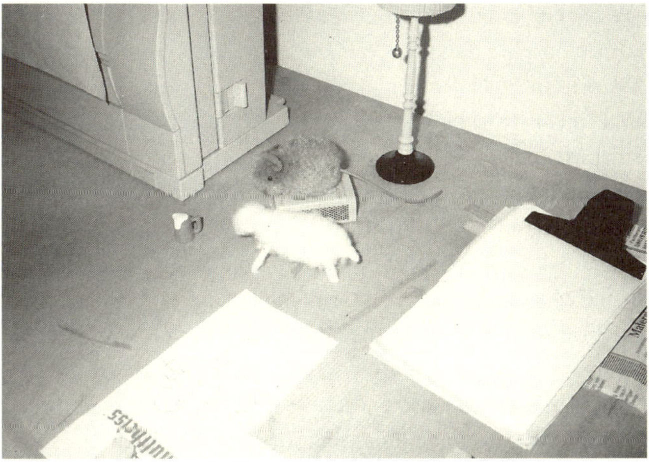

schieden: »Herr, du kennst mein Sitzen und mein Aufstehn« (Psalm 139,2).

Früh taumelte ich geistlos ins Klo, suchte ein paar alte Klamotten zusammen, verteilte Küßchen unter der bettwarmen Familie, und unten an der Ecke standen Höge und Vogel bereits im dunklen Auto bei laufendem Motor und sahen zusammen so fertig aus, wie ich in summa alleine. Es folgte ein wortkarger Transport dreier Menschleiber zu den Kühen hin, auf daß man ihnen frühmorgens die Scheiße vom Hals schaffte.

Die Brigade grüßte freundlich, schließlich war ich die Bürgschaft auf ihre doofe Weihnachtsfeierei, und daß sie in Ruhe ihre Rouladen würden einnehmen können; aber die guckten auch schon, wie man so Vollidioten mustert, die so was freiwillig machen, anstatt schön ausgeschlafen durchs ›KaDeWe‹ zu bummeln und Bananenpreise zu vergleichen. Ich wurde mit einem Paar halbwegs passenden, innen noch restfeuchten Gummistiefeln und einer dreizackigen Mistforke ausgerüstet und bekam Order auf das Ausmisten einer Jungtierstallung.

Wir marschierten durch den verdreckten Schnee und die Dunkelheit in eine dampfende Rinderbaracke. Darin standen die Viecher in zwei Reihen Kopf an Kopf, kriegten vorne den Fraß in Futtertröge und hinten gaben sie uns die Scheiße in eine Mistrinne, die Traktorbreite hatte. Praktisch gedachte menschliche Konstruktion: Mit dem Trecker konnte man die Scheiße durch die Rinne aus der Halle hinausschieben. Der Haken war, daß die Kühe keinen Grund sahen, gezielt in die Rinne zu kacken. Dieser Systemfehler war es, der mein Dasein zur Frühschicht nötig und sinnvoll machte. Ich sollte mit der Mistgabel zwischen die Viecher gehen und das Danebengegangene zurück in die Rinne schippen, auf daß es besser gefaßt und maschinell hinausbefördert werden konnte. Freund Höge sollte mich einweisen.

Nun traue ich mich gewöhnlich nicht mal, einen Goldhamster zu berühren, und diese Kühe waren groß! Obwohl sie auch irgendwie mickriger und verschissener aussahen als die mir bisher zu Gesicht gekommenen Westkühe im Fernsehn.

So! Helmut machte vor, wie es geht. Er sprach irgendeinen begütigenden Quatsch vor sich hin, die Kühe hörten sich's gerne an und gingen beiseite, und nun schippte er die Scheiße nach hinten, während er weiter fürsorglich brummigen Blödsinn von sich gab. Er kehrte den alten Hasen raus, den alten Vogelsberger Stallfuchs.

»Das reicht, Helmut! Solchen Quatsch abbrummen kann ich auch.« Er verschwand. Ich guckte, ob keiner guckt, und sprach nun ähnlich Possierliches vom Band: »Ja, du meine gute, dicke Rindsroulade, du! Sei so gut zu Kapielski und mach Männchen!« Ein Wackeln und Schütteln ging durch den Stall. Die Rinder drehten sich alle nach mir um: »Oh, ein Neuer! Mit Brille! Also harmlos.« Und bewegten sich nicht von der Stelle. Ich sprach jetzt die betreffende Kuh persönlich an: »Komm schon, Mutter aller Käse, geh zur Seite, auf daß ich dich besser pflegen kann!« Nichts.

Was tun? Beim Führen und Lenken der Massen braucht es die Avantgarde, erinnerte ich mich! Vielleicht waren es die Rinder im Osten so gewohnt. Mir fiel auf an der ganzen komischen Situation, daß es ein bißchen so war, wie wenn man einen Platz an einer vollbelegten Theke erobern wollte. Die Kühe standen nebeneinander wie an einer Theke, taten sich vorne oral und hinten anal gütlich, ganz so wie es unter Männern in Kneipen üblich! Teils sublimiert natürlich. Und da wußte ich Bescheid. Man mußte also entweder den Wirt machen und sich vor den Tieren aufstellen und brüllen: »Macht Platz für olle Kapielski!« Und dann ganz schnell nach hinten laufen und von der Wirtsrolle in die Kapielskirolle schlüpfen und den freikommandierten Platz einnehmen. Sie durften natürlich nichts merken. Aber sie merkten es natürlich.
Zweite Möglichkeit: Man machte es gleich von hinten auf die Prol-Pot-Art. Also bellte ich forsch zwischen zwei Kuhärsche: »Ej, du Arsch! Mach ma Platz! Saufen is für alle da!« Die betreffenden Kühe fühlten sich beide angesprochen und gingen verdutzt beiseite! Die nächste wieder nicht. Auch als ich drastischer wurde. »Weg da, Kuhfotze!« Nichts.
Das mit der vergeblichen Kuhfotze hatte nun ein im hinteren Teil des Stalles tätiges und hier dauerhaft beschäftigtes Bäuerlein hellhörig gemacht – damals rollte ja die Pornowelle schon machtvoll gen Osten und versetzte die männliche Bevölkerung in einen erektilen Dauerzustand –, und es kam herbei, mich den rechten Umgang mit Tieren zu lehren, nahm zu diesem Zwecke die Mistforke, rammte sie der einen Kuh ohne Vorwarnung fast gänzlich in die Flanke und brüllte wie von Sinnen: »Weg da, ihr Schweine!« Die Kuh gab einen elenden Schrei von sich, sprang bis fast an die Decke, und die andern schossen mit gesträubten Fellen und zu Berge stehenden Hörnern freiwillig zur Seite, und nun hatte sich eine wohnzimmergroße Schneise gebildet, in der man ungestört saubermachen konnte. Die Kühe atmeten erleichtert auf, als dieser

reguläre Bauer sich endlich entfernte, nicht ohne mir noch Ratschlag zu erteilen: »Du mußt se orndlich pieken, die Säue.«
Ich wandte mich unverzüglich vom Humanismus ab! Freundlich stubste ich nun hin und wieder in die Kuhflanken und meist traten die Tiere nun von sich aus beiseite, denn sie hatten in mir den gütigen Wächter erkannt und waren mit mir eine Art Gesellschaftsvertrag eingegangen zum Zwecke beiderseitigen Vermeidens von unnötigem Ärger. Wie im Leben!
Allerdings war uns auch klar, daß die Moral und Sittlichkeit der liberalen Ordnung von Beginn an und bis heute auf Pump lebt. Das war mir klar und auch den Kühen, aber den neuen Bundesbürgern nicht. Der liberale Kapitalismus plündert die moralischen Vorräte der lebensweltlichen Traditionen, ohne sie jedoch selbst erneuern zu können, und ist deshalb ziemlich todessüchtig. Man bemerkte schon den restlosen Verbrauch sittlicher Standesordnungen im Verkehrsbenehmen und im mordbrennerischen Elendsnihilismus der Jugend. Man bräuchte doch besser wieder einen Kaiser und eine mehr am Ius talionis orientierte, entschlossenere Gerichtsbarkeit. Auf so was kam man beim Mistschaufeln!
Weiter ad bestias: Die Arbeit selbst war gleichwohl leicht und schwer. Eine volle Schippe Kuhkacke schätze ich auf fünfzehn Kilo! Das Leichte an der Arbeit war ihre schlichte, unkomplizierte Eintönigkeit. Zum kompletten Anlernen waren bei mir (mit Abitur) ca. zehn Minuten nötig gewesen. Schlichte Gemüter mit Sonder- oder Hauptschulabschlüssen brauchen genausoviel, meist aber weniger, weil ihr karges Fassungsvermögen durch ein unverkrampfteres Verhältnis zu Tieren allemal wettgemacht wird.
Vergrübelt und tierlieb schippte ich mich durch die Reihen und versuchte, das eigentümliche Benehmen dieser Tiere zu begreifen. War ihre teilweise Unberechenbarkeit einer manichäischen oder augustinischen Teufelei zu verdanken? War's verschlagene Trickserei, mich zu foppen, oder reinster Zufall

und schlichte Irregularität, daß sie mal machten, was ich erwartet hatte, und ein andermal und meist eben überhaupt nicht? War ihr Betragen intuitiv oder meinetwegen auch algorithmisch und unter Zuhilfenahme einer irgendwie gearteten Schummelkonstante irgendwann doch einmal berechenbar? Ich war mir ziemlich sicher, auch wenn es ewig unverständliche Reste geben würde. Wie auch bei Menschen untereinander.

Um den Dialog mit dem Vieh bemüht, las ich schnell noch vor Weihnachten etliches Vorbereitendes in den ›Laudes creaturarum‹ des heiligen Franz von Assisi, mühte und muhte mich dann vor Ort nach Art seines Vogelverstehens frohgesinnt mit den Tieren, die es auch irgendwie zu verstehen suchten, was ich ihnen da vortanzte, mir hin und wieder sogar so etwas wie Gesprächsbereitschaft zublinzelten, und besonders die Kälber waren mir sehr zugetan, sahen in mir wohl schon den seraphischen Vati, der sie dereinst bei den Hausaufgaben stützen würde. Manchmal sprach ich auch einfach mal einen unvermutet deutschen Blödsinn: »Kackeschaufel, Rinderheim, alles tanzt auf einem Bein!« Dann schauten sie schon sehr über-

rascht und, ich möchte sogar sagen, amüsiert! Dann wieder kam es mir so vor, als würden die mich verarschen!
Unterdessen dämmerte der Tag im Schnee, was gebildete Menschen recht hübsch beflügelt und in geradezu Schlegelsche Verfassung hebt. Also changierte meine Einstellung zum Tier und Tun zwischen barockem Schäfertum mit Brigitte Bardotscher Fimmeligkeit und resignierter Abscheu vor Gestank und Tierhaltung und Mensch mit Cioranscher oder gar Wollschlägerscher Fimmeligkeit. Der Schichtenlehre Aristoteles' oder Nicolai Hartmanns folgend, stand mir das Vieh zwischen Hyle und Nous irgendwie ja nahe, und ich neidete, daß sie der Hyle eben doch näherstanden als ich. Sie litten wohl und kannten die Angst, aber um ihre Sterblichkeit wußten sie nicht. Besser man wäre Pflanze geworden oder Stein. Von mir aus auch Aktentasche.
Als weiteres wurde mir schlagartig klar, daß ich hier im genauesten Sinne des Wortes den cowboy figurierte. Manometer! Ich wieherte! – Zum Entsetzen der Rinder. Ich würde als alter Mann erzählen können, wie ich einmal als cowboy im Wilden Osten gearbeitet hatte!
Weitere verdrossene Erkenntnisse bei der Arbeit: Was den Führungsstil und die Topologie, Architektur, Struktur usw. dieser Großställe angeht, so handelte es sich, egal ob bewußt oder unbewußt, strukturell und genealogisch um die Matrize zu einem Konzentrationslager. So einfach ist das. KZ-Wächter sollen auch vornehmlich aus dem Bauernstande rekrutiert worden sein; sie sind ein unsentimentales, brutales Umgehen mit der Kreatur gewohnt; sie schlachten und reißen unbekümmert Gräser aus. Andererseits werden Kühe wie Eigentum, also besser behandelt. Wie Sklaven. Franz Jung, sonst nun nicht immer der Dollste, hat das mit den Sklaven sehr wohl verstanden: Sie werden als Besitz eben doch besser behandelt als besitzlose Freie. Dieser Gedanke wurde durchs Weihnachtsfernsehn bestärkt: Ich schaute natürlich alles über Landbau und

Viehzucht an, was gesendet wurde, und es lief zufällig was über brasilianische Viehzüchter im dritten Bayernfernsehn. Im Interview erklärte ein katholischer Armenpriester uns europäischen Menschenfreunden, daß es in Brasilien aus Fleischexportgründen annähernd so viele Rinder wie Menschen gebe. Im Unterschied zur menschlichen Bevölkerung sei jedoch kein einziges brasilianisches Rind unterernährt oder obdachlos. Die Geburtenfürsorge und folglich -rate eines brasilianischen Rindviechs rangiere auf skandinavischem Menschenstandard, die der Bevölkerung auf eben brasilianischem. Eine hervorragende medizinische Versorgung sei bei der Viehhaltung selbstverständlich. Das seelische Befinden der Herden sei durch die in Mode gekommene Biermast sonnig wie nie zuvor.

Das alles war einleuchtend, traf aber auf die Ostrinder so nicht zu. Sie litten doch sehr unter dem autoritären Stil der LPG-Belegschaft (die Frauen ausgenommen!) und unter einer gewissen Interesselosigkeit, da sie ja kein Privateigentum, sondern Staatseigentum waren, und folglich die Habgier keinen nutzbringenden Grund fand, den Rindern lieb zu sein.

An Weihnachten also majorisierten nun einmal wir gütigen Kuhkapos aus dem Westen die Ställe der LPG. Wir errichteten über die Feiertage eine üppige Krippenstimmung mit Extraheu und Extrastroh, während sie in Berlin ihr bigottes Weihnachtsfressen veranstalteten, und waren alle zusammen glücklich und zufrieden wie im himmlischen Rindergarten.

Niemals zuvor hatte ich beim Vorsingen an Weihnachten so edel-zarte Zuhörer gewinnen können wie unter den Kühen und Kälbern der LPG ›Florian Geyer‹. Ich gab zwei der ›Kindertotenlieder‹ von Mahler, allerdings ohne Begleitung. Dann auch einiges von Franz Schubert, was so zum Fest paßte: Winterreise, Chor der Freiwilligen.

O je! Kein Kuhauge blieb trocken! Die schlimmen DDR-Jahre, die Blasen an meinen Händen, die grausamen, durch den irrsinnigen Lamarkisten Lyssenko verursachten Futterengpässe (»Hybridmais als reaktionäre Provokation der Mendelisten-Weismannisten-Morganisten«), der Muskelkater, die Kälte, alles war auf einmal wie weggesungen. Ein gemeinsames Beweinen der Welt, so wie sie war, bei numinosen Gesängen! – Hen pan. Eins ist das All und alles eins! Wie dankbar sah man mich an! Spring an, mein Wüstenkalb aus Alexandria! Ich liebe Euch, Adieu!

Ich kam in die Stadt zurück und erzählte meine Cowboygeschichten, die keiner mehr hören wollte. Der Westen Berlins war mit Besserem beschäftigt. Alles warf sich in hochgreifende Immobilienpläne; die letzten Saftsäcke quatschten von Grundstück und Haus im Osten, während sich die LPG den folgenden Sommer durch eine neuerliche Dürreperiode quälte und christdemokratischen Erlösungsgedanken entgegensann. Den Kühen ging es schlecht.

Da hatte ich eine Heck- und Hortidee, wie man sie nur manchmal hat; ich jedenfalls. Wenn sie Grundstücke wollten, dann verkaufen wir ihnen welche! Die Grafiker Wachtmeister und Krüger zeichneten eine dreifarbige Vorlage, und zwei Wochen später gaben wir die wunderschöne, druckfrische Besitzurkunde für einen Quadratmeter LPG zu fünfundzwanzig Mark heraus! Der Witz war, daß einem der Quadratmeter nicht wirklich gehörte, eben nur die Besitzurkunde. Aber das machte natürlich trotzdem was her damals, wenn Onkel Otto auf seiner Grillparty von Grundbesitz im Osten erzählen und eine Urkunde rumzeigen konnte. Die fünfundzwanzig Mark kamen den Kühen zugute. Als dann allerdings vor der ersten christlichen Volkskammerwahl 1990 auf jeder Kuh und jedem verschissenen Schippchen bei ›Florian Geyer‹ diese CDU-Kleber klebten, waren wir Besserwisser – im besten Sinne, denn wir wußten ja nun wirklich Bescheid – beleidigt und nahmen lieber selber ein. Ich verkaufte etliche von den Dingern. Eine Zeitlang waren alle ganz scharf drauf.

VII.
Oströmische Klassenlotterie

Haben, als hätte man nicht.
1. Korintherbrief 7,29

Gibt's kein Paradies,
Gibt's doch Paradiese!
Friedr. v. Bodenstedt,
Tausendundein Tag im Orient

So! Es wurde entschieden, wir fahren jetzt mal nach Polen! Das war noch vor den Danziger Werftenturbationen der ›Solidarnosc‹-Gewerkschaft und anderen an Turnschuhmangel leidenden katholischen Konsumrevolutionären. Das stand alles noch gar nicht an. Polen war noch dunkelgrauer Ostblock. Mirakulös. Man hörte damals nur so Dinge von Polen, die einerseits Verhungernsängste auslösten, andererseits aber eine gewisse vorgreifende Geilheit; es wurden allenthalben extreme Lustbarkeiten geweissagt; man könne als Westmann ab Posen schon mal den Hosenschlitz öffnen, und dann war damals diese Schwarztauscherei im Schwange, die es einem in den weiten plebejischen Ostgebieten erlaubte, überall wie ein manisch kaufkranker Multimillionär aufzutreten. Na, das hörte sich alles gut an!
Aus allen drei Gründen entschlossen sich die zwei damals zureichend verlebten Westmänner und überholungsbedürftigen Freunde, Hilbert und Kapielski, nach Osten aufzubrechen. Hilbert besorgte Campingklappstühle, Klapptisch, zwei Zelte und einen hochexplosiven Kocher. Wir wollten uns vom schweren polnischen Hotelleben in den Masuren beim Zelten erholen und polnische Karpfen grillen.
Dann waren idiotenhafte Formalitäten beim polnischen Kon-

sulat zu erledigen; es war groben Tauschzwängen zu gehorchen, womit die Volksrepublik das gehässige damalige Umrubeln abzudämpfen versuchte. Alles ein wenig schikanös, aber wenn man sich da durchgebissen hatte, durfte man auch einreisen.

Dann beluden wir einen dämlich weißen Opel-Kadett aus dem Stalle Hilbert mit westlichen Konsumartikeln. Ein seltsames Auto. Im Detail, aber sehr freundlich geartet. Als Beifahrer erinnere ich, daß im aufgeklappten Deckel des Handschuhfachs zwar, wie man hätte namentlich erwarten dürfen, Handschuhe eben nicht hervorsprangen, aber es waren dort zwei sehr praktische Getränkehalter eingearbeitet, die wir auch brauchten. Da standen während der Reise die Wodkamischgetränke in ordentlichen Gläsern drin und konnten nicht umkippen. Wer Polens Straßen kennt, weiß das zu schätzen. Man durfte eben nur nicht zu voll schütten. Die Mischung mußte ständig neu angesetzt werden und durfte nicht mehr als die Hälfte des Glases belegen, sonst schwappte der Fanta-Futschi in hohen Bögen bis auf die Schöße unserer ständigen Autostopp-Gäste im Fond.

Prinzip war: Jeder, der in Polen den Finger hob, wurde mitgenommen und mit Futschi verköstigt! Vornehmlich hübsche Damen mit Rucksäcken, die man als nach hinten verrutschte, solitäre Hängebrüste bestaunte. Dann saßen sie hinten und sahen ihre Fanta-Büchsen wie Reliquien aus einer Welt der Leidlosigkeit an und mochten sie gar nicht aufreißen vor Ehrfurcht. Damals konnte man die Büchsen noch aufreißen und den Nippel lässig rausschmeißen, zum Zeugnis gehabten Konsumerlebnisses nach westlicher Lebensart. Also gaben wir unseren Gästen immer noch eine Dose für nach Hause mit und nötigten zum freimütigen Konsum einer anderen, mit Wodka verfeinerten Cola- oder Fantabüchse. Beschenkt saßen die polnischen Kostgänger im Heck und schlürften ihre Longdrinks.

Diese Mischsachen schafften wir bei ›Reichelt‹ in den Kofferraum; Cola und andere niederträchtige kapitalistische Büchsenerzeugnisse speicherten wir im Kofferraum; da wurde vorher groß ›Eierravioli‹, ›Feine Erbsen‹ in der Dose und dergleichen Schwachsinn und Hungerdelir eingekellert.

Damals, am Anfang der siebziger Jahre, waren die Supermärkte im Westen Berlins noch etwas Neues und noch sehr schön leer. Man stand einsam und gut beleuchtet in ehemaligen Kinosälen zwischen den gut sortierten Regalen und hörte so leise, daß man es fast nicht hörte, pastellene Fassungen von Schlagern wie ›Marmor, Stein und Eisen bricht‹ oder ›I'm your Yesterday Man‹ aus dem Hintergrunde heranwehen, damit alles wie frisch beatmet und froh durchblutet wirkte. Das war damals neu! Und sollte das Kaufbegehren der unschlüssig umherirrenden Kunden befeuern und dafür sorgen, daß alles nicht so tot wirkte.

Am Eingang betrachtete man den Einkaufszettel und war willens, diesen forsch auszuführen. Entgeistert aber ließ man sich vom Feuerwerk der Frischobstrabatten im Eingangsbereich bremsen und belud den Warenkorb mit erstem Unfug. Man stellte sich hinter einen Einkaufswagen und schob ihn, einem sanften Sog des hinten winkenden Schinkens folgend, geistlos in den langen Gang an der rechten Seite am Brot- und Kuchensortiment entlang. Links zur Laufrichtung fächerten sich prachtvolle Regale quer zur Laufrichtung. Hier standen die etwas anspruchsvolleren Artikel so, daß man ihnen direkt entgegenlief und nicht groß suchen mußte. Billige Ware wurde im Rücken der Regale gern unten gestapelt. Um die Milch war allerlei Impulsware drapiert; flötend belud man den rollenden Korb mit ›Killefit‹.

Dazwischen schaltete sich ab und zu eine angenehme Frauenstimme ein und wies auf gewisse Preisknüller in der »Frischfleischabteilung mit Wursttheke« hin. Man nahm das ernst damals! Und fuhr sofort hin! Die Eckpfeiler der Verkaufsregale waren mit wechselnden Sonderangeboten umbaut und zogen Interesse auf sich. Egal, ob man die Sonderangebote brauchte oder nicht, man befand sie für günstig und langte zu. Man fand es auch gar nicht anrüchig und nahm gleich drei Dosen ›Mildessa‹-Weinsauerkraut von ›Hengstenberg‹ auf einmal mit! Das hatte es früher nicht gegeben! Früher wäre man nicht auf den Gedanken gekommen und hätte im Einzelhandel dreimal extra ein Pfund loses Sauerkraut aus dem Faß gekauft. Logisch! Da hätte man gleich drei Pfund auf einmal abpacken lassen! Jetzt aber gab man einem technisch reproduzierbaren Campell-Suppeneffekt nach, fühlte modern und kaufte fraktal gestückelt!

Neu waren auch die Tiefkühlschrankwände mit den leckeren Fertiggerichten von ›Iglo‹ oder ›Feinfrost‹, die man vor Einführung der Mikrowelle stundenlang in Wasserbädern auftauen mußte und die einem viel Arbeit abnahmen. Es war die Zeit der stillen Revolution im Einzelhandel.

Für Furore sorgte auch das Aneinanderketten der Einkaufswagen, welche man mit Hilfe eines Markstückes von den ineinandergeschobenen Kameraden befrcien und nach gelungenem Einkauf auch dort wieder festmachen und hiermit automatisch wieder an das Markpfand gelangen konnte. Tolle Idee! Zu oft hatten welche die Wagen einfach mit nach Hause geschoben und sie zu Designersesseln umgebaut und sich mit dieser Masche dumm und dämlich verdient! Ein gewisser Stiletto (Künstlername!) machte einen solchen sogar zum Fundament eines beachtlichen Gestalterfortkommens.

Damit wir all diese Neuheiten schluckten, waren damals die Kassen noch übermäßig besetzt; man wurde dort regelrecht heiß erwartet. Schon von ferne winkten einen hübsch verlesene Kassenfräulein in die Quengelzonen ihrer Kassenschlünde mit den elektrischen Laufbändern, wo man seine Sachen draufstellen mußte und die von ihnen mit Hilfe eines Gaspedals auf Touren gebracht werden konnten, damit die aufgelegte Ware

um so rascher in die Plastiktüten der Kundschaft verbracht werden konnte. Das mußten damals noch Mädel sein, die Zahlen lesen und ein wenig Kopfrechnen konnten und deshalb eindeutig hübscher waren als die heutigen, die so was nicht mehr können müssen! Nun war der Bildungsnachschub aus Haupt- und Realschulen damals noch beachtlich, und die selbstaddierende Laser-Kasse mit Codier-Streifen gab es noch nicht. Dennoch kam zu dieser Zeit mein Vater, der immer ein begeisterter Konsument und Werbefernsehgucker gewesen war, mit der völlig veränderten Welt bei ›Spar‹ und ›miniMAL‹ nicht mehr zurecht und verstarb.
(Schnaps und Westzigaretten wurden damals allerdings konsequent und lebhaft von allen Westberlinern im ›Intershop‹ im Westtrakt des S-Bahnhofs Friedrichstraße eingekauft.)
Dann beluden wir den Opel-Kadett mit den Zelten, Luftmatratzen und den Campingmöbeln, darunter zwei schauderöse Klappstühle, eine ausladende Geste und man kippte immer um, und dann kamen die diversen Erlaubnisgenehmigungen und dann kam das Allerschwierigste: Es war noch die DDR zu durchfahren. Ich hatte schon damals als Geograph stets und Alfred-Wegener-mäßig den Kompaß dabei, den ›Bézard‹ im Felde am Hals und zur Kartenarbeit am Meßtisch den ›Eschenbach 6646‹. Er ist etwas heikel; man hält ihn besser bei Zimmertemperatur; wohingegen der ›Bézard‹ bombensicher in die undenkbarsten Witterungen paßt und immer stimmt.
Wir starteten, nachdem ich Polen ausgepeilt hatte, folgerichtig von Berlin-Neukölln aus Richtung Nordosten in Richtung Grenzübergang Elsenstraße, wo uns die Volkspolizisten wie Volksidioten behandelten und anwiesen, daß man gefälligst nach Westen zu fahren habe, um nach Polen zu gelangen. »So!? Nach Westen?« – »Ja. Nach Westen!« – »Polen im Westen?« – »Ja!« Sie glaubten daran wie an ihre Vorgesetzten! Also mußten wir Richtung Westen nach Dreilinden und dann um ganz Berlin herum nach Osten auf Frankfurt/Oder

schwenken; so hatten es sich die kalten Kriegsmützen für uns ausgedacht. »Dreilinden«, so kneipenidyllisch wurde dieser Grenzübergang genannt; dabei war es eine gigantische Kontrollierfabrik mit Fließbändern für Pässe und mit Plastikpiekern für die Benzintanks, mit denen irgendeine resche Nikita mit Kunstpelz-Schapka dort drinnen im Benzin nach Flüchtlingen stocherte. Ein idiotenhafter Betrieb. Und von der Struktur her einer heutigen, unfreundlichen Supermarktkasse mit Schlangestehen und so weiter nicht unähnlich. Bezahlen mußte man auch.

Wir kurbelten die Fenster runter. Eine vom Krebs der Kontrollsucht faltig verhutzelte Visage lauerte auf unser Benehmen: »Aussteigen!« – »Aber wir wollen nach Polen! Hier, in eurer schmucken DDR, hier wollen wir gar nichts!« – »Sie wollen aber hier durch!« – »Na, da haben Sie recht.« – »Na sehn Sie.« – Sie hatten mal wieder recht. Es wurde der komplette Kadett in seine Einzelteile zerlegt. So ging es heiter prosodisch zu damals, und das war die innerte Logik des Deutschdeutschen. Ein einmaliger Versuchsaufbau, der die innere Beschaffenheit unseres Volkes mit all seinen Gemütskonturen zu transmontanster Gedankenakrobatik trieb, daß Hegel im Zwist mit Kant nicht hätte beschwipster wirken können als jener.

Hegel suchte ja auf Grund einer doch ziemlich unvorteilhaften Physiognomie auf Gedeih und Verderb Pfänderspiele, wo ihm nämlich denn doch ab und zu und hin und wieder von holdem Munde ein Küßchen zuteil werden mußte. (»Die Mägde notierten mit Kreidestrichen die Zahl der Küsse, die sie im Nebenzimmer schallen hörten!«) Wir, also ich, bevorzugten übrigens damals zu gleichem Zwecke Flaschenroulettes. Das alles half aber nicht der ärgsten wesentlichen Not ab. Und so, das wissen die wenigsten, soff er sich, der Hegel, mit Viertele in der Tübinger Gorgenwirtschaft so ziemlich auf die Krücken und alt. Hegel, ein Viertelesschlotzer und Tarockzocker! Das

hätte keiner gedacht. Oft kam er erst zu später Stunde ins Stift zurück, wo ihm der verzweifelte Stubenälteste einmal zugerufen haben soll: »O Hegel, Mann, du saufst dir gewiß no dei bißle Verstand vollends ab!«
(Ich kolportiere allerdings einen gewissen Dr. Wolfgang Treher, der sich in ziemlich geisteskranker Weise mit ›Hegels Geisteskrankheit‹ und Neigung zum Trunke befaßt hat und welcher ein erkennbar notorischer Hegelhasser ist und seine dickleibigen Schmähschriften im ›Dr. W. Treher Verlag Emmendingen‹ verlegen muß, weil kein gesunder Verlag einen solchen Querulanten unter Vertrag haben mag! Der Hegel-Zerschmetterer Trendelenburg z.B. hatte wenigstens noch einen schlechthin gerechten Reprint und ordentliche Verlage, die seinen Hegel-Schmäh noch und noch auflegten!)
Mich interessierte jedenfalls, wie sich ein Metaphysiker benimmt, wenn er durch übermäßigen Gebrauch des Weines sich um das von ihm demonstrierte Bewußtsein und um den Gebrauch der von ihm behaupteten sittlichen Freiheit gebracht hat. Das bleibt aber leider etwas unklar. Kant hat so was, aber auch auf ziemlich DDR-hafte Weise zwanghaft uhrwerklerisch, immer vermeiden können. Dr. Treher interessiert sich auch nicht für Kant. Die Zwanghaften werden von den Irren für gewöhnlich verschont.
Die Dreilindener Zollförster beäugten nun erregt die vielen Büchsen, kosteten von der Colgate und zerbrachen sich den Kopf darüber, was es mit mein ›Bac‹ und Hilbert sein ›Bac‹ für eine angelegentlichste Bewandtnis auf sich haben mochte. Das empörte damals die Bevölkerung der DDR: die ›Bac‹-Reklame. Sie guckten doch jeden Fetzen Reklame im Westfernsehn. Bei diesem »Mein Bac – dein Bac«-Spot wurde aber nicht klar, daß es sich um Deoroller für unter die Arme handelte. Auf Betreiben der Bevölkerung der DDR wurde das dann von der Firma ›Schwarzkopf‹ unverzüglich geändert. Also wir erklärten den Zöllnern den ›Bac‹; das nahm sie für

uns ein; sie hörten sehr interessiert zu. Dann durften wir das Auto und alles wieder zusammensetzen. Es blieb wieder irgendein komisches Teil über, und dann waren wir ermahnt, auf vorbestimmtem Wege um Westberlin herum unverzüglich auf Polen zuzufahren.

Das dauerte weniger als eine Stunde. An der polnischen Grenze fand nun wieder etwas Unvorstellbares statt, aber eigentlich nun schon gar nicht mehr so unvorstellbar: Wir wurden wieder von den DDR-Zöllnern auseinandergenommen! Wir befanden uns schon in einem Otto Reuter gleichen Zustande und wunderten uns schon über janüscht mehr. Die ostdeutschen Grenzhüter zerlegten genüßlich den zerzausten Kadett, und nach zwei Stunden blieb wieder ein Teil übrig, von dem sich wieder keiner annähernd vorstellen konnte, wozu es im ordentlichen Betrieb eines Opel-Kadetts zu gebrauchen sein könnte. Aber er fuhr anstandslos weiter.

Auf einer Oderbrücke stauten wir uns erneut, um die polnische Kontrolle zu erwarten. Und die fand nun gar nicht statt! Die fuchtelten uns angewidert durch. Stolze, faule Beamte. Das war eigentlich schon eine gute Sache, ein Zeichen. Wie es dann noch eines in Tschenstochau gab, wo ich im Kloster vom Orden des heiligen Paul des Eremiten das wundertätige Marienbild betrachtete, ein an sich sehr unscheinbares, schwarzbraunes Bild byzantinischen Ursprungs, auf Zypressenholz gemalt, welches aber blutete, wenn man unten Westmark reinsteckte!

Von Polen gibt es nun leider sonst nicht viel zu berichten. Man machte eben, was man so macht. Man fuhr, da man nun mal ein Auto dabeihatte, den ganzen Tag Auto. Zu essen gab es überall Tomatensuppe, von Danzig bis Zakopane, ob Hotel oder Kneipe, überall gab es diese ›Pomidorowy‹ oder so ähnlich. Sonst gab es nicht sehr viel.

In Danzig wurden wir auf beachtliche Weise von einem polnischen Autolykos (die heute auf Autos spezialisiert sind!) beim Geldtausch übers Ohr gehauen. Alle Achtung! Sehr guter Trick! In Tschenstochau kroch ich mal probehalber einige Meter auf Knien mit und steckte fünf Markstücke in den Bluter. Die Kirchen waren überall und immer voll; die Männer auch. Und ich hatte noch niemals zuvor Arbeiter beten gesehen. Das war komisch, wenn sich die Arbeiter nach der Arbeit katholisch benahmen und eine unbezahlte Überstunde lang in die Kirche setzten. Andererseits fand auch ich zunehmend Gefallen daran. Gegen Reiseende nahm auch ich in allen Kirchen das Weihwasser und gab stille Wünsche und Fürbitten bekannt.

Als sensationell erwies sich mein polnischer Nachname. Man betrat einen Konsum auf dem Lande. Am Auto hatte man uns bereits als Westdeutsche ausgemacht. Ostdeutsche mochte man nicht so. Dann trat für gewöhnlich ein älterer Herr mit allerbesten Manieren auf einen zu und stellte sich vor: »Guten Tak, mein Name ist Lech Lutschinski. Was winschen Sie bitte?« Woraufhin ich ebenso höflich »Guten Tag!« auf polnisch sprach und die Behauptung in den Konsum stellte, mein Name sei »Thomas Kapielski, und ich wünsche eine gute

Flasche polnischen Wodka!« Woraufhin der ganzen Dorfschar eine Übersetzung meiner Auskunft zuteil wurde, welche immer mit viel »A!«, »O!«, »Kapielski!« und »Wodka!« bejubelt wurde. Dann bildete sich immer eine gehörige Schneise ans Wodkaregal, wo wir von den dorfältesten Trinkern könnerhaft beraten wurden. Damals mochte die Warenvielfalt in Polen nicht gerade sehr groß gewesen sein, Wodka aber war immer reichlich und überall vorhanden. Es gab ihn in allen Preisklassen und sogar mit Finessen und Beigaben, wie Büffelgrashalm oder Pfefferschote.

Bei anderer Gelegenheit erfuhr ich dann auch um das Geheimnis meines geheimnisvollen Namens. Ein freundlicher Herr Magiera erklärte mir zunächst das Suffix ›-ski‹; es habe die Bedeutung eines ›von‹, allerdings nicht mit gar so arg aristokratischer Betonung wie im Deutschen; es bezeichnet eher die Herkunft und weist allenfalls auf niederen Landadel hin. Und diese durch ›-ski‹ bezeichnete Herkunft müsse, so Herr Magiera, ein Ort namens Kapiel sein, was im übrigen soviel wie ›Bad‹ oder ›Badezimmer‹ bedeute. Kapielski hieße also in etwa: ›Der vom Badezimmer‹, und Herr Magiera schickte mir eine Karte, wo dann im ehemaligen Wartegau auch ein Kaff namens Kapiel im Dreieck Posen, Konin, Gnesen rot umrundet war. (Bernd Kramer nennt mich nun bisweilen ›Thomas vom Klo‹; meint es aber gut und mehr in Hinblick auf meinen Namensvetter aus Aquino und auch nur, wenn ich im ›Blauen Affen‹ gerade vom Klo komme, was allerdings öfter passiert.)

Nachdem mir diese etymologische Erleuchtung zuteil geworden war, überlegte ich lange, ob ich mal hinfahren sollte und was mich dort wohl erwarten würde. Eine Einwohnerschaft, die komplett mit meiner Kopfform ausgestattet sein würde? Lauter Kapieler, die mich als ihren reichen Onkel aus Amerika annehmen und mir hinfort noch und noch Gegenbesuche abstatten würden? Oder ein Notar und Treuhänder, der mir nun

endlich meine polnischen Liegenschaften würde überschreiben können? Eine Gutsherrschaft derer vom Klosette? O je! Ein genealogischer Schauder verhinderte bislang die Reise nach Kapiel. Man muß nicht alles wissen. Man muß nicht überallhin.
Wir saßen täglich wenigstens sechs Stunden im Kadett und rollten. In Ostpreußen bestiegen wir das Alkgebirge (110 Meter). In den Masuren war es langweilig. Wir lagen nebeneinander in unseren zwei Ein-Mann-Zelten (vollständige ›Hilbert-Räume‹) und unterhielten uns von Zelt zu Zelt. Von außen müssen die zwei ins Gespräch vertieften Zelte komisch gewirkt haben. Es sah aber keiner, was wieder die Frage aufwarf, ob die Dinge da sind, wenn sie keiner wahrnimmt. Als erstes so viel: Uns nahm keiner wahr, aber wir waren da. Wenn man schlief, wußte man das aber nicht. Da wußte man nicht, daß man da war; nur hinterher würde man es wieder gewußt haben. Was aber, wenn es einmal kein Hinterher mehr gibt? Dann wissen zumindest die anderen eine Weile, daß man da war. Auch wenn man nichts davon hat, ist es doch ein angenehmes Gefühl, daß alles wenigstens ein wenig nachklingt. Insgesamt aber begreife ich nicht, was das nun alles soll: dieser merkwürdige, einmalige Lebeauftritt.
Am Sonntag vormittag verließen wir die Masuren in Richtung auf das nächste Dorf. Es war besser, die Menschheit wußte, daß wir da waren. Auf den Böschungen an der Dorfeinfahrt lagen überall Schnapsleichen herum, die keiner Wahrnehmung mehr fähig waren, aber offensichtlich doch da waren! In der Dorfschenke waren restlos alle, ein katholischer Pfarrer mit eingeschlossen, in übelster Weise betrunken! Ein fast ohnmächtiger Kellner überbrachte einem nicht mehr gehfähigen Koch unsere Bestellung einiger Spiegeleier mit Tomatensuppe. Der Koch hielt sich mit der Linken am Griff eines Schubfachs fest, welches manchmal schon bedenklich weit hervorragte, woraufhin er immer einen Ausgleichschritt nach

vorn machte und der Besteckkasten mit Karacho in sein Schubfach zurückschepperte, währenddessen er mit der Rechten auf beeindruckende Weise zwei asymmetrische Portionen Spiegeleier schuf und sie einmal sogar mit der Pfanne zu einem Looping hinauf in die Luft jagte und sie damit auch halbwegs unbeschädigt wieder auffing.
Mehr ist über Polen nicht zu berichten. Außer, daß ich auf musikalischer Dienstreise 1996 noch mal in Warschau und Krakau war. Wo sich wieder herausstellte, daß es früher schöner war. Und heute besser. Dazu mußte man sich an Sachen erinnern, die über zwanzig Jahre zurücklagen und die die ganze Zeit über auch ohne mich dagewesen waren, die aber im Zeitlauf, der eine entscheidende Eigenschaft des Seins zu sein scheint, doch ziemliche Veränderung erfahren hatten. Also stand ich ständig staunend herum und äußerte Triviales: »Mensch Hilbert, hier war ick schon mal jewesen! Es war aber damals irgendwie anders hier.« – »Ja, wie denn?« fragte Hilbert immer wieder geduldig. – »Ja, schon schöner, aber heute ist es hier irgendwie besser, angenehmer und so.« Und genauso war es auch!
Dann, vor über zwanzig Jahren ein Jahr später: »Mein Gott,

man müßte doch einmal auch in die glorreiche Sowjetunion und nach Moskau reisen!« Dieser Einfall wurde für gut befunden und umgesetzt. Dieses Mal reisten vier Herren mit dem Reiseveranstalter ›Dr. Tigges‹ und dem Flugzeug im Winter nach Moskau. Einer dieser Herren, Wolfgang Mentzke, hatte als hoffnungsvoller Jungkommunist bereits auch ein Jahr im Rahmen einer dauerhaften Rotlichtbestrahlung und Partisanenausbildung in Moskau an der dortigen ›Lumumba-Schule‹ verbracht und kannte alle dort bestallten Zecher und Schlitzohren.

Davon standen auch zwei am Flughafen und begrüßten uns mit Krimsekt. Der eine, Wassili, war einstmals Dolmetscher eines gewissen, in der DDR akkreditierten ›Abrassimow‹ gewesen, bei welchem sich Erich Honecker täglich die Weisungen der Woche einholte. Wegen übermäßigen Trunkes und sonstiger Unregelmäßigkeiten wurde dieser Wassili an die ›Lumumba-Schule‹ strafversetzt und war so in den Bekanntenkreis unseres Genossen Wolfgang Mentzke gerutscht. Und nun auch in den unsrigen. Er wurde von einem etwas dunklen Zwei-Meter-Mann namens Stass begleitet, welcher den ›Lada‹ chauffierte und angeblich Bauingenieur war und welcher uns auf Betreiben Wassilis ständig Nutten besorgte, aus Dankbarkeit dafür, daß wir ihm diverse Artikel, Ferkelhefte, Stöhnkassetten, Frömse mit Widerhaken usw. von Beate Uhse mitgebracht hatten. Er trieb Handel damit und war wohl überhaupt rege im Sexualsektor tätig.

Aus Ordnungsgründen mußten einige Stunden des Tages im Hotel ›Rossija‹ bei der Westberliner Reisegruppe verbracht werden. Mit dieser offiziellen Reisemeute zogen wir auch einmal in den Kreml und sahen uns die Bilder von Andrej Rubljow an. Sehr schön! Dann holten uns Wassili und Stass ab und zogen uns weg ins Nachtleben zu den Nutten, die der obskure Bauingenieur wieder aufgetrieben hatte. Man ging allmählich auf Krücken, tat aber so, als täte man es nicht.

Eines Abends wurden wir von einem empfänglichen Oberkellner, welcher an Deutschkenntnissen nur »Hühnerficker« wußte, zu einer Großhochzeit in den Festsaal des Hotels gesteckt und auf Rechnung eines uns unbekannt gebliebenen Schwiegervaters frei beköstigt. Ein hochdekorierter Kadett ehelichte ein stämmiges Weib aus einer hochdekorierten Offiziersfamilie. Wir waren die einzigen unter der bald fünfhundert Gäste zählenden Hochzeitsgesellschaft, die keine Uniform und keinerlei Orden trugen. Es schien jedoch keinem, außer uns, aufzufallen. Im Gegenteil! Man tanzte ständig mit Frauen, die alle wie Madame Chruschtschowa aussahen und Herz bewiesen. Dann kam der Oberkellner wieder vorbei, grinste, sagte sein »Hühnerficker« und stellte eine neuerliche Flasche Wodka auf. Dann aß man wieder einen Happen Räucherfisch und unterhielt sich angeregt mit hochdekorierten Generälen auf russisch; obwohl man kein Russisch konnte, wurde man verstanden und verstand auch die Feldherren auf russisch wundersam fließend.
Eines Nachts waren wir in Schneenot geraten und wurden von einem sowjetischen Seemann gerettet. Wir hatten nach einem auswärts gelegenen Diskothekenbesuch ohne ›Lada‹ lethargisch in Schneehaufen gewartet und keine Hoffnung mehr gehabt. Dann kam eine Vision in Gestalt eines sowjetischen Matrosen in weißer Ausgehuniform vorbei. Er selbst rollte von einem Gaststättenbesuch heim, nahm uns mit in sein beheiztes Nachhause und beköstigte uns mit Bouletten und Wodka und rief einen Bekannten, der uns mit einem Schneeschieber, den man nur über eine Leiter besteigen konnte, so groß war das Ding, zurück ins riesengroße Hotel ›Rossija‹ brachte. Man irrte ständig durch diesen unvorstellbaren Hotelgroßbau und suchte unablässig nach den verstreuten Einzelzimmern und den zwei ›Wodka-Juice-Bars‹.
Dann haute mir gegen Morgen eine Hotelnutte finnischer Abkunft im Aufzug die Brille entzwei, weil ich das finnische Wort

›kürpa‹ an ihr erprobt hatte; ein explizit performativer Hieb aus der Sprechakttheorie und Kommunikationsdesign wurden mir zuteil. Ein illokutiver Schwinger. Was man bei Searle nicht begriffen hatte, war nun explizit performativ klar.
Am folgenden Nachmittag führte mich eine unserer netten Nutten durch Moskaus Optikerfachgeschäfte. Man war willens, den Brillenbügel zu schweißen, mir konnte jedoch auf der Stelle nicht geholfen werden; es hätte ein paar Tage Zeit gebraucht, gewisse Dinge zu besorgen. Man war dennoch voller Dankbarkeit zueinander und trank allerorten Tee und besiegelte deutsch-sowjetische Freundschaften mit jeweils hundert Gramm Wodka. Ein schöner Tag in Moskau, den wir unter dicken Pelzmützen bei verschwommenen Optikern verschlenderten und aus den Nüstern dampften, ohne immer nur an Geschlechtsakt denken zu müssen. Gleichwohl war man sich lieb, und die Verständigung war leicht, weil sie schwierig war.
Am ersten Februar fand der Abflug statt. Wir machten Winkewinke aus Wintermänteln, und unsere Geliebten heulten Senken in den Schnee. Man hatte sich aneinander gewöhnt. Traurig betrat man das Flugzeug und fror an den Ohren. Dann tranken wir Wein aus Odessa, einen Sherry aus Sewastopol und gurgelten einen Wodka aus dem Moskauer Kiosk am Kreml weg, daß sich das Bordpersonal wunderte.
Als wir abends zu viert unser Stammlokal betraten, wunderten sich dort auch alle, weil wir diese komischen Mitbringsel und Schiwago-Pelzmützen aufhatten, was in Moskau überhaupt nicht aufgefallen war, hier aber für tobenden Schmäh sorgte.
Das war 1977, als im deutschen Lotto genau die gleichen Zahlen kamen wie eine Woche vorher im holländischen Lotto. Dabei stellte sich heraus, daß im Grenzgebiet zu Holland viele deutsche Lottospieler ständig die Zahlen der vorigen Ziehung des holländischen Lotto verwenden, und das ist Unfug, denn

für sechs Richtige bekam man damals billige 30 000 Mark Hauptgewinn. Und wird man auch nächstesmal nicht mehr bekommen. Obwohl es ein Wunder ist. Aber warum soll der Herr Lotto auszahlen, wenn er wohlfeil Wunder machen kann?

VIII.
Weißgottwarum

man fängt am montag sehr traditionell an
mit »spiegel« als premiere der woche.
Husen Ciawi, das gehirn ist selbst ein arsch-loch

Mine, Mine, Schekel und halbe Minen.
Daniel 5,25

Mir ist's nicht um tausend Welten
Aber um dein Wort zu tun!
Nikol. Ludw. Graf v. Zinzendorf,
Kirchliche Lieder

Im Osten besaß die Familie Kapielski eine Tante Inge und den verhängnisvollen Onkel Orje von vorhin, der mit der ›Bismarckquelle‹ aus dem Westen. Sie wollten dann 1961 eigentlich auch flüchten, waren aber zu blöd, haben alles verpennt. Die blieben dann doch lieber in ihrer Bude in Johannisthal hocken und sagten sich : »Ditte wird schon wern, wa, Inge?« – »Klar, Orje! Ditte wird schon!« – Später wurde es dann ja auch.

Bis zum Mauerbau fuhren wir ab und an sonntags über das elende Ostkreuz in die Sowjetzone nach Berlin-Johannisthal rüber und fraßen dann bei Onkel Orje und Tante Inge selbergemachte Karnickel zu Mittag. Angst essen Hasen auf: Draußen im Garten hockten die blöden Karnickel mit ihren Fischaugen gestapelt in diesen Schuhkartons aus Obstkisten mit Maschendraht vorne dran, fraßen Strohhalme und sahen uns beim Fressen ihrer Artgenossen zu, während wir drinnen saßen, im großen Schuhkarton, in so einer üblen Neubauwohnung nach sowjetischem Vorbild, und halbgare, zadderige Karnickel fraßen, an Sehnen zerrten und die Ställe im Hof

fixierten, während ebenfalls draußen, aber nach vorne raus, die Straßenbahn um die Ecke quietschte und drinnen wieder Onkel Orje während des Essens sein kaninchenzüchtermäßiges Ekelprogramm vortrug: »Die Zippe is jedeckt; der Rammler wird jeschlacht, Ede!« – das war mein Vater – »Ede! Bald kommta wieda uff Besuch uff Kanickelbraten, wa?!« – »Nee, Orje, nächstemal bring wa Corned beef vom Ami mit!«
Da leuchtete Orje auf. Er hatte die Gier auf Westprodukte, war kleinwüchsig, darüber hinaus verhutzelt, ein wenig selber schon karnickelgesichtig und hatte eine ständig in die nächsthöhere Oktave umschlagende Fistelstimme. Wenn er beim vierfach gestrichenen a angekommen war, mußte er eine Pause einlegen und fistelte dann im Grundfistelbereich beim einfach gestrichenen a wieder los: »Die Zippe, der Bock, das Omo! Die Böcklunderwürstchen, der Philadelphiakäse, die Bismarckquelle!«
Dann zogen sie den Konjak hervor und alle gemeinsam über die Russen her. Dann machte Orje mit seinem Fisteldiskant und mäßigen Sächsischkenntnissen Walter Ulbricht nach, wobei Walter Ulbricht unsern Onkel Orje wahrscheinlich besser hätte nachmachen können als er ihn, und mein Alter zog dann nach altem Ritual, die Damen rollten bereits mit den Augen, man kannte den Schwachsinn seit Asbach uralt, da zog olle Ede seinen Kamm aus der Gesäßtasche, kämmte sich einen Hitlerscheitel in die Stirn, setzte ein Kammende unter die Nase aufs Philtrum, machte den ›Deutschen Gruß‹ und brüllte: »Mein Kamm!!! So groß war der Führer!!« Als ehedemischer Kommunist, der in Sachsenhausen gequält worden war, durfte er das hier drinnen, währenddessen wir Kinder die Karnickel draußen in ihren Einzelzellen mit Strohhalmen durch den Maschendraht hindurch piesackten und zu stänkern anfingen.
Bei den Erwachsenen gab es noch historischen Konsens, aber zwischen den Ost- und Westkindern hatten sich erste Differen-

zen gebildet, kam es zu Kloppereien, etwa über die Frage, ob die russischen Atomraketen den amerikanischen überlegen seien. Wir hätten es zu gern auf eine Probe ankommen lassen. Drinnen jodelte derweil Onkel Orje seine Rezepte für Halbgares ab. Dabei schmeckte er gar nichts! Er hatte Konditor gelernt und während der Lehre, während einer Hungersnot in den zwanziger Jahren, einmal einen ziemlichen Eiskübel leerfressen dürfen. Das tat er so gierig, daß er fast an einer Unterkühlung der Stirnhöhlen und Vereisung gewisser Hirnpartien verreckt wäre. Auf jeden Fall hatte der Frost ihm die Geschmacksknospen und die tieferen Stimmlagen weggeätzt. Er konnte fortan nichts mehr schmecken und riechen und wurde bei den Johannisthaler Sängerknaben exmittiert. Letzteres tat keinen Schaden, aber dieser Mann arbeitete nun anschließend fast fünfzig Jahre als Bäcker und Konditor im Dienste der DDR: und schmeckte nichts! Wer allerdings gewisse Bäckereien und Konditoreien der DDR kannte, der kannte allerdings auch ihn! So folgte er aus Not beim Backen und Tortenbau animalischen Vermutungen und alten Rezepten. Und deshalb war sein Hobby auch Karnickelzucht und das spezielle Halbgarschmoren derselben, Sonntag für Sonntag.

Dieser Mensch war ein schlichter Mensch, dennoch ein zäher Überleber. Die Tatsache, daß man da ist, beweist sowieso nur, daß man das vorläufige Schlußlicht einer Reihe zäher, durchsetzungsfähiger Arschlöcher ist, die, vom Deppen Adam geführt, über den Totschläger Kain und alle folgenden zu lebenslänglich Verurteilten bis hin zu mir und Orje reicht. Wobei es so ausschaut, als wäre Schluß bei mir, während Orje ein Rudel schielender Fortsetzer zeugte, welche selbst zähe Zeuger sind und auch zeugen.

Wir hatten ihn dann nach 1961 jahrelang nicht mehr gesehen. »Gott sei Dank!« sagte mein Alter und starb in Frieden. Dann tauchte Orje wieder regelmäßig bei meiner Mutter auf, als es

die DDR ihren Rentnern erlaubte, frei in den Westen zu reisen. Da räumte er einmal im Jahr sein Begrüßungsgeld beim Bezirksamt Neukölln ab, fuhr zu meiner Mutter nach Neukölln-Buckow runter und kaute ihr so lange die Ohren ab, bis sie spitzkriegte, daß sie sich mit fünfzig Mark und einem Pfund ›Jacobs Krönung‹ freikaufen konnte. Fortan übergab sie ihm immer gleich an der Tür das Schutzgeld und das Päckchen ungemahlenen ›Tchibo‹. Onkel Orje war auch ganz froh über dieses quicke Prozedere, weil er im Laufe seiner Eintagesfahrten möglichst viele bekannte und verwandte Westadressen abklappern wollte, und dann mußte er ja zum Schluß auch noch riesige Wunschzettel bei ›Aldi‹, ›Karstadt‹, KaDeWe und sonstwo abhaken und endlich alles in Koffern und auf Einkaufskarren rüber in die Zone zerren.
Es hieß, daß sie ihn dann auf der anderen Seite, Grenzübergang Sonnenallee, immer schon sehnsüchtig erwarteten. Dort setzte die feine Verwandtschaft unsern Onkel gleich, fix und fertig wie er war, in eine Kaschemme am Bahnhof, wo sie sich alle auf die Westwaren stürzten, während sie ihn besoffen machten, damit sie ihm die verbliebene Westkohle besser aus der Brieftasche fleddern konnten. Er genoß diese Zuwendungen und erzählte gern davon. Die Ostrentner kosteten ihre damaligen Privilegien bis auf die Neige aus. Im 21. Jahrhundert wird es wohl nirgendwo wieder zu so viel Respekt und Ehrfurcht den Alten gegenüber kommen wie damals in der Deutschen Demokratischen Rentnerrepublik.
Dieser langjährige Status als Konsumbevollmächtigter für Westware hatte bei ihm dann allerdings auch bleibende Schäden hinterlassen. Oheim Orje lehnte bis zu seinem Tode den Verzehr, den Verbrauch, ja, die Berührung mit Ostprodukten jeder Art prinzipiell ab. Zum Schluß, als er schon sehr niederlag, mußte Tante Inge ihm sogar Westselters und Westleitungswasser, abgefüllt in ›Contrex‹-Flaschen, in den Osten rüberschaffen, damit sie ihn mal abseifen konnte. Sie schummelte,

was sie konnte, und er verstarb dann 1988, ein Jahr vor der endgültigen Befreiung von Ostprodukten, nach dem unerlaubten Genuß einer Tasse ›Aldi Gold‹-Bohnenkaffees am Schlag. Da Onkel Orje meine Mutter, genauso wie ich, immer nur etwa alle drei Monate und unangemeldet auf eine Viertelstunde besuchte, trafen wir uns während dieser Jahre nur einmal, ganz zufällig, kurz vor seinem Tode, im Frühjahr 1988. Zwar hatte er Jahre vorher auch bei mir in der Hermannstraße versucht, seinen regelmäßigen Fuffi und sein halbes Pflichtpfund zu schnorren. Da ich ihn jedoch an der Tür sehr übernächtigt und unwirsch für einen Zeugen Jehovas gehalten und ziemlich satanisch fortgescheucht hatte, mied er mich fortan.

Nun saßen wir also bei Mutti plötzlich und unvermutet beisammen, schlürften ein wenig entkoffeinierten ›Jacobs Krönung‹ und kamen ins Gespräch. Ick staunte nur so, was er alles zu berichten hatte! Es gab einen seltsamen, mir bislang verborgen gebliebenen Reiseverkehr zwischen Ost und West, und die Rentner spielten dabei eine komisch-tragisch tragende Rolle.

Unterdessen war ich Künstler geworden. Auch komisch, aber schön! Ich hatte damals gleich eine Ausstellung bei Petersen haben dürfen. Nun, auf diese Eröffnung kam auch ein junger, freundlicher Mann und stellte sich vor: »Guten Tag, Kapielski, mein Name ist Hallig Hooge.« – »Wie bitte? – Ach so: Helmut Höge!« Da hatte ich nun Helmut Höge kennengelernt und wußte das aber gar nicht, weil ich nicht aufgepaßt hatte. Man ist furchtbar unkonzentriert, hoch verschluckt und folglich unhöflich auf diesen Eigeneröffnungen und versteht immer nur Hallig Hooge. Dabei wußte ich schon von Helmut Höge; ich kannte ihn. Man kannte doch damals als Eingeweihter das ›Neue lote Folum‹ und wußte, daß es von ihm ist, weil er sich einige Mühe gab, dies geheimzuhalten. Man konnte sogar sagen, man kannte ihn, oder jedenfalls seine Sachen, die kannte man!

Etwas später, anläßlich einer Nüchternheit, traf ich Helmut Höge noch mal, und nun wußte ich und konnte mir merken: Aha, das also ist der Mann vom Vogelsberg mit dem ›Neuen loten Folum‹ und dem Pferd auf Wanderschaft und der Pseudonymgrille und allet ditte, was man so von ihm wußte. Nun also war mir fortan ein neuer freundlicher Mensch und Freund zugewachsen, mit dem man gern redete und gern zu tun hatte. Es war der heitere Herbst 1986. Meine künstlerische Küchenepiphanie und die pneumatischen Wochen hatten aber schon Herbst 1985 stattgefunden und zur Ausstellung bei Petersen geführt; egal, es steht alles etwas anders und ausführlicher in ›Nach Einbruch der Nüchternheit‹ (Wiens Verlag Berlin) geschrieben.

Helmut tauchte immer mit Sabine Vogel auf. Ein gutes Duo; das paßte. Sie saßen in der Muskauer Straße am Ausziehtisch und tippten nach späten und ausgiebigen Frühstücken wie die Manischen vom Berge Texte für die ›taz‹. Vogel machte in Kulturangelegenheiten, und Höge hatte man eine Spinnerseite gegeben, wo der mehr freischaffende Teil der Taz-Mischpoke machen durfte, die ›fakes‹ und Beleidigungen und Rempeleien. Das war damals eine sogenannte »letzte Seite«, das war eine, wo man rumfummeln konnte, so ein Chemiebaukasten mit Versuch und Horror. Nicht so ein fatal konfektionierter Schwachsinn zwischen Hanf im Glück und Gurke des Tages, wie ihn der Bröckers dann, nach den Säuberungen im Herbst 1988, professionell gutlaunig weitertrieb, sondern durchaus von Wirksamkeit mit Komik und Aha-Effekten.

Eines Tages, ich hatte schon Bücher gemacht und immer so ulkige Geschichten überall erzählt, da kamen die angeeiert, Höge, Vogel, und: »Mensch Kapielski, nu mach doch mal was für unsere tolle ›taz‹!« Ich konnte ihnen das nicht ausschlagen; beide sind schwer in Ordnung, und ich sage immer lieber ja als nö.

Zum Schreiben für Zeitungen, also für Geld kam ich aber durch Christel Dormagen. Die war seinerzeit mal halbjährige Kulturredaktörin bei ›Konkret‹ in Hamburg gewesen. Sie hatten da so ein Halbjahreskonzept, dann Wechsel, Rotation, eine neue Christel und eine neue (aber korrekte!) Kultur: alle halbe Jahre. In diesem ihrem halben Jahr kam sie dann über verschlungene Wege an mich. Es wurde gut gezahlt, ich war bedürftig, und so bin ich eingestiegen ins Pressegeschäft mit einem Artikel über den ›Scheißladen‹ vom einzig wahren Heino am Kreuzberg damals. Später gab's ja in allen Zeitungen, ›Stern‹, ›Bunte‹, ›Spiegel‹, eben die ganze träge Flußmitte, auch Heino-Artikel, meiner war aber der erste! Ich kannte die Scheißkrämer ja gut, war Kunde.

Gut, unser einzig wahrer Heino hatte dann seinen Spaß und seine Berühmtheit gehabt, aber der Gewinner blieb doch letztlich der echte alte Heino, weil er die Heino-Parodie selbst parodiert hat und so von neuem die Geldbeutel der Jugend schneiden durfte. Der echte alte war doch bis dahin schon mumifiziert gewesen. Und wahrscheinlich ist er nicht mal selber draufgekommen, daß die moderne HipHop-Heino-Version aus Kreuzberg seine Reinkarnation bewirken würde. Irgendein oller Vermarkter wird ihm das gesteckt haben, daß er sich nicht ärgern soll, sondern absorbieren. Wenn man genau liest, dann habe ich das geahnt. Eine scharfe Analyse, mein erstes Stickel. Das ging gut los, ich bekam eine Zwei plus, tausend Mark und wurde erneut gebeten. Also was willst du mehr? So ein Sunnyboy war ich. Und nun ging das bei ›Konkret‹ ohne Verfehlungen und Entgleisungen andante durchs Dormagensche Halbjahr.

Und dann kamen Sabine Vogel und Helmut Höge für die ›taz‹. Die Begegnung kam zustande, weil sie ständig Stoff brauchten für ihre tägliche Dauerwurst, und ich war plötzlich stoffwürdig. Sie dachten, wir machen mal am Anfang ein Interview mit dem Künstler. Ham wir uns bei Höge-Vogel getroffen, gesessen und es lief ein ›Sony‹ nebenher. Der Plauder kam auf. Das Geplauder wurde gedruckt.

Ich lief runter und kaufte mir mal so eine komische ›taz‹. So, so! Es handelte sich im Prinzip um eine zwiespältige Angelegenheit. Sagen wir mal so: Im vorderen Teil sind die Gerechten am Werk. Da kommen die Nachrichten aus dem Fernsehn von vor vier Tagen noch mal, aber auf eine moralisch wertende Art, entweder mit flennendem Unterton oder so neckisch für- und aberwitzig und auch mit viel Zeigefinger. Wenn man das einen Monat jeden Tag liest, kann man das nachmachen; es ist eine schlichte Denkweise, ein triviales Textverarbeitungsmaschinchen, wo das, was in der Welt so passiert, schripp schrapp, durchgejätet wird und dann alles hübsch auf die Lichterkette gereiht: von Bohrloch bis Schweinepest und Gentomate. Und anstatt Emanzipation schreiben sie lieber Efrauzipation, solche neckischen Genus-Irritationen ziehen sich zäh durch die Geschichten des Heftchens. Na ja, irgendwie schleppt sich natürlich die gesamte Presse hinter den Ereignissen her, die par fortune ins Hochgewichtige forciert werden. Dann wird ausgewrungen, bis was Besseres kommt. Dahinter steht bei allen Blättern drohend die Auflagenzahl. Bei der ›taz‹

genauso: und gleich neben die Bequerelle-Tabelle pinnen sie die Abo-Kurve, weil beide korrelieren, und da hängen schließlich Arbeitsplätze dran, und deshalb muß so ein Blatt seine Leser mit hochgekitzeltem Sensationszeug füttern. Moralzeug eignet sich dafür immer besonders. Und wenn ein Atomkraftwerk in die Luft fliegt, dann ist das für die ›taz‹ eine Fügung: Wir haben es immer schon gewußt, und die Auflage steigt proportional mit der Angst im Lande. In mancher Hinsicht hat da die ›taz‹ unsere Presse mehr verändert als olle Springer. Denn inzwischen arbeiten sie jetzt alle so.

Am Hinterteil der ›taz‹ war nun aber alles ganz anders; da gab es den Droste und eine Schar kecker junger Menschen und Spaßgorillas. Sie belatscherten mich und versprachen mir, im Bereich ›letzte Seite‹ und ›Berlinkultur‹ bei niedrigstem Salär voll auspacken zu dürfen. Vogel war für Kunst und Kultur redaktionell zuständig und ich der hämische Künstler, der als Seiteneinsteiger vom Rand aus seine Betrachtungen anstellte. Da lag es nahe, daß ich als Späher und Undercoverkünstler übers Gewerbe herzog: »Kapielski, mach mal was über die Arschlöcher im Kunstkäse und was sie für Scheiße basteln. Und dresch ruhig druff! Wir bringen dis.«

Gut, ich bekam ein Dokument von Sabine Vogel, wo draufstand, daß ich machen kann, was ich will und wie ich dis will. Und ich wollte dis schriftlich haben; mehr aus Daffke. Ich habe den Zettel, der nichts nutzte, gerahmt an der Wand dröhnen, zum Zeitzeugnis auf die Gebrechen der Pressfreiheit und einiger sonstiger Merkwürdigkeiten. Für die Sabine Vogel nichts konnte, im Gegenteil. Sie war jemand, der das ernst meinte und nicht nur meinte. Als wir später als enttarnte Kryptofaschisten aus der ›taz‹ flogen, stellte sie sich tapfer wie der alte Hus vor ihre häretischen Lohnschreiber und nahm lieber das Berufsverbot hin als die Beschädigung der Pressfreiheit. Was andere Arschlöcher sich nicht getrauten; die krochen kleinlaut zurück unter den Kommune-eins-Tisch in der ›taz‹-Kantine, weil sie wußten, was auch die Vogel wußte und in Kauf nahm: daß man von der ganzen Branche feig gemieden wurde und für ein paar Jahre unter stummem Einvernehmnis aller besoldeten Schmocks in Quarantäne gehalten wurde.

Man hätte es eigentlich ahnen müssen. Es ist das einzige, was ich mir vorwerfe; ›gaskammervoll‹ würde ich jederzeit wieder schreiben, weil es gaskammervoll war, damals! Diese Scheißdiskothek in dem Laden in der Straße, aus der sie die jüdischen Miederwarenhändler vertrieben hatten, war für mich verflucht gaskammervoll an diesem Abend, als mich Höge dazu überredete, zwecks Berichterstattung da reinzugehen. Ich habe es gesehen, gerochen und verstanden und ordentlich Bericht erstattet! Und wer mir einen Strick daraus drehen will, ich hätte etwas für volle Gaskammern übrig, der versteht eben gar nichts.

Es war dann ein Graus, wie sich linke Deppen im Jahre 1988 plötzlich vermittelst eines typischen Opferrituals das Gewissen reinigten, indem sie ein paar Leute aus den Ämtern jagten, die allgemeine Selbstkontrolle stärkten, eine runderneuerte Sprachpolizei befestigten und sich einen Scheiß darum kümmerten, daß damals schon wieder Neger verhauen wurden, sofern man sie nicht Neger nannte. Sie waren eben selbst Jäger und in Sorge um ihre Rassistenreinheit verbrämte Fouché-Typen. Eigentlich aber laue Luschen, die sich nun als schäumende Trauer- und Sozialarbeiter auf uns arme Amalekiter stürzten.

Ich habe so meine Wahnvorstellungen, und die haben so ihre Gründe und Abgründe und für mich eine Wahrhaftigkeit. Die zu verstehen sich keiner interessierte! Was mir egal wäre. Mein Schrieb wurde aber auf die übelste Möglichkeit hin ausgelegt, was einiges über die tätigen Hermeneutiker sagt, die nur von moralischer Entrüstung geschwellte Karriereknallköppe waren. Die westdeutschen Trauerarbeiter brauchten damals eine wohlfeil rabiate Entsorgung nicht ihres schlechten Gewissens als Deutsche über den Judenmord, das glaube ich nicht, das hatten ja gerade die als linke Gerechte nicht und hat auch sonst kaum einer mehr, sondern sie mußten als Menschen, die ihre Karriere an Moral gekoppelt hielten, ihrer allgemein matten Gleichgültigkeit entkommen. Diese Gefühllosigkeit nährt sich an Überreizung; sie frischte sich als Aufregung über ›Entgleisungen‹ in der Presse mit ›Betroffenheit‹ auf. Anstelle eines Kummers oder Bekümmerns fand ein im Grunde lauwarmer Wettbewerb des Trauer-dich-fit statt, als Pose. Die Zeitung machte Auflage dabei, und die Politik lud sich begierig mit Glaubwürde auf. Das alles hatte aber nicht mal annähernd das Sentiment der tristen Operette nach dem Unfall der Prinzessin Diana, bei der wenigstens noch das Volk, am Fernseher, aufrichtig betreten schien.

Mit Jenninger bekam die Gegenwartsbewältigung dann fernsehnationale Dimensionen und wurde endgültig diskothekenreif. An seiner Rede war kein Falsch! Auch am Wie seines Vortrags war nichts ungewöhnlich, wenn man die gewöhnliche Rede im Bundestag kennt. Der Mann mit den schlechten Augen war einfach (zu)fällig! Die Schuld auf ihn gehäuft und beseitigt, war man für die nächsten Jahre kollektiv entschuldet, und alles glitzerte wieder schön doof im Lichte der Lichterketten, in deren Schatten sich besser außenpolitisch flüstern und innenpolitisch schnarchen läßt.

Ein nächstes Fallbeil ging dann auf einen besoffenen Bassisten nieder, der in Israel seine Hotelbarrechnung mit »Adolf Hitler« unterschrieben hatte. Das ist ziemlich blöd, in jeder Hinsicht, nur in einer nicht: Adolf Hitler hat eben am Ende keine Rechnung bezahlen müssen. Nur die Übriggebliebenen. Solche deutschen Komödien müssen natürlich tragisch gespielt und mit Grünschmuck umstellt werden, wohinter man den bösen Bassisten würgt. Seine ›Niedergelegten Schriftstücke‹ kann er jetzt mit »Josef Stalin« abzeichnen. Denn diese

Canaille sollte auch mal für was geradestehen. Zwotens: Schreiben und reden ist eben doch harm- und schadloser als tun und töten. Außerdem hätten sie meinen Text damals nicht nehmen brauchen. Die wollten den aber. Die haben mir dieses Kryptofaszikelchen sogar honoriert!
Verflucht! Man hätte es wissen müssen. Aber man glaubte immer noch in diesem Linksmuff die Reichssiegelbewahrer der Freiheiten und des Verstandes ein für alle mal erkannt zu haben. Falsch! Horte der Freimütigkeit – zuckt nur, ihr Reichsunmittelbaren! – sind Diarium und Stammtisch! Keinesfalls diese linken Schüttelschriften, wo sie sich gegenseitig belauern und ertappen!
Aber meine Gewährsleute und Freibriefler waren eben integer: Höge, Vogel, sogar der halbtagsinfame Droste mit seinem Ehrgeiz, das waren Leute, deren Aufrichtigkeit man sich sicher oder zumindest halbtags sicher sein konnte. Mit Schweinebacken, Karriereplanern oder Geheimpolizisten der Gruppe ›Mehr Haltung!‹ und dem ganzen Taz & Thurnow-Adel hatte man nichts zu tun und wollte es nicht. Dann aber hast du sie als Meute auf einmal am Arsch, und sie jagen dir eine wütende Triefschrift nach der anderen hinterher, und alle guten Vogelschen Schutzbriefe nutzen einen Scheiß, weil sie gleich mit verbrannt werden.
Noch ein post scriptum: Ich war natürlich blöd, ohne Arg solches zu schreiben! Das darf man nicht! Ich möchte mich insbesondere bei denen entschuldigen, die bereits 1921 wußten, wie alles ausgehen würde und die heute noch täglich den Faschismus aufs neue besiegen. Ich wußte ja noch nicht mal 1988, wie alles ausgehen würde!
Nun hatte ich mich also davor frisch und arglos aufs Pressegeschäft eingelassen und nahm auch mal die U-Bahn in die Wattstraße, um mir das da mal anzugucken, wie so ein ›taz‹-Betrieb aussieht, der solch fröhlich freimütige Zeitung macht, und weil das Mittagessen auch gut sein sollte und alles

ganz ganz locker. Na prima! Ich fuhr um die Mittagessenszeit hin.
Unten hockte in so einem Großaquarium eine müde wirkende langhaarige Latzhosenerscheinung, von der es später wichtig hieß, dies sei »der Hausmeister!« – »Sowat gibt's hier?« wunderte ich mich. Man kannte doch seine Hausmeister, Potschen und Blockwärterinnen, seine Frau Kneuters und Herrn Külskes, Teufel noch mal! – »Ja, ja, Hausmeister!« Der sei schwer in Ordnung! Er war es dann auch, wie sich herausstellte. Aber das war nun schon komisch, daß sie sich da einen links-alternativen Kiezwart hinter Glas hielten.
Dann stieg man in den ersten Stock, und schon schlugen einem überall Plakate und Anschläge aller Art entgegen. Alles war über und über beschriftet. Menschen eilten mit wichtigen Zetteln und stieren Blicken aus Zimmern links in Zimmer rechts. Lange Gänge, offne Türen, eine imperative Offenheit wurde zur Schau gestellt, gläserne Redaktöre rannten zu gläsernen Tippsen, gläserne Lesben tranken Mineralwasser aus schwulen Gläsern. Man bekannte sich allerorten zu Genus und Sexus. Im rechten Winkel gingen zwei Gänge geradeaus und nach rechts. Ich dachte, gehst du mal rechts lang.
Was mein Verhängnis wurde. Eine frühe, falsche Entscheidung. Rechts saßen, stellte sich später heraus, meine zähesten InquisitorInnen; geradeaus aber auch. Die Zimmer hatten teilweise auch noch Glasfenster. Man mußte wirklich alles mitansehen! In einigen Räumen hockten wenigstens ein paar sympathisch undurchsichtige Punkerinnen an Schreibtischen vor Flimmerkästen und tippten.
Eine seltsame Sache: Überall standen Topfsukkulenten und Kakteen herum, die Namen trugen. Da waren mit diesen geprägten Klebestreifen überall Namensschilder mit ›Gabi‹ und ›Karin‹ an die Übertöpfe geklebt. Das Pflanzen- oder-Sachen-beim-Namen-Nennen muß ein Lesbenfimmel sein, weil dort, wo ich öfter kopiere – ein bekennender Lesbenbetrieb – haben

die Kopierer auch alle Namen. ›Jessica‹ heißt da zum Beispiel ein A-4-Kopierer, und das Schneidegerät heißt ›Traudel‹. ›Bitte gieß mich!‹-Aufkleber gab's auch reichlich. Klar, ich kannte das, wenn man so ein Beschriftungsgerät zum erstenmal in die Hand bekommt, fängt man eben an wie blöd zu beschriften. Da braucht man nicht unbedingt homosexuell zu sein. Aber das Beschriften mochten sie hier offensichtlich besonders. Hier war irgendwie alles beschriftet! Klar, is ja auch 'ne Zeitung, dachte ich, Zeitung is eben 'ne Schriftfabrik, im Grunde; wenn das erst mal in die Gänge kommt, dann wird geschrieben, was das Zeug hält, und zum Abbremsen schreiben sie dann noch allerlei mehr oder weniger nötigen Blödsinn an die Wände und auf die Blumentöpfe. Vom besessenen »Welches Arschloch läßt hier immer seine/ihre Tempoknüddel rumliegen?« bis zum dumpfen »Hanf statt Kohl!«
Also rechts den Gang runter allerlei haargefärbtes Volk, welches auf Bildschirme starrte, als würde doch noch was Sensationelles an diesem betreffenden Tage darauf erscheinen. Von ›Reuter‹ und dergleichen. Sie warteten auf große Schweinereien, auf explodierte Atombohrlöcher, auf endemische Aids-

Variationen, auf ihre Weltsicht bestätigende ökologische Großkatastrophen und glaubten an ihr tägliches Erscheinen wie an die Wiederkunft Christi. In der Fotoredaktion spuckte ein Apparat am laufenden Meter Fotos aus, und ein paar grantige Lesben wachten darüber wie die Zerberussinnen am Eingang zur Bildwelt.

Der rechte Gang schien vornehmlich der Handarbeit vorbehalten, und an den Tippgeräten saßen vorwiegend Frauen. Reden wir Klartext: Es saßen dort lauter Tippsen, aber nach Kreuzberger Art verkleidet, und die Frauen machten wohl mal wieder die Zuarbeit, während sich im anderen Trakt wichtige Herren das zu tippende Tippgut ausdachten. Halt! Bis auf einen Bartzausel, im rechten Gang, der gerade Pause machte oder nachdenken mußte und der vor seinem Tippschirm, aus einem vielfach umweltrecycelten Stullenpapier, eine Vollkornstulle genüßlich in sich versenkte und vom ›Kampagnentee‹ aus der Thermoskanne nippte. Bis auf diesen waren es erst mal alles weibliche Schreib- und Dienstkräfte, im rechten Gang. Dieser eine rechte Tippzausel war nun aber durchaus angenehm und der erste, der mich hier bemerkt hatte und freundlich zu mir war. Wir plauderten ein wenig.

Er zeigte mir, wo es zur Vogel längs ging. Ich hätte gleich den Gang geradeaus nehmen müssen. Dort kam man in einem Saal an einer Kombüsenecke und einem riesengroßen, ovalen Tisch vorbei, welcher einstmals der berühmte Tisch der Kommune eins gewesen war. Man konnte am Rand noch Kunzelmanns Bißspuren erkennen. Dahinter staffelten sich wieder allerhand Bürokartausen einen Gang entlang. Auf diesem wetzten wieder wichtig herumeilende Rootsläufer umher. Die ›Roots‹-Schuhe und komischen Hasenpfoten waren damals ein alternatives Modemuß, wo man gezwungen war, vornübergebückt zu laufen, um nicht nach hinten zu kippen, was hier den hochwichtigen Beschäftigungslaufstil noch konturierte. Aufgeregt eilte man (und frau) die Gänge entlang in offene Türen rein

oder raus und wedelte mit Tickermeldungen. Plötzlich brüllte ein Gong oder was: »Mittagessen is fertig!«
Und da war nun gar nichts mehr wichtig; sie ließen alles liegen und stehen und rasten mit einmal wie die Bekloppten in Richtung Kombüse und großer Kommune-eins-Tisch. Ich wurde gleich mitgerissen. Kam mir auch sofort vor wie ein Verhungernder unter Verhungerten; wir drängelten alle mit Tellern, die man sich selber nehmen mußte, um die Gulaschkanone, wo ein träger, bunter Haschkopp den Risottomatsch aus'm Kübel auf die Näpfe der Arbeiter und Angestellten der ›taz‹ klatschte. Ich war da automatisch mit reingeraten, saß da und schaufelte wie alle andern gierig das Kraftfutter in die Schädelöffnung.
Dann gab's einen verdauungsfördernden Bohnenkaffee aus Nicaragua. Er zersetzte Grane und Spelze des vollen Korns vermittelst höchstwertigster pH-Notierungen, aber nach unten. Ein echter Anti-›Schona‹ und Ätztrunk! Allerdings gab es schon zögerliche Unterschriftenlisten, von Leuten, denen er langsam die mittelamerikanische Kaffeesolidarität und die Kaldaunen zerfraß und die lieber ›Jacobs Krönung‹ auf legalem Wege zu sich genommen hätten. Ein vieldiskutierter Protest, da ein politisch unkorrekter Zweifel an den Röstkünsten der nicaraguanischen Genossen gegen die hedonistisch gesinnten Magenschleimhäute eduschogewohnter Mitteleuropäer im unversöhnlichen Streite lag. Die Feiglinge unter diesen Mokkasezessionisten nahmen dann Tee zu sich. Der war auch aus Solidaritätsgebieten, hatte aber eine mildere Wirkung.
Es hingen auch dort wieder überall Unterschriftenlisten und Zettel, wie gesagt, sämtliche Oberflächen waren beschriftet. Vom Fußboden teilweise abgesehen. Vorwiegend Gebote, Warnungen, Imperative, Scherzchen, moralische Appelle sowie Aufrufe zu Versammlungen und welche Gebote und Appelle man dort zu beschließen entschlossen war. Der reine Beschriftungswahn.
Die Kulturredaktion. Aha! Dort befanden sich neben Sabine

Vogel noch Gabriele Riedle, ein heiter resches Lästerwesen mit gutem Kern und Drang nach oben, sowie ein rötlich triefäugiges Schlafzimmergesicht namens Kupferdach. Ein typischer Bremsertyp mit Wichtigkeitsnimbus. Die hockten da zu dritt inmitten ihrer Ablagen und tausend Zettel und führten Dauerferngespräche selbst in die allernächste Nähe.

Dann zeigte mir Sabine Vogel das allermerkwürdigste Allerheiligste der ›taz‹: ein Magazin, in dem die nötigen Schreibwarenartikel en gros gehortet wurden. Es umgab einen sofort dieser herrliche Geruch nach Kladden, Radiergummis und HB-Bleistiften in Zwanzigerpackungen aus haushohen Eisenregalen. Vogel baute sich auf und strich mit großer Geste über die hauseigenen Vorräte an Schreibwaren: »Kapielski! Du glaubst nicht, was hier geklaut wird! Gerade die Gestopftesten unter den Linkssittichen stopfen sich hier mit Bleistiftanspitzern, wie sie eine Kleinstadt in hundert Jahren nicht braucht, die Taschen, Tüten und Jutesäcke voll. Also deck dich auch erst mal ordentlich mit dem Nötigsten ein!«

Gut, ich hielt mich an Sabine Vogel. Dann ventilierten wir Themen und »Recher/chen«, wie man gern sagte. Damals war gerade mal wieder was über die Nervensäge Ben Wargin in allen Zeitungen zu lesen, und da hatten wir meinen ersten Fall: Ich wurde als Kampfhund wie Reich-Ranicki auf den Grass-, Baum- und Wurzelquatsch dieses Umweltkaspers gehetzt. Ich nahm mir also Ben Wargin vor. Dieser Mann war mir eigentlich egal. Den nahm man gar nicht wichtig. Wenn er mal zufällig im Fernsehn durch die ›Berliner Abendschau‹ seinen Blödsinn absondern ließ oder mit Bügelmeister Diepgen beim Ginkgopflanzen rumgrinste, konnte man umschalten. Von mir aus sollte er doch die Astlöcher seiner insektenverachtenden Ginkgobäume pimpern! Dendrophile und Bäume stören mich nie.

Aber er hatte nun den S-Bahnhof Savignyplatz verhunzt. Als junger Mensch nämlich war man im Morgengrauen öfters aus einer der um den Savignyplatz gelegenen Kneipen gekrochen, meist ›Dicke Wirtin‹, und brüllte wie geisteskrank auf dem Savignyplatz herum, irgendwelches Gelalle als Mischdrogeneffekt. Dann legte man sich entweder ins Gebüsch und ließ fünf Stunden gerade sein, um später wieder erfrischt die ›Wirtin‹ anzusteuern, oder man fuhr nach Hause. Ich hauste damals in der Hermannstraße; man mußte die S-Bahn nehmen. Auf dem S-Bahnhof oben setzte man sich so, daß man die haushohe Brandmauer betrachten konnte. Seit Jahrzehnten hatten sich Rußschichten daraufgelegt. Kohlenheizung, Dampfmaschinen, Kriegsbrand, Wind und Wetter. Wunderbare Furchen. Man sah Gesichte und sonst was. Eine Michauxsche Mörtelarbeit in Schwarz. Hanns Eisler, der seinerzeit täglich von Wannsee nach Friedrichstraße zur Arbeit im Osten fuhr, war hier immer ausgestiegen, hatte am Stehbierstand einen Schnaps geatmet, die Wand betrachtet und machte dabei heimlich Skizzen zu den ›Palmströmliedern‹, damit Ulbricht und Becher nichts merkten. Dabei hatte Becher hier früher selbst gesoffen. Da war er allerdings noch bei den bekennenden Expressionisten: »Der Rauche rußger Hain beschattet die Gemäuer.«

Also auf diese Wand war alles aufgetragen, was es zum Leben zu sagen gab; hier war keine Hoffnung zu lesen, aber auch keine Verzweiflung gerechtfertigt. Schicht um Schicht war Gottes schlicht monochromes Wunderwerk in mehr als sieben Tagen aufgetragen, Kriege und Frieden hatten mitgeschrieben, etliche fuhren dran vorbei, waren geboren und gestorben, und nun kommt doch die Berufsberliner Flitzpiepe Ben Wargin und vergeht sich an der Schöpfung, kratzt seine Scheißkunst in diese vollendete Wand hinein! Eine neuerliche Zumutung an Kunst im öffentlichen Raum! Ranzige Lehrtafeln zur Weltverbesserung und Rettung der Schöpfung. Auch Opa mußte nun Grafitti machen. Schierer Tourismus! Letztlich ist solch ein schlechter Künstler ein gescheiterter Mensch und aus

Mangel an wirklichem Erfolg ein bemühter, grantiger Ding- und Weltverbesserer und allkompatibles Sozialutensil. Verflucht!
Nun hätte man ihm für die Schändung der Wand eins auf die Gusche hauen können. So was macht man aber nicht. Ein Ultima-ratio-Hieb muß die Ausnahme bleiben! Nun konnte man ihn aber fernschriftlich und coram publico im Feuilleton der ›taz‹ würgen. In mir lohten schon die kleinen Ekstasen der Machtausübung vom Schreibtisch aus. Dieser kleine, miese, hinterhältige Pressesex, dem sie alle verfallen sind. Von ›Welt am Sonntag‹ bis ›taz‹, mit Dünkel und feuchten Händen. Ich gebe es zu.
So fing ich nun also mit dem Journalismus an. Letzte Seite, Rumpelecke. Man fing an rumzuschleichen, immer auf der Lauer nach Themen, und da saß nun eines Tages mein doofer Onkel Orje vor seiner Tasse Bohnenkaffee und erzählte, gar nicht doof, von den Wirkkräften seines blauen DDR-Passes. Man staunte. Nicht nur der Paß-Bonus, auch sonst allerlei gewiefte Dinger: wie er zum Beispiel monatlich außer den ganzen Aldi-Sachen auch noch zwanzig Exemplare der kostenlosen Apothekerszeitung auf den Rädler schnallte und mit rüberzerrte, weil dort das Westfernsehprogramm des ganzen kommenden Monats abgedruckt war und beachtliche Preise erzielte!
Ich hockte mich abends hin und erfand ein Interview. Mit wem? Orje? – Nee, nich Orje. Nennen wir ihn Erwin! Am 25. März 1988 (sie mußten natürlich wieder neckisch »25. Merz 1988« schreiben) erschien auf der letzten Seite der ›taz‹ mein Ausgedachtes:
›DER BLAUFAHRER – Berlin umsonst mit Paß‹
›taz‹: Erwin, du hast da die neue Alternative zur BVG-Jahreskarte entwickelt und ein Jahr Erfahrung damit.
Erwin: Wie so vieles Gute hat sich das in der Kneipe ergeben. Da sitzt so ein Kerl rum, wir kommen ins Reden, und zu fort-

geschrittener Stunde gesteht der mir, daß er klamm in der Kasse ist. Icke soll also seine Liter mitzahlen. Na, mein Gott, warum nich, wenn man so schön hatte. Nee, nee! Sagt der. Er hat Gegenleistung zu bieten. Und da schiebt der mir einen Paß rüber! Kannste ham. Bumm! Wat soll ick nu mit einem Paß? Und – das war nun noch der Knüller – mit einem DDR-Paß!? Mein lieber Freund, belehrt mich da der Typ: Dieser Ostblaue is hier im Westen ein ›Sesam-öffne-dich‹. Du darfst ihn bloß auf keinen Fall im Osten präsentieren. Er hatte recht, und zwar absolut!

›taz‹: Ja, was macht man damit?

Erwin: Zunächstmal holt man sich einmal im Jahr die 100 Mark ›Begrüßungsgeld‹ beim Bezirksamt ab. Da bräuchte man allerdings noch einen sogenannten ›Gelben‹, den kriegt man in einschlägigen Kneipen für 50 Mark. Hälftehälfte. Das machen aber viele ›Blaufahrer‹ gar nicht.

›taz‹: ›Blaufahrer‹?

Erwin: Das sind alle, die mit Ostpaß reisen. Ohne ausm Osten zu sein. Denn du hast ja als DDRler überall freie Fahrt, wenn du deinen Blauen vorzeigst. Damit hört der Segen aber keinesfalls auf. Berliner Museen und Ausstellungen sind umsonst. ›Grüne Woche‹ und das ganze Zeug an Ausstellungen gratis, Schwimmbad, hereinspaziert! Viele Sachen bekommst du vergünstigt, 1-Mark-Programm.

›taz‹: Stutzt da keiner?

Erwin: Bei Senioren funktioniert die Sache natürlich am besten. Aber man hat sich an zunehmenden Reiseverkehr gewöhnt, daß jetzt auch jüngere Semester hier rumgeistern. Ich meine, der Westen macht hier so großkotzige Propaganda; das kann man ruhigen Gewissens ausnutzen. Und: da keiner genau weiß, wie ein Blauer wirklich aussieht und man dem Osten sowieso nur miese Druckqualität zutraut, geht die plumpeste Fälschung allemal durch.

›taz‹: Sind das Fälschungen?

Erwin: Du kommst auf zwei Wegen an die Blauen. Entweder ein DDR-Rentner ›verliert‹ ihn für 300 Mark West an dich, oder du kaufst in Kreuzberg einen sogenannten ›Dunkelblauen‹ zwischen 200 und 400 Mark. Mit Bild und allen Schikanen! Na ja und dann – Deutsche helfen Deutschen! – freie Fahrt, lebenslang.
›taz‹: Erwin, wir danken dir für das Gespräch und wünschen dir gute Fahrt.
So. Fertig! Und das machst du mal ohne »Kapielski« drunter, dachte ich noch weise und ahnungsvoll aus Furcht vor den Russen, und dann kam das mit Foto von einem Ost-Paß, den einer in die Kamera hielt; das sah dann wie ein richtig echter falscher Blauer aus.
Am Tag darauf rief Agentur ›AP‹ bei der ›taz‹ an. Sie stellten den Nachrichtengeier zu Höge durch: »Ist das seriös, Herr Höge?« – »Natürlich ist das seriös, was denken Sie denn?« Und tikke-die-tak – Wer's glaubt, wird selig! Und die glauben wollen, glauben! – ging der Schwärmer über den Reuterticker in die Welt, und wenn so ein wackeliges Ding nun vom wichtigen ›Reuter‹ oder ›AP‹ aus in den Äther klickert, dann hat das natürlich einen anderen Drall, als wenn so was auf der Spinnerseite in der ulkigen ›taz‹ steht.
Am Montag guckte ich damals gerne das Erste DDR-Fernsehn: 19 Uhr Nachrichten, dann folgte meist so ein verschmiert deutscher Schwarzweißschinken aus den Jahren zwischen dreißig und vierzig, man glaubt's kaum, und danach funkte Sudelede seinen ›Schwarzen Kanal‹ mit der Kapitalismushäme in den Westen und Osten, weil er wußte, daß er wegen seinem Hans-Moser-Nazifilm vorneweg höchste Quoten hatte und alle gar nicht so schnell wegschalten konnten und also einiges davon abkriegten. Damals eine Kultsendung für uns im Westen. (Die sollten sie fairerweise mal wiederholen; Karl-Eduard von Schnitzler hat damals alles gewußt und beschworen, was die Ostgoten nun zeternd bejammern: Alles hat er

ihnen für den Fall des Falles der Mauer prophezeit: Mietwucher, Arbeitslosigkeit, Obdachlosenheime, Drogen, Kassenbrille, Anschiß. Als halbwegs luzider Marxist konnte man das wissen. Und seine Frau hatte auf Westfahrt im ›KaDeWe‹ auch schon geklaut.)
Ich knipste also mein Montagsfernsehn an. Bong!: ›Aktuelle Kamera‹. Die gestrenge Ansagerin, für manche eine echte Wixvorlage damals, Angelika Oberlauf oder so ähnlich hieß sie, war vor eine Abbildung der Gedächtniskirche postiert worden und sprach im Sitzen mit sachlich verruchter Stimme: »Westberlin.« Ein Wort, das damals jedes Übel der Welt auf den Punkt brachte. Und nun wurde auch schon zur besonderen Markantmachung der neuerlichen Westberliner Schweinerei eine Schrift unters Bild gesetzt: »Paß-Betrug an Dokumenten der DDR in Westberlin!«
Ick dachte, ick dreh ab! Au warte! Ab jetzt kannste dein Leben lang fliegen, mein Lieber. Es war doch klar, daß die irgendwie herausbekommen würden, wer hinter Erwin steckte. Der übrigens durchaus ehrenhafte Till Meyer hätte denen das doch gesteckt; der hielt uns Komiker von der letzten Seite als Mann, der mehr so den ernsteren Teil des Lebens kennengelernt hatte, doch sowieso für harmlose bis halbgefährliche Spinner, die man vom verbliebenen Rest des Paradieses in Form der DDR fernhalten mußte, weswegen er ja seine gewissensreinen Kontakte zur Staatssicherheit pflegte. Also nie wieder Helmstedt zu Lande!? Ich hatte bei Transitfahrten sowieso schon immer diesen Erbmulm väterlicherseits und diese tiefsitzende Angst vor Bautzen und Workuta und war feige wie sonst was, und nun auch das noch! Ich kann deshalb auch nicht beschwören, ob ich, als Ostmensch, im Falle der Entscheidungsnotwendigkeiten im Falle »Arschloch Anderson« und »Stasi« nicht auch zum eifrigen Protokollanten geworden wäre. Ich mag wohl ein kecker Schreiber sein (Bellen für Fortgeschrittene), aber wenn so eine Schote mal platzt, kriege ich

es doch ziemlich mit der Angst zu tun. Ich bin ein schreckhafter Feigling, der sich hinter seinen kecken Famosschriften verschanzt und immer hofft, es möge noch mal gut ausgehen. Was nun allerdings meine durchaus möglichen Kollaborationen mit der Staatssicherheit betrifft, so hätte ich sie literarisch anspruchsvoller gestaltet, als es Anderson tat oder tut. Auch wäre ich ein sehr detailfreudiger Informant mit Hang zur großen Form in Nebensachen geworden. Ein halbstündiges Ereignis muß schon zur achtstündigen Lektüre hochgedichtet werden. Dann ist man die spähenden Sachbearbeiter doch vermutlich auch los. Ansonsten ist die Angelegenheit rein moralischer Natur, also Geschmackssache! Und sub specie aeternitatis sowieso wurscht!

So, nun war natürlich Aufregung bei der ›taz‹. Das finden sie immer toll, wenn die halbe Welt bei ihnen anruft und: »Ach! Die tolle ›taz‹ hat wieder was bewirkt!« Da schrappen sie dann wieder mal knapp über die rentable Auflage und sind stolz wie die Spanier, weil alle Konkurrenten auch ein bißchen mit an den hausgemachten Spektakeln lecken und lutschen möchten. Von überall schwirrten Anfragen herein. Alle wollten Erwin!

Da ich nur alle paar Tage höchstens mal auf zehn Minuten zu Mittag bei der ›taz‹ einkehrte, um meine Texte zu apportieren und zu speisen, riß zunächst mal ein vom Ehrgeiz zermergelter, rothaariger Lokalredakteur und Gremlitzer-Preisträger namens Claus Christian Malzahn den Erwin an sich und fuhr nun ausgiebig auf meiner Pisse seinen Kahn namens Malzahn! Wer ›Jim Knopf und der Lokomotivführer‹ kennt, weiß in etwa, was das bedeutet! Ich war aber doch auch ganz froh darüber, daß dieser sonst ewig an den Magengeschwüren der linken Sitte herumdokternde Streber den Blödsinn auf sich geladen und sogar Spaß dabei hatte. Der soll das mal fortführen, dachte ich, und ich wollte auch wieder keinen Ärger haben oder schuld sein, daß der Dritte Weltkrieg in Gang kam.

Ich hatte der DDR 1988 noch lebenslänglich zugedacht und machte mir Sorgen um meine Flugreisekosten. Später dann, als mir die Posse im zehnjährigen Jahresjubiläumsbuch der ›taz‹ namentlich vorenthalten wurde, war ich allerdings beleidigt.
Presseknüller sind, wenn sie es einmal sind, Selbstläufer und Kettenreaktionen. Dann hängen sich auf einmal alle rein, und im allgemeinen Determinatengewimmel entfernt sich der Erwin in immer höhere Umlaufbahnen, bis das Ding aus Verdruß an der Dauer des Ereignisses still verabschiedet oder von was Neuem abgelöst wird und in den Orbit saust. Die von sich aus funktionierende Gleichschaltung unserer Presse befördert diese Lawinentätigkeiten noch um ein weiteres.
Es ist erstaunlich, wie gemütsnormiert diese Pressepeter funktionieren. Wie ferngesteuerte Deppen stürzen sich plötzlich alle im Feuilleton auf einen Film. Es gibt noch andere, aber nein, telekinetisch greifen sie alle in die gleiche Filmdose. Man achte mal darauf, wie sie dann aus der Fotoauswahl, die in jeder Pressemappe für Filme steckt, immer alle unabhängig voneinander das gleiche Foto abdrucken. Günter Grass wird siebzig, bumm! Alle trommeln sie ihr Blech zu Grass ab. Dabei wird im selben Jahr Franz Mon auch siebzig. Der Mann ist interessanter, aber sie müssen alle den Grass wiederkäuen und wieder schlecht finden.
Wäre ich im Oktober 1987 anläßlich seines zwanzigsten Todestages auf die dumpfe Idee gekommen und hätte gesagt, ich mache was über Ernesto Che Guevara, hätten die mich für doof gehalten: Das ist gegessen, wird nie wieder Thema, laß die verbuddelte Scheiße! Eine metaphysisch wirksame Koinzidenz zwingt sie aber plötzlich alle am 9.10.1997 mit heller Aufregung in einen kollektiven Artikelwahn, und dann nagen sie alle gemeinsam hochwichtig an den Knochen des alten Partisanen.
Im März 1988 war Flaute. Nun also kam Erwin, und Erwin fanden sie gut. Ein in Sorge um Deutschland ernstzunehmendes

Thema, das in der Branche zündete. Der doofe Berliner ›Tagesspitzel‹ flog natürlich auch auf Erwin rein; ein hochbesonnener Dummkopf hatte sich eine leutselig hochpolitisch daherdräuende Kolumne vom Griffel geschubbert: »Oh, Erwin! Hättest du geschwiegen im Bierdunst deiner Eckkneipe! Uns wäre eine weitere Belastung der innerdeutschen Beziehungen erspart geblieben« und so weiter lustig dumpf und doof. Heute behaupten sie ja alle, sie hätten die DDR immer nur prinzipienfest geärgert und gequält, dabei galt es damals als schick und tagesspiegelbildlich vernünftig, vernünftig und freundlich zur DDR zu sein. Die um Klassen noch dämlichere ›Berliner Abendschau‹ im Fernsehn vernahm sogar schon Begrüßungsgeldbevollmächtigte vor Rathäusern, die ganz erschüttert von nichts wußten und sich beim besten Willen nichts erklären konnten.
Die von der Welt draußen nun überhaupt nichts begreifende DDR aber erklomm derweil den Gipfel der Blödheit und war wie immer sowieso beleidigt. Mann, waren die doof! Mit ein wenig Humor hätten die doch schadenfrohe Schaumschnitten draus schlagen können. Aber die moribunden Zentralkomitees brauchten ja damals diese westprotzigen hundert Westmark pro Rentner bereits ganz bitternötig, um ihre Dienst-›Volvos‹ zu betanken.
Schließlich verglimmte der blaue Quatsch in schmächtigeren ›taz‹-Spalten. Mit ein paar getürkten Fortsetzungen hätte man die Sache strecken können, aber so professionell war ich nicht. Und der Malzahn war inzwischen wohl auch von einigen Bedenken politischer Korrektnis umflort; er zog ruckartig die Flossen aus dem Feuerchen. Vielleicht hatte er Anrufe von beiden deutschen Außenämtern erhalten und machte sich nun auch Gedanken über die Flugpreise.
Nun dachte ich, jetzt weißt du, wie das funktioniert. Ein paar Wochen später dachte ich mir wieder solch eine Posse aus: Es ging um die Ladenschlußzeiten. Ein Thema, das Leiden-

schaften auslösen konnte, aber keine Weltkriege. Ich hatte mit meinem Türken an der Ecke Sonnenallee/Fuldastraße ausbaldowert, wie wir, also er und die Presse, die Ladenschlußgesetze aushebeln könnten. Wenn er nur gedurft hätte, hätte mein Gemüsetürke sofort Tag und Nacht aufgesperrt; er fegte sowieso umtriebig die halbe Nacht seinen Laden und konnte die Zwangspause und gesetzlich geknebelte Geschäftigkeit sowieso nie begreifen. Und ich war immer froh, wenn ich noch um halb acht abends um Brot und Tomaten klopfen konnte.
Was konnte man tun? Ich war damals Mitglied in einem Videoverleih geworden und fragte die nun, warum sie ihren komischen Videoladen bis Mitternacht und sogar Sonntag auflassen dürfen und die andern aber nicht? »Tja, es wird eben nichts verkauft, sondern es wird vermietet!« – Aha!
Ich lief zum Türken und sagte: »Ali, du mußt deine Tomaten vermieten!« Er ließ es sich umständlich erklären. Um die Sache in Gang zu kriegen, kopierte ich noch Clubkarten und schrieb den Artikel. Aber, wie das so ist, das Thema zündete nicht. Ali war das zu hoch, und er hatte Schiß um seinen Gewerbeschein, und außerdem interessierte der Ladenschluß eben damals noch keinen so richtig. Das Land schnarchte noch im tradeunionistischen Dauernickerchen.
Man meint oft, so als Pressefuzzi, hier hast du jetzt was ganz Tolles aufmontiert, das wird ein Knüller! – Denkste! Dann aber kommt aus einer verborgenen Ecke, auf Grund eines harmlos gemeinten Wörtchens, in einem harmlosen Artikel über ein zehnjähriges Diskothekenjubiläum, eine Lawine angedonnert, vor der du vier Monate herrennst, um nicht verrückt zu werden.
Ja, was nutzt es einem, schlau zu sein, wenn man blöd ist: Manches darf man nicht in Zeitungen schreiben; was im Buch balanciert sein kann, ist dort zu sehr entblößt, folglich vulgär, schamlos und explosiv. Die Blätter sind eben auf Spektakel und Skandal angelegt. Und bei den linken belauern sie sich

alle gegenseitig mit besonderer Lust und warten auf verirrte »Neger«; dann kommt so richtig gemütlich diffamiliäre Stimmung auf! Kampf, Kritik, Einheit! Dann darf auch ein linker Tugendwächter und Chefredakteur die Genüsse einer fristlos verordneten Kündigung schmecken. Hinterher rücken alle schön zusammen, und jeder Übriggebliebene liest seine Aufsätze fortan lieber noch mal durch, ob er nicht etwa eine »ZigeunerIn« übersehen hat.

Beim Fernsehn liegen die Dinge anders. Heute, 1997, ist es, umgekehrt proportional zum Ulk im Fernsehn, außerhalb des Fernsehns ernster geworden. Draußen nehmen sie dem Kramer (der Mann mit dem Wollhelm) und mir eine Kneipe nach der anderen weg und erhöhen dauernd die Bierpreise, da ruft

ausgerechnet der Po- und Bierkneifer Donnerlippchen aus'm Fernsehn an, ob wir in dieser Sache bei ihm auftreten! Man würde ganz fröhlich und locker über unsere Gaststättenverluste plaudern wollen. Wie kommen die da drauf?
Ich hatte mit Bernd Kramer, weil es uns nun langsam reichte, einen ausgedacht dumpfen »Interessenverband zum Schutze und immerwährenden Erhalt der Gaststätte ›Zum Goldenen Hahn‹« gegründet. Wir saßen eben oftmals bei Inge und fürchteten irgendwie untergründig, daß sie uns bald auch noch die letzten Bierlöcher in Bankfilialen oder türkische Gemüsepaläste umfunktionieren würden. Beim ›Blauen Affen‹ hatte schon ein bedenklicher Wirtswechsel und eine Preiserhöhung stattgefunden. Man mußte also Inge stärken; vielleicht unsere einstmals letzte Zuflucht.
Also ein Briefkopf mit »Interessenverband« und dann losgedröhnt: »Gemäß den Richtlinien für die Durchführung der Konvention zum Schutz des Kultur- und Naturerbes der Welt beantragen die Unterzeichner bei der Deutschen Unesco-Kommission, daß die Gaststätte: ›Zum Goldenen Hahn‹, Berlin-Kreuzberg, Heinrichplatz, als Kulturerbe der Welt in die Liste Deutscher Denkmäler aufgenommen wird.
Begründung I.
1. Die Gaststätte bildet mit ihrer Wirtin Inge, ihrer Kellnerin Diana und ihren wohlgesinnten als auch überaus einnehmenden Gästen ein einzigartiges sozial- und millieuästhetisches Ensemble. Stimmt auch!
2. Die Gaststätte ist Zeugnis noch bestehender, hochentwikkelter Trink- und Geselligkeitskultur; in ihren Räumen wird gastronomische Könnerschaft in unverwechselbarer Manier zelebriert. So ist es!
3. Die Gaststätte beherbergt singulär und epochal bedeutsame Ausstattungen: ein funktionstüchtiges Heizregister, ein Hirschschädelfragment, einen präparatorisch beachtlich ausgestopften Uhu, die treffliche Reliefdarstellung eines Schäfer-

hundhauptes, diverse Dessauer Bauhaus-Bestuhlungen sowie ein an sich und zentralheizerisch überflüssiges, aus konservatorischer Rücksicht dort aber belassenes ziemliches Ofenrohr nebst rühmlichem Allesbrenner. Nicht unerwähnt darf eine in dieser Art seltene Tischbedeckung bleiben, läßt sie doch, wenn auch in Fragmenten, die hohe Kunst der Teppichwirkerei (Anjou, frühes 13. Jahrhundert) erkennen.

4. In den Erlebnisräumlichkeiten des ›Goldenen Hahns‹ kommen, unter vornehmer Hinwegsehung über etwaige Standeszugehörigkeiten, alle Schichten der Bevölkerung zum bisweilen herzhaften Dialog oder auch alleinseligen Beträumen ihrer Alltagslage zusammen. Bacchantinnen, Alltagsjongleure, starke Raucher, behende Sozialhilfeartisten, wertkonservative Sauerländer, Mottenquäler, Herrenausstatter, Gralshüterinnen, Mund- und Fußtrinker.

Begründung II.

Die sozialpolitischen Veränderungen in Deutschland bedingen insbesondere seit 1989, daß öffentliche Räume und vollendet belebte Baulichkeiten, zu denen auch die obengenannte Gaststätte ›Zum Goldenen Hahn‹ zählt, durch gewinngierige Wühlarbeiten und Designsucht postmodern gleichgeschalteter Architekten ihrer Überlebensmöglichkeiten beraubt werden.

Die Unterzeichner verstehen sich als Radikal-Konservatoren, die Erhaltenswertes unter Einsatz ihrer psychischen und physischen Kräfte und vermittelst aller ihnen zur Verfügung stehenden Trink- und Denkfähigkeit bewahren wollen. Der ›Goldene Hahn‹ ist nicht nur seiner einzigartigen historischen Authentizität wegen bewahrenswert, sondern kräftigt auf vorbildliche Weise die sittliche Festigkeit seiner Gäste sogar langfristig und in internationaler Hinsicht. Daraus ergibt sich zwingend, daß die Gaststätte ›Zum Goldenen Hahn‹ als höchstlöbliches Unikat in ihrem jetzigen Zustande auf die Liste Deutscher Denkmäler zu setzen ist. Es wird für notwendig erachtet, daß die Unesco sich schützend und bewahrend

und ohne Einschränkung hinter die Gaststätte und ihre Kundschaft stellt.
Denn: »Ist das Trinkgefäß erst leer, macht es keine Freude mehr!« (W. Busch)
Berlin, den 1. Mai 1997
Bernd Kramer & Thomas Kapielski«
Na, lustig! Wurde gut aufgenommen bei Inge, wurde tüchtig gepietschert drauf! Und dann gaben wir so paar Kopien rum, spielten Pressemitteilung und rumms!, sprang die gemäßigte ›Bild‹-Variante ›B.Z.‹ aus dem Hause Springer an, schickte zwei ihrer netten Jungfitties mit Lehrling vorbei, und als es schon keiner mehr glaubte, kam die Doppelseite vier und fünf mit Balkenschrift: »Kreuzberger Kneipe so wertvoll wie Sanssouci?« Dazu Fotos vom Hirschen und Hunderelief, Gruppenfoto innen, Foto der Antragsteller draußen beim gestellten Annageln der Unesco-Schutzschildchen und am Hammer der Schriftsteller »Bernd Kapielski (45)«.
So. Zwei Tage Ruhe, dann Kettenreaktion. Nun allerdings nicht bei der Presse, sondern beim Fernsehn. Das ging so: Telefon: »Guten Tag, mein Name ist Sabine Unholdt von Avanti-Media-2000-Filmproductions. Wir haben von Ihrer echt lustigen Initiative im ›Goldenen Hahn‹ gehört und fanden das echt super und wollten da gleich mal vorbeikommen und eine Produktion anrecherchieren. Könnten wir uns dort gleich treffen?« – »Nö.« – »Nein?? Warum denn nicht?« – »Ich muß erst fragen, ob die das überhaupt wollen, die Wirtin und die Gäste.« – »Ja, sagen Sie mal, der ›Goldene Hahn‹ hat ja gar keinen Telefoneintrag. Ich würde da sonst gleich mal anfragen.« – »Die wollen kein Telefon.« – »Ach, das ist aber echt kraß. Trotzdem, ich geb Ihnen jetzt auf jeden Fall mal meine Handy-Nummer.« – So, so, da hatten wir jetzt eine richtig flotte informelle Mitarbeiterin aus der privaten Fernsehproduktion an der Funkstrippe. Ich wollte sie weghaben: »Moment mal, Frau Avanti, da ist noch was. Wir wollen Hono-

rar!« – »O!« – »O ja! Zweitausend!« – Betretenes Schweigen, der Beschuß mit Interjektionen fand ein jähes Ende. Kurze Besinnung und dann: »Herr Kapielski, da muß ich Sie mal zu Herrn Hochkant durchstellen.« – Knick knack: »Guten Tag, Hochhut von Avanti-Media 2000! Was wollen Sie denn mit so viel Geld?« – »Das, was Sie damit vielleicht auch wollen würden. Wir möchten bei Inge einen Bierfonds einrichten, damit auch bei Flaute unter den Armen ausgeschenkt wird.« Ab hier hielten die uns immer für voll voll und echt kraß verblödet.

Täglich klingelten mehrere solcher privaten Filmzulieferer und fanden alles total gut und echt super. Ab zweitausend Mark wurde man durchgestellt, und beim Bierfonds fanden die voll guten Absichten regelmäßig ihr Ende.

Bis Jürgen von der Lippe auch erst mal eine Tussi zum Anrecherchieren auf Kramer und mich ansetzte. Geldprobleme schienen die nun gar nicht zu haben. Im Gegenteil, sie deuteten unsere hohen Bierpreise sogar als Zeichen medialer Professionalität aus. Es sollte irgendeine Live-Sendung werden; da mochten sie sichergehen, daß die zwei kecken Kneipenretter nicht im Angesicht der vielen Scheinwerfer und Kameraonkels mit feuchten Händen dasitzen, stottern und schwitzen. Also macht man einen Probedreh, schaut, ob die Herren halbwegs fotogen den weiten Weg in die Fernsehstuben überstehen, und will auch sonst noch einiges Privates wissen, damit man weiß, wer man ist und was man fragen könnte und in welcher Hinsicht der Moderator doofer als die Kneipenretter sein könnte. Sie bereiten sich vor: Tausend Absicherungen prästabilieren die ›Live‹-Harmonie!

Ich rief Kramer an. Kramer begeistert. Mir war die Sache unheimlich. Ich hatte solche TV-Kurzauftritte schon erlebt. Man wartet den halben Tag in öden Funkhäusern; sie achten wie die Besessenen darauf, daß man sich vorher ja keinen ansäuft, und dann wirst du in der Maske mit einem Puder be-

strichen, der für dreißig Minuten die Schweißdrüsen außer Funktion setzt.
Und dann sitzt du da, im gleißenden Licht, und weil der Schweiß ja irgendwo raus muß, tropft er um so stärker aus den Hosenbeinen und bildet unten peinliche Pfützen. Ein gutlauniger Profi tritt auf, labert voller Begeisterung in den Kameraschacht mit der roten Lampe und schießt seine Salven ab. Dann fragt er was Unklares, du sagst: »Ja, schon…«, und das war es dann schon! Sie beklatschen dein »Ja, schon, ä…«, und dann kommt auch schon der nächste Patient hereingegrinst, um sein »Ja, aber, ä…« von sich zu geben. Dann darf man ein Taxi in ein Mainzer Hotel nehmen und sich auf eigene Rechnung an der Hotelbar besaufen. Mit dem etwas später eintreffenden anderen »Ja, aber«-Mann hockt man zwischen gemütskranken Vertretern und macht Manöverkritik: »Nächstesmal muß man gleich, ä, dazwischenreden und seine wichtigen Sachen sagen, wa?!« – »Genau!«
»Kramer«, empfahl ich, »das lassen wir lieber! Gegen die Säue kommst du nicht an. Da geht's um den Lippe und nicht um uns.« Um im Fernsehn zu bestehen, muß man eine gewisse

Stärke haben. Die kann man sich antrainieren, aber es ist auch eine gehörige Portion Naturtalent nötig. Den Wolfgang Neuss schafft nicht jeder! Und wenn man frech wird im Fernsehn, dann ziehen sie dir das Mikro runter und schalten die Kamera auf eine andere Grinsbacke, da kannst du rumfuchteln, wie du willst. Dezente Herren führen dich notfalls nach hinten ab in die Kulissen. Ich hab es erlebt.
Wir waren uns schließlich einig, wir machen das trotzdem mal. Das wird schon! Dann schickte Kramer zur Anrecherche seinen anarchistischen Verlagskatalog und seinen verferkelten ›Schwarzen Kalender‹ mit hin, und das Problem war erledigt. Eine freundliche Absage, und man hörte nie wieder was von Donnerlippe.

Davor kommt noch

Gottesbeweise IX–XIII

IX.
Kunst ist schlimmer als Heimweh

Leicht kommt man an das Bildermalen,
Doch schwer an Leute, die's bezahlen.
Wilhelm Busch, Maler Klecksel

»Stimmt das?«
»Nichts stimmt mehr!«
»Stimmt!«
Dialog im ›Affen‹

»Was stellst du dir unter Kommunikations-
design vor?«
Bernd Kramer: »Blaues Auge!«

Wenn Sport der Bruder der Arbeit ist,
dann ist Kunst die Cousine der Arbeitslosigkeit.

1994 hatte ich groß angekündigt, nur noch Bücher schreiben zu wollen. Keine Kunst mehr! Schon im ›Aqua botulus‹ groß schwadroniert: Nie wieder Pinsel, Pinsel sind doof! Prompt kam die Offerte: Valentin-Museum in München! Glasmeier hatte das hochgekurbelt und irgendwo beiläufig, so von Fahrrad zu Fahrrad, verkündet, daß es jetzt einen langen Marsch des Kapielskischen Gesamtkunstwerkes auf die Kunst- und Feldherrenhallen in München geben würde! Und da dachte ich gleich, das wird doch nix! Da brauchst du also auch nicht gleich nein sagen und ihn enttäuschen! So was erledigt sich von alleine.
Dann natürlich doch so ein wenig am Bauche hervorgepinselte Empfindungen: Warum eigentlich nicht? Ist doch sehr schmeichelhaft so eine Werkausstellung zu Lebzeiten. Man hätte es auch mal verdient!

Außerdem hatte ich so etwas tatsächlich schon mal miterlebt, in München. Keine Werkausstellung zu Lebzeiten, das nicht, aber einen Marsch auf die Feldherrenhalle! Und das war als Wiederholung einer weltgeschichtlichen Tragödie weniger Farce als famos! Und geschah Ende 1995. Ich hatte gerade um die Ecke in der Residenzstraße Schnürsenkel bei ›Eduard Meier‹, dem feinsten und ältesten deutschen Schuhhaus der Welt, gekauft – die sind einzigartig, fünffach gezwirnt, gewachst und poliert, und dann gönnte ich mir noch so einen speziellen Hirschknochen, einen sogenannten Shoebone vom Vorderlauf der weiblichen Hirschkuh, den der Kenner zum Lederkratzer-Rausrubbeln braucht –, und so laufe ich nun mit einem weiblichen Hirschknochen und zehn Paar Schnürsenkeln in der Plastiktüte mit dem Ziel ›Pfälzer Weinstuben‹ zum Odeonsplatz runter, da zottelten auf einmal tausend Kinder mit Laternen und vereinzelten Muttis dazwischen leibhaftig die Ludwigstraße runter und marschierten stracks auf diese Feld- und Kunstherrenhalle zu, wie weiland der Braunauer Aquarellist, aber aus anderen Gründen, nämlich »wegen St. Martin«, wie eines der Gören und Elementargeister vermeldete, so daß mich sofort ein Mirum, ein numinoser Tremor ob solchen Irrwitzes anflog und ich mich deswegen in den Prozessionszug als wohlmeinender Rübezahl spontan mit einreihte.

Im Gegensatz zu Zwergen sind Riesen doof, und obgleich ich es nun hätte besser wissen müssen, dachte ich, na ja, Glasmeier, so was lassen wir mal lieber. Valentin-Museum! Du meine Güte! Eine solche Jugendbewegung vermag ich nicht mehr auszulösen.

Nun befand sich der Glasmeier aber damals in einer sehr ernsthaften Trockenperiode und à conto dessen war auch sein ganzes Familienleben am Rütteln und Schütteln, was bekanntlich die eigene Segmentierung oftmals gründlich umwälzt; wobei es ernst wird und man entweder versinkend zugrunde

geht oder der Sache sich versenkend derart auf den Grund geht, daß man bald wieder wohlauf und neu sortiert dem Leben ein erholtes »Guten Morgen, Erdball!« zuwerfen kann. Ja, und dann pest man auch sehr früh schon am Tag frisch durch die Gegend und absolviert Pensen, die sonst nicht machbar sind.
Dann war er damals auch schon mit dem Doktortitel versehen, und die Familie, das sind Verpflichtungen, da muß eine Berufung her, bevor die Dissertation anfängt zu schimmeln und Frau und Kinder verhungern. Und so was muß eben erarbeitet werden. Da muß man dann als Kunsthistoriker doch eine Strecke lang ächzen und Vorworte schreiben wie besinnungslos und muß Ausstellungen anleiern, wie ein zirzensischer Tellerjongleur. Aus Sorge ums Leben wird man zum Curator, so ist das, und deshalb heißen sie so! Also, da kann man nicht mehr den ganzen Tag beim Rotwein Mozarteinspielungen von Harnoncourt dirigieren. Oder umgekehrt.
Egal! Ich sehe das inzwischen auch ein und dirigiere nur noch Sonnabend und Montag jeweils einen Frühschoppen und einen Stammtisch und zu Hause, im Anschluß daran, meist auch noch die Zauberflöte von Arnold Östman vor dem Korridorspiegel. Auf den verschleppten Höhepunkten solcher Sams- und Montagsabstürze schmettere ich dann auch schon mal, zum Schrecken meiner Topfpflanzen, einen dieser durchtankten Liederzyklen von Michael Schumacher oder wie der heißt. Und dann folgen, je nachdem, sehr beschämende Luftgitarren- oder Luftbratschensoli.
(Ich bin ein großer Freund der Bratscher und Bratscherinnen und mußte mich mal dienstlich mit Bratschenwitzen und diesen armen ›Tuttischweinen‹ befassen. Alle diese Witze waren gemein, außer der von Angelika Maisch, die selber Muckenharfe spielt und eine Variante zu einem Subdominantenwitz entwickelt hat. Nämlich: zwei Bratscher eines Tanzorchesters; fragt der eine: »Du, was ist eigentlich die Dominante von G?« – »Wieso? G ist doch die Dominante!«)

»Also, Herr Kapielski, machen wir jetzt noch Kunst oder nicht?« Ganz eindeutig: »Jein!« Denn folgende Brenzligkeit galt es im Auge zu behalten, wie Hämorrhoiden, was auch gebückt nicht so einfach ist. Nämlich: Früher, wohlgemerkt, also vor Einbruch der Heikelkeit, früher war ich zu künstlerischem Behuf mit mehr Kraft und Einsatzfreude ausgestattet; die Dichtungen hielten mehr, weil ich damals sehr angefacht war von den Möglichkeiten freimütig erweiterter Theorieausstattung vermittelst Kunst. Fortsetzung der Grübelei mit anderen, möglichst aber unaufwendigen Mitteln. Weswegen mir die heiter durchdachten Kunststücke von Tomas Schmit selbstverständlich näher lagen als irgendwelche Schräglitze oder Filzmeister. Und das lief dann bei mir eine Strecke lang auch wie geschmiert. Jeden Tag ein gutes Werk! Wenn dann auch etwas Ruhm und Rubel einen anwehen, die Freizeit zum Hobby wird und man sich fragt, ob man nicht auch mal so eine wichtige, schräge Filzsache bauen sollte, für Geld und Ruhm, dann ist es schon zu spät. So kam es dann mit meinen Kunststücken an eine Ekelgrenze. Also Edeka! Ende der Karriere! Feierabend! Ich konnte ab da irgendwann keine Kunst mehr sehen, weil sie einen eiteldummen und sehr ansteckenden Systemfehler mit sich rumschleppt, den nur wenige, meist dämonisch veranlagte Menschen, vermeiden und ganz wenige, divinatorisch begabte, überhaupt bemerken können. Das sind dann wahrhaft große Künstler; sie beziehen Kräfte aus der Vermeidung oder Verachtung dieser Kunstfehler. Da hat Dieter Roth sich achtbar dran abgearbeitet, und die Fluxusleute haben es sich etwas leichter gemacht, was auch sehr schwer ist! Ich brachte gegen Ende nicht mal mehr eine letzte ästhetische Drehung zustande, wie noch Timm Ulrichs mit dem Blindenhund; der dann wohl doch nicht ernst gemeint war: denn der Mann macht unbekümmert weiter.

Solche Kunstwerke, wie sie heute üblich sind, kann ich gar nicht fertigstellen. Dazu fehlen mir Könnerschaft und Unver-

schämtheit. Ich beließ es daher besser bei gelegentlichen Bierdeckelskizzen und kletterte doch lieber wieder kunstlos durch die Irrenhäuser Hegels, anstatt im Kreis durch doofe Galerien. Und ging auch lieber wieder richtig arbeiten. Ich wollte einfach austreten aus dem Verein. »Schluß! Aus! Bumm!« Es mußte eine dringende Kunstpause her. Oder die war einfach von alleine da. Man braucht ja bloß nichts mehr machen, da hat man seine Kunstpause!
Dazu zum Schluß noch ein Wort zum Schluß: Man muß nichts ewig machen! Mal abgesehen davon, daß es ja prinzipiell gar nicht geht. Und man soll auch nichts ewig machen. Es ist immer gut, Abschlüsse zu machen (sagte schon Mutti!). Und irgendwann macht sowieso mal jede Branche dicht. Da geht meinetwegen einer weit fort und vor Hunger und Durst in den Bergbau. Dann wird ein Leben lang beim Fressen und Saufen gemeckert, die Scheiße da unten, beschissene Maloche, der Staub, der Dreck, dat Dunkel. Dann kommen aber auch diese Kompensationstauben geflogen, der Brieftaubenmief und dann schunkeln sie gerne: »Solange unsre Tauben fliegen / zwischen Wuppertal und Siegen«. Da ist man dann schon eingerichtet. Und wenn dieses ewig beklagte unterirdische Rumgekratze plötzlich eingestellt wird, machen die plötzlich einen ›Motorradkorso‹ (sic!), weil sie nun bitte doch lieber die Staublungen möchten.
Du liebes bißchen! Muß so was sein? Kann es keine dezente Verabschiedung geben? Eine Einsicht in den Fortlauf der Anfänge und Enden und daß auch mal Schluß sein muß? – Mit allem!? Also sagte ich zu Glasmeier prinzipienfest und geläutert: »Nein, ich hab mir das überlegt, ich mache diese Ausstellung also doch! Ich habe mir sogar ein paar neue Sachen ausgedacht! Ick trete wieder in die Künstlersozialkasse ein, und dann kann's richtig losgehen!«
Denn das mit dem Karl Valentin war äußerst schmeichelhaft, das war ja ›Pour le mérite‹, ›Friedensklasse‹, und es gab seit

achtundsiebzig ein doch beachtliches Kapielskisches Früh- und Gesamtwerk, welches außer von Petersen in Berlin und Hundertmark in Köln so richtig üppig nie präsentiert worden war. Ein Künstler hat einen exhibitionistischen Drall und eine Sinnsucht. Und so wurden diese alten Schwärmer mit noch allerhand Neuheiten tatsächlich 1996 nach München verfrachtet, alles schön in Luftpolsterfolie, Schaumgummi und Pappkartons verpackt und mit fetzigen »Vorsicht Kunst!«-Klebern versehen.

Diese professionelle Verpackung gibt dem Zeug ein ungeheures Selbstvertrauen, tatsächlich mehr noch als die eigentliche Ausstellung. Dann gab es sogar noch eine Hochkasko-Vollversicherung. Wenn jemand das Zeug angesteckt oder mit Salzsäure überschüttet hätte, wäre ich zum skandalumwitterten Krösus mutiert! Man hatte schon Überlegungen diesbezüglich angestellt. Als der Kram wiederum vornehm verpackt und unversehrt zurückkam, habe ich nicht vermocht, ihn wieder auszupacken. Da schlägt ein Aspekt des Warenfetischs voll durch ins schier Erhabene, ins Schöne, ins schlicht Baumgärtnerische. (Es soll hier nun aber bloß keiner vermuten, daß ich dem »Verhüllen« etwas abgewinne!)

Im Winter, es muß erwähnt werden, weil es so arschkalt war und man sich uns beide die ganze Zeit über als Mantel und Pudelmütze vorstellen muß, reisten Glasmeier und ich in Mantel und Pudelmütze zu einer halbamtlichen Vorbesichtigung und Vorbesprechung mit Handschlag nach München. Ein komischer Nachtzug, ein ›CityNight‹-Quatsch und eine neuerliche Zumutung mit Binnenmajuskel war es, womit wir über Nacht nach München reisten und wo alle widerwärtig die halbe Nacht in Bademänteln und Frotteeschluppen durch die Gänge in die Barwagen und Naßzellen wichtelten.

Ich konnte nicht eine Minute schlafen, versuchte es mit Bier, mit Baldrianpastillen, dann wieder Bier. Hatte keins mehr, zog mich also ordentlich an und drängelte mich mit der Pudel-

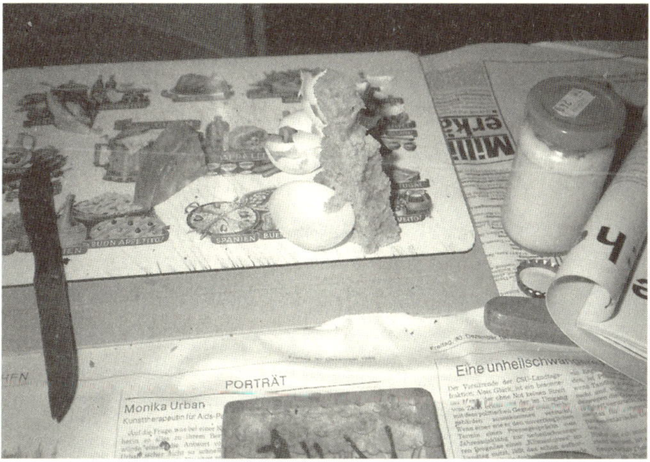

mütze zu einem Barwaggon vor, wo sie wieder alle ungeniert in ihren Schlafanzügen hockten und die Sauna raushängen ließen. Furchtbar.

Ich entschloß mich dann, die Schlaflosigkeit zu ertragen, und machte mir im Liegen Gedanken über Deutschland und die Zukunft seiner Eisenbahn, während Glasmeier tief und fest von Weinproben träumte. Nicht gut. Danach lieber über Ausstellungskonzeptionen und Hängetechniken. Danach über meine Bettnummer 124 und den neuerlichen Beweis auf die verblüffende Gültigkeit des ›Benfordschen Gesetzes‹, wonach niedrige Zahlen häufiger vorkommen als hohe. (Für Ziffer n gilt log(n+1) – log (n) wobei n=1 die höchste Wahrscheinlichkeit vor 2, 3 usw. bis 9 aufweist.) Danach über Geschlechtsverkehr und Oxytucine im weitesten Wirksinne. Danach über Hotels und Frühstücke im schlechthinnigen Sinne. So ertrug man den Scheiß. Man kann natürlich auch so formulieren: Das Geschickliche im Geschick ist, daß es sich in die je eigene Schickung schickt. Gerade auch während einer solchen unschicklichen Verschickung in Nachtzügen.

Morgens, vor München, rückten sie alle wieder froh geduscht

in Bademänteln und mit krankhaft ausgeschlafener Frühstückslaune nach vorn an ihre O-Säfte in den Frühstückswaggon, während wir – Gott sei Dank! – gleich ungefrühstückt ausstiegen und durch die kalte Dunkelheit in das für uns reservierte Hotel eilten, wo ein Arbeitsfrühstück mit Wolfgang Till vom ›Münchner Stadtmuseum‹ stattfand.
Im Hotel! – Ich dachte, ich spinne! Hätten wir nicht gleich hier im Hotel schlafen können? Nun, auf amtlich-professioneller Ebene sind solche Aberwitze und Geisterbahnfahrten Geschäftsalltag, sofern man noch nicht die Klasse der Flugberechtigten erklommen hat. Man hatte natürlich, außer mir natürlich, gestern nachmittag in Berlin natürlich noch allerhand Hochwichtiges zu tun und mußte natürlich nachts reisen. Und Glasmeier soff den ganzen Tag seinen Mokka und konnte dann im Zug trotzdem schlafen; ein ungerechtes Wunder! Und mir hingen die Augenringe von kurz unter der Pudelmütze bis in den Rollkragen runter.
Also ein etwas malades Arbeitsfrühstück. Bild mit drei Herren: ich, der diesbezügliche bzw. anberaumte Künstler, duckte mich im Frühstücksraum matt über meine Schmelzkäseecke und schmierte sie unausgeschlafen, aber gekonnt pastos in eine Semmelhälfte, während Glasmeier mit seinen berüchtigten Lachern das Hotel beschädigte und der Direktor des ›Münchner Stadtmuseums‹ und Vorgesetzte des ›Valentin-Musäums‹ Dr. Wolfgang Till vor Rührung heulte! Was damit zusammenhing, daß er seine Kontaktlinsen irgendwie falsch gespült hatte. So kam es mit ihm zu einer tränenreichen Übereinkunft, und dann wurde schon geraunt, wir müssen jetzt noch ins ›Valentin-Museum‹ zur dortigen Abteilungsleiterin Frau Köhl, und ich dürfte in keinem Falle mehr »Valentin-Museum« sagen, sondern nur noch »Valentin-Musäum« und Valentin immer schön mit Vogelvau, und zwar nicht wie Vase, sondern wie Phase! Also »Phalentin-Musäääum«! Sie prüften mich ein paarmal, dann ging's los zur Köhl in den Turm.

Das schien irgendwie eine vitale Klippe zu sein, eine allerdings, sie beruhigten mich, zu vernachlässigende. »Das wird schon! Hauptsache: Phalentinmusäääum!« – »Ist in Ordnung!« – Aber so ganz einfach konnte es nicht sein mit der Schroffe Köhl, denn Glasmeier hatte, das wußte ich, mit ihr schon Karambolage gehabt, weil er früher mal, in seinem Valentin-Buch, das eherne Musäumskonzept gerempelt hatte und damit auf die Liste der Feinde der Freunde des ›Valentin-Musäums‹ und Rächer des ›ä‹ und Vogelvaus gelangt war, anstatt ein korrektes Phalentin-Büch zu schröiben.
Nun, ich dachte, egal, die Frau Köhl macht mit oder nicht. Wenn nicht, dann eben nicht. Das wird mir nichts anhaben, denn es muß nicht sein. Also: »Schaung ma a moi! – Dann seng ma's scho!«
Wie stellt man sich ein Museum vor? Viereckig ist ja nicht mehr selbstverständlich, aber auf Grund meiner eidetischen Vorarbeiten im Nachtzug war das nun doch ein Hammer Jubelbrand: so wie es nun war! Seltsam: Rien n'arrive ni comme on l'espère, ni comme on le craint. Mit anderen Worten: Hier, wie überhaupt, kam es anders, als man glaubt! Nämlich rund. Das Musäum war rund! In zwei alten Stadttortürmen untergebracht; dazwischen lief über'm eigentlichen Portal eine Brücke, von der man heißen Teer auf die nach München hereinquellenden Touristen gießen konnte. Es gibt zu diesem an sich tadellosen Stadttor nun aber längst keine Stadtmauer mehr. Das Tor steht völlig isoliert auf einer dämlichen Verkehrsinsel rum und kommt sich ziemlich blöd vor; oder Tore kommen sich wahrscheinlich eher töricht vor, während sich der blöde Verkehr drumrum leider gar nicht verkehrt vorkam, sondern dumpf und real drum herum hupte. Also mal wieder so ein verwackelter postmoderner Schnappschuß und stadtplanerischer Wolpertinger, das Ganze.
Innen waren die zwei dickleibigen Festungsröhren vollgestopft mit den ganzen blauweißen Valentingirlanden und Valentin-

sachen, den komischen bayrischen Bierideen und sonstigen Rummelpauken, und irgendwo rieselte wohl auch einem ausgestopften Sägefisch das Sägemehl aus dem Arschloch, während Schulklassen wie toll durch die Treppenschächte tobten. Alles ein wenig angegammelt, ein Kuriositätenkabinett für verregnete, langgezogene Sonntagnachmittagsunternehmungen, und da quetschen sich dann die schweinswürstelgemästeten Mitteleuropäer und Bayernväter in Freizeitkleidung die Wendeltreppen der kleinwüchsigen Rittersleut auf und ab, und ganz oben gibt es die Weißwurst im ›Bräustüberl‹. Da streben sie hin, die Ausflugsmeuten! Deswegen kommen sie in Strömen.

In einem der Türme, dem, von rechts gesehen, linken, war ein Scheibensegment für wechselnde Ausstellungen vorbehalten; da sollte sie nun stattfinden, die Ausstellung des Kapielskischen Gesamtwerks. Es standen dunkelrote Stellwände drin mit so komischen Kugelleuchten dran und oben, ringsum, hing solch bayrisches Wiesenlametta mit Geigen und Trompeten aus Pappmaché an der Wand; der übliche blauweiße Plunder, was alles sehr ungewöhnlich war, mich aber alles auch wieder nicht störte, weil dieser edelweiße Galeriemuff dann doch das Hinterletzte ist, und dies hier war wenigstens das Vorvorletzte. Mit anderen Worten, mir gefiel das! Ich würde mich als Künstler der Herausforderung einer Ritterspelunke stellen müssen. Wann muß man das schon mal? Die Kuratoren waren beruhigt, denn Tomas Schmit, nehme ich mal an, auf seine sympathisch intransigente Art, oder irgendein wiederum aus anderen Gründen verstörter Immi Knödel oder was, die hätten das nicht mit sich machen lassen; die brauchen dann doch die weiße Wand, den neutralen Raum oder den Würdeschub der Museumslaura.

»Wie aber, bitte, soll ich Bilder an runde Wände nageln?« – Glasmeier beschwichtigte: »Mit langen!« – Kapielski staunte: »Hämmern?« – »Nein, Nägeln!« – Na jut.

Wir begrüßten nun die Frau Köhl. Wie präfiguriert man sich

im Schlafwagen eidetischerweise so eine Musäumsleiterin und Frau Köhl zurecht? Man läßt besser alles offen! Ich wußte ja auch, daß sie schon im besten Mannesalter gewesen war, und da ersparte man sich die Vergeudung erotischer Vorstellungskräfte sowieso. Also: mal sehen. Und da stand sie nun. Ich fand sie gar nicht unsympathisch: gestandene Frau, freundlich, Temperament, große Münchenkennerin und Münchenmenschenkennerin, wußte natürlich alles über Valentin, über Weiß Ferdl und die alle, kannte jeden Brezelkorb, jede Arschritze von München. Sie machte auch einen irgendwie praktischen Eindruck – beim Fastnachtstanz der Marktweiber auf dem Viktualienmarkt wäre sie allemal durchgegangen –, und sie war eben eine quadratisch gute Dame und gar nicht so, wie die allumherpömpsenden Galerie- und Museeums-Ischen sonst überall.

Jeder begrüßte nun jeden, man strahlte blödsinnig der Reihe nach in alle neuen Gesichter, und dann wetzten wir im Gänsemarsch der Köhl durchs ganze Burginnere hinterher und stiegen schließlich hoch in dieses ›Bräustüberl‹ zur Weißwurst, wo beim Weißbier alles wie unter Roßhändlern per Handschlag besiegelt wurde. Wobei mir schon auffiel, daß Till und Glasmeier sie wie ein rohes Ei behandelten. An der Dame war kein Vorbeikommen, sie gehörte zum Inventar, sie mußte bei Laune gehalten werden.

Na gut. Warum keine Dame nicht bei Laune halten!?

Paar Monate später erneute, nunmehr hochamtliche Reise nach München, zum Aufbau, zur Eröffnung. Olle Glasmeier wieder dabei. Die Kunsttransporte draußen im Möbelwagen, wir im ›ICE‹ am Fensterplatz im Auslug nach zufällig vorbeirauschenden Möbeltransportern: »Da! Das muß er sein!« – »Ach, i wo, der is viel zu klein!« Wie im Kinderfilm.

Dann alles au point zum Doppelturm, alte Ausstellung raus, neue rein. Tschechische Karikaturen raus, Kapielskis Lebenswerk rein! Madame Köhl, die große Turmherrin, kam runter, zack, in so einer strammen Trevira-Skihose mit Bündchen, und wieder hoch. Und wieder runter. Unglaublich! Dadurch, daß sie nun Jahrzehnte durch diese Türme gefegt war – früher auch noch Hannes König, der verstorbene Erz-Valentin-Verwäser, hinterher oder vorneweg, je nachdem –, hatte sie eine unfaßbare Behendigkeit im Besteigen dieser wirren Wendeltreppen und war an allen Orten zur gleichen Zeit. Eine hochalpine Klabauterfrau!

So. Jetzt fummelten Glasmeier und ich da an diesen ausgeschäumten Stückgütern rum, knoteten dort ein Schnürchen auf und hier eins zu, zack!, war sie wieder da, mit Schmalzgebäck und Thermoskanne, sprach ein paar unverwüstliche Münchener Aufmunterungsquisquilien, irgendeinen strahlenden Wiesenschmus, eine »Bei uns hat noch nie koana koan Durst net leiden müssen!«-Formel und entschwand unmittelbar darauf in einem der Treppengewinde und preschte von hinnen.

Ich hatte ja nun schon meinen beinahe tödlichen Kaffeekollaps im Krankenhaus zu Schleiz hinter mich gebracht und mied das Gift, aber Glasmeier soff die Liter dieses Hausmokkas in unfaßbaren Mengen, fraß auch das Fettgebäck schön auf, damit gut Wetter mit Burgfrau Köhl werde, und rauchte, wie es nur möglich ist bei Leuten, die zwingend dem Alkohol entsagen, während ich mir hin und wieder ein Helles ins Gefries steckte und unter Absingen der FDJ-Hymne »Bau auf! Bau auf! Freie Deutsche Jugend: Bau auf!« lange Nägel mit kurzen Hämmern in runde Burgmauern trieb.

So packten wir das Kapielskische Gesamtwerk wacker an den Luftpolsterfolien, die man so schön knacken kann, und knackten auch, knack! knack!, immer wieder mal ausgelassen so ein Bläschen, während wir, knick knack!, alles schön gleichmäßig in der Rotunde verteilten, wodurch es sogar ein wenig an Tübkes Frankenhausener Bauernkriegskessel am Kyffhäuser erinnerte und entfernt auch durchaus an die römische Minerva Medica! Eben das Runde so, und Baumgarten wieder.

Die Köhl machte ihre viertelstündlichen Kontrollflüge, apportierte die Kaffeenachschübe für Glasmeier, kippte dem Glasmeier auch mal beschwingt die Stummel aus der vollen Thunfischbüchse in eine Sammelstofftüte, pinselte sie mit einem speziellen Aschenbecherputzpinsel sauber und brauste wieder davon.
Jetzt hatte ich schon mal alle Kunst so im Rundbau verteilt, daß eben alles schön gleichmäßig verteilt war. Das macht man so. Man hängt nicht alles in eine Ecke, und der Rest bleibt frei. Das sieht nicht aus. Oder aber man hängt alles in eine Ecke und nennt die Ausstellung ›Alles in die Ecke!‹. Ein ziemlich blöder Einfall; was nicht heißt, daß es nicht doch mal einer macht! In der modernen Kunst gibt es reichlich Verzweiflungsakte aus Mangel an guten Ideen. Man verteilt also doch besser alles gleichmäßig im Rund und braucht es dann trotzdem nicht ›Alles gleichmäßig verteilt‹ zu nennen, weil es der Normalfall und somit nicht weiter erwähnenswert ist. Ich muß allerdings hinzufügen, daß ich doch drauf und dran war, der Ausstellung den Titel ›Verlust der Ecke‹ zu geben. Auch weil ja die Feldherrenhalle, die versprochene, eine scharfe Ecke ist, nämlich Theatiner Ecke Residenz, und nun saß ich hier im Dampfkochtopf mit Schießscharten ohne Ecken.
Alles hing oder stand nun schön gleichmäßig verteilt. Man hatte diese plötzliche Übersicht, konnte hier und da was umrangieren und konnte im Turm im Kreis drum herum laufen. So oft man wollte. Es waren viele Sachen, die ich Jahre nicht gesehen hatte, und da wurde es mir doch ziemlich klar, welch famoser Kerl ich einst gewesen war! Der frühe Kapielski hatte Klasse gehabt! O ha! Das war mir jetzt deutlich! Und die Neuheiten waren auch nicht übel! Ich kreiselte mich also in so ein Schwipsstadium des Größenwahns hinein, immer rum um Block, rum um die Schinken und Skulpturen, und dachte schon in Anbremsung eines völligen Irrtums: »Nun mach mal halblang, Kabolski!« Als Glasmeier nun, gottlob!, auch sehr

begeistert tat. Allerdings mußte er das auch! Als Kurator. Er hing mit drin; da war nichts mehr zu machen. Und die Köhl hing auch mit drin. Da war jetzt nichts mehr zu stoppen.
Man merkte nun aber bereits, daß umgekehrt proportional zu meiner Begeisterung über das Eigenwerk die Kontrollflüge der Köhl häufiger und gründlicher, ja, besorgter wurden. Als sie dann wieder in den anderen Turm rübergerauscht war, sagte Glasmeier, der da seit Stunden umständlich mit der Rahmung eines Fotos und natürlich mit Fluppen, Käffchen und dem Verzehr ausgezogener Knienudeln beschäftigt war: »So was hat die noch nie gesehen!« – »Ich fürchte auch.« Na, sie sagte jedenfalls nichts, wog nur manchmal gedankenvoll die Dauerwelle und sah mich immer mal wieder verwundert an. Es war aber keineswegs das Stielauge des Entsetzens, eher besorgte Nachdenklichkeit eines Menschen, der die Welt über die Kategorien des gestandenen Valentinverwesers begreiflich zu machen und schwindelfrei zu betrachten bemüht war. Eben ›Kaminkehrer bei Nacht‹ und so, das war so ihr Wahrnehmungsapriori. Ansonsten paßte sie natürlich auf, daß wir ihre Burg nicht mit Installationen, Performances, Action Paintings, blauer Reiterei oder kurzen Hämmern kaputtmachten. Wie es eben bei Herbergsmüttern üblich ist. Und auch sein muß! Sonst wird das alles nichts!
»Fertig!« Alles hing nun schön, hatte sein Namensschildchen mit Baujahr unten dran, und es gab auch den druckfrischen Katalog mit dem ein- und bedeutsamen Titel ›Nach Einbruch der Nüchternheit‹ in alsbald fortgebleichtem Schreckensrosa und in bedenklicher Auflage.
»Komm Se doch mal mit auf'n Bier, Frau Köhl!? Wir hams verdient! Und Sie hams och vadient!« – »Nein«, die Köhl wollte jetzt noch mal durchwischen, war froh, daß es nun fertig war, und mußte noch den Rest für morgen besorgen; was so zu tun ist: Stühle hin, Aschenbecher her, Weingläser kopfüber in militärischer Aufstellung auf weiße Tischdecken und Vitri-

nen verschließen, Feuerlöscher aufstellen, Hammer wegräumen. Also: »Servus! Bis morgen.«
Und nun ging es nach getaner Arbeit zur Belohnung erst mal mit Freund Glasmeier in den ›Straubinger Hof‹ zum Kalbsnierenbraten, und dann folgte, da der Berg rief, auf meinen besonderen Wunsch, der Aufstieg zum Nockherberg, Glasmeier immer überall das Kännchen vor Augen und ich die Maß Starköl, jedem das seine Gefäß. Zur Bedienung sagte man schlicht: »Kommen!« – »Warum das?« – »›Bitte‹ würde nur irritieren«, ließ ein Gamspinsel am Nebentisch verlauten. Vor ihm stand seit Stunden ein unberührter Schweinebraten. Gegenfrage: »Warum essen Sie den nicht?« – »Zu weit weg.« – Ein gelungener Abend! Es folgten Gaudi der Kategorie »mords«! Es wurden jetzt die Lederhosen hochgekrempelt! Man ließ sich richtig gehen, versackte als Berlintourist unter anderen Japanern und Amerikanern schön dumpf in diesem mit Bläsern arrangierten Schwachsinnsmodder und Starkbierqualm und bestieg Stühle, um dem eigenen Gesang mehr Gehör zu verschaffen. Unfaßbarer Schwachsinn wurde gegrölt. (Linguistische und blasphemische Aspekte der bayerischen Mikturition und amerikanischer Toilettenkritzeleien, in: Maledicta. The International Journal of Verbal Aggression, Band 12, 1996) Irgendwann kam Glasmeier da formal wie inhaltlich nicht mehr mit. Klar, man kann schlecht mit der Espressotasse auf Biertischen Männchen machen und dazu rhyth- und hymnisch das Glied raushängen lassen. Irgend so was passierte nämlich. Ich machte den armen Glasmeier ziemlich verrückt. Er wich mir aber nicht von der Seite und sprach irgendwann resigniert: »Kapielski, tu doch, was du willst!« Daraufhin sagte ich: »Ick will gar nich tun, wat ick will! Ick wär zufrieden, wenn ick immer wollen würde, wat ick tue!« Eine für meinen Aggregatzustand schon sehr erstaunliche Innenbeleuchtung! Und irgendwie mußten wir doch noch in den ›Blauen Bock‹ gelangt sein, denn am nächsten Morgen lag ich im ›Blauen Bock‹!

Am nächsten Vormittag war die Ausstellungseröffnung auf elf Uhr elf avisiert. Natürlich immer diese fundamentalvalentinschen Faxen mit 2,99 Eintritt und Kinder über 99 Jahren in Begleitung ihrer Eltern, diese dumpfen Kichergrillen und vor Urzeiten abgedampften Bierschwärmer à la »höhö!« Je nun. Wenn du der Burgherrin Köhl da mit Bedenken kommst oder an diesem neckischen ›ä‹ rumzerrst, hast du lebenslanges Hausverbot; das war mir eingeschärft worden. Machte man also nicht. Gehörte sich auch nicht.

Im übrigen galt: 1) Sei freundlich, du bist zu Gast! Und 2) gönne dem Volk seine Gaudis! Die Münchener lieben diesen Schmus, die Türme sind voll! Und 3) auch Doofe wollen und sollen lachen!

Und ich hatte ja gestern im ›Augustiner‹ und ›Paulaner‹ selbst jeden Scheiß begrölt und beklatscht wie ein Bekloppter. Ein-Mann-kommt-zum-Arzt-Sachen und Neger neben Scheißhaufen: »Dein Kumpel ist zusammengebrochen!« O mei! Ich wollte es erst nicht recht glauben, aber Glasmeier hatte alles genau mitbekommen und als Kurator ertragen müssen, weil ich ja für den nächsten Tag gebraucht wurde und er das, im Falle seiner Abwesenheit, für nicht gewährleistet hielt, nämlich meine Anwesenheit am nächsten Morgen. Er war der Kurator und mein Psychopatenonkel! Und betrieb nun die nötige Seelsorge an seinem freischaffenden Kunsttrinker und hatte mich irgendwie auch erfolgreich zurück in den ›Blauen Bock‹ getrieben!

Also früh sieben Uhr, ich liege etwas erschöpft im ›Blauen Bock‹. Sie legen einen nämlich immer in den ›Blauen Bock‹, wenn man mit dem ›Münchner Stadtmuseum‹ zu tun hat; eine hessische Lachnummer: »Wo wohnst du in München?« – »Im ›Blauen Bock‹, höhö!« Und dort dampfte ich nun in Einzelzimmer dreiundzwanzig meine Oktoberfestbembel vom Vortag aus und pißte gerade ins Waschbecken oder stellte wieder Benfordsche Vermutungen zur Zimmernummer auf, als es mit

einmal um sieben Uhr früh entschlossen gegen meine Blaue Bocktür donnerte.
Nein, um Viertel vor sieben hatte erst mal das Telefon geklingelt, drei kurz, drei lang. Leckt mich am Arsch! Das wurde ignoriert! Dann, viertel Stunde später, neunmal mächtiger Donnerschall und ›SOS‹ an Zimmerpforte dreiundzwanzig. Ich dachte: »Scheiße!« Vielleicht ist die Köhl von der Wendeltreppe gefallen, oder der Turm ist umgekippt, oder der ›Blaue Bock‹ brennt, oder die Ausstellung fällt wegen Windpocken aus – da ist es also ein Notfall, und da mußt du in jedem Fall aufsperren!
Dann fiel mir noch ein, dieser Samuel Morse mit seinen komischen Morsezeichen, das war ja an sich und von Profession ein echter Kunstmaler gewesen! Weiß kaum jemand! Es mußte also draußen ein Klopfer sein, der was mit Kunst zu tun hatte und nautisch beschlagen war. Gehste doch mal gucken!
Nanu!? – Ein großer, dicker Mann stand vor der Tür! (Drei Männer umspannten den Schmerbauch ihm nicht!) Und ich erinnerte auf einmal: So etwas wurde mir gestern abend im ›Paulaner‹ vom Nebentische her verheißen! Dort hatte uns ein

anderer Berliner, wovon es übrigens reichlich gab, während eines Gedankenaustauschs über drei Tische hinweg brüllend befragt, ob wir einen Satz mit »Etna« und »Vesuv« wüßten. Tiefsinniges vermutend, verneinten wir unverzüglich; woraufhin der andere Berliner nun seinen Satz mit den Vulkanen herüberröhrte: »Jejen etna halb sieben kommt euer Onkel zu Vesuv!« Und da war er nun, der Besuv!
»Guten Morgen, Kapielski!« Und ich so bedröhnt und wieder nicht richtig ausgeschlafen, also: »Wer sind Sie denn?« Doch wohl nicht etna der Kais. Kö. Hof-Pauker Hudler Anton? – Nein. Vor mir stand, es war nun klar, gegen etna halb sieben, wankend und frohsinnig und mit einer absurd großen Mappe für Zeichnungen unterm Arm, der Freund und Galerist Jes Petersen aus Berlin und trug mir, auf mein »Komm rein!« freudig die Fahne entgegen. Er war Donnersberger Brücke, mit diesem gleichen, fürchterlichen ›IC-SchlafanZug‹ aus Berlin angekommen, durch den Frost unter Mühen bis zum ›Blauen Bock‹ (»Hähä!«) vorgedrungen und schlug vor, gleich irgendwo ein Bier zu trinken, um uns gemeinsam etwas aufzukäschern. Zu diesem Zwecke hatte er auch schon während der Fahrt einiges an Rotwein einnehmen müssen, »sonst wär's furchtbar geworden«, wobei er offensichtlich die nachteiligen Ermüdungserscheinungen längeren Weingenusses mit den Erfrischungseffekten des Cocas unter dem pliniusschen Künstlermotto »Nulla dies sine linea« ausbalanciert hatte. Und umgekehrt den unnötig zährenden Furor des Pulvers mit den Trümpfen des Lyäus in Schach hielt. Die Kampfspuren waren an seiner stark mehlgestäubten, weinrot pulloverten Bauchpartie sowie überhaupt an seinen ziemlich teigigen Gesichtszügen abzulesen. Ich warnte ihn fürsorglich: »Jes! Für so was kommt man später noch mal ins Gefängnis! Das sag ich dir!« – »Ach i wo!«
Jetzt hielt der Unbekümmerte es aber erst mal für passend, ein schnelles Bier unten irgendwo einzunehmen: Die erste Pflicht

der Musensöhne / ist, daß man sich ans Bier gewöhne! Man sei schließlich nicht alle Tage in München! – »Na gut. Laß dein Zeug hier, wir gehen los!«
Er stellte seinen Koffer ab, weigerte sich aber eisern, diese komische, drei Quadratmeter große Zeichenmappe aus der Hand zu geben. Es seien drei exzellente Blätter von Schröder-Sonnenstern drin, die er an einen Sammler nachher verkaufen müsse, weil er sonst nicht mehr zurück nach Berlin käme. Er hatte keine zwanzig Mark mehr in seiner Brieftasche, die mal hundertachtzig gekostet hatte, und ich dachte, wem will er in diesem verquollenen Zustand diese Blätter andrehen? – »Ach, das krieg ich schon hin! Erstma 'n Bier! Und pump mir mal fürs erste fünf Blaue!« – »Fünfhundert!?« Ich zählte schon mal meine Schecks durch und das gestern zerknüllte Bare. »Nur fürs erste, Kapielski!« – »Bier oder was?« – »Höhö!« Nun war ich auch eher arm, aber na schön, hundert gingen, denn: wer zwei Anzüge hat, gebe demjenigen einen ab, der nur einen hat, damit auch er zwei habe! Und wankender Abgang. Wir wackelten am entsetzten Nachtportier vorbei – er hatte ja vorhin schon meine Ankunft mit Glasmeier erlebt – und schoben untergehakt in die sieben Uhr frühe zweite Nachtschicht.
Es war nun, neckisch, wie es der liebe Herrgott liebt, ein richtungsloser, früher Wintersturm im Gange. Wir segelten mit der Schröder-Sonnenfinsternispappe über den eisigen Viktualienmarkt auf der Pirsch nach Gaststätten für Frühabusus. Wo der Wind sie hingetragen, ja, das weiß kein Mensch zu sagen! Petersens Adipositas und folglichem Gravitationsreichtum war es jedenfalls zu verdanken, daß wir und seine Mappe nicht fortgeblasen wurden. Wir sahen gut aus! Eine zerzauste, unter Außenklüver segelnde Laokoongruppe mit Mappe anstatt Schlange! Wir waren jetzt zwei wirklich filmreife Valentintypen und untergehakte Spitzwegeriche; ein Dick & Durstig-Team, der eine besoffen, der andere verkatert. Es fiel bloß über-

haupt nicht auf, weil auf dem ganzen Marktplatz Menschen im Dunkeln mit Zeltplanen, riesigen Stangen und Marktschirmen rangen oder Krautköpfe vertäuten.
Wir wurden ums Eck auf den ›Braunauer Hof‹ hingepustet. Darinnen glomm schon ein Lichtlein. Das ›Schmalznudelcafé Frischhut‹, welches auch sehr früh bereit steht, war uns zu suspekt gewesen; wir wollten Bier und keinen Schmalznudelkaffee. Der ›Braunauer Hof‹ war zum Glück schon aufgesperrt, aber noch nicht ganz aufgestanden. Die Stühle standen noch Kopf, und ein Braunauer Faktotum fegte sich durchs Phlogiston der ausgekühlten gestrigen Ascher, und es wurden mit rotkarierten Trachtenhalstüchern ausgelegte Brezelkörbchen mit Brezeln verteilt.
»Servus!« Eine gutgelaunte Servierkraft kellnerte herbei und rumms!, da saßen wir zween schon vor zwo Halben, und unsere Stielaugen schmiegten sich entgeistert an den Strumpfgummis dieser frivolen Morgenerscheinung in Form einer wirklich gutaussehenden Frühstückskellnerin fest! Sie hatte einen verschlagenen Kurzrock an und vorn die knappe Schürze um, die der Fachmann ›Punzendeckel‹ nennt. Und sie trug diese merkwürdigen, professionellen, gleichsam sehr offenen und geschlossenen, auch zwischen Erotik und Asexualität unentschiedenen Kellnerinnensandalen, die wir jetzt eher reizend fanden. Und wir hatten einen sitzen, unsere verkaterten Samenstränge schwollen, und mit der regungslos lauernden Konzentration von läufigen Katern schlürften wir ihr unsere Biere hinterher.
Jeder mit 0,97 und 1,27 Hass in den Unaussprechlichen. (›1 Hass‹, eine nach oben und unten offene Längenmaßeinheit, benannt nach Erfinder, Träger und Schüttelkünstler Harry Hass, mißt exakt 23 cm. Die andere mir persönlich bekannte Einheit ist der absolute Wert ›1 Burg‹, benannt nach Musikverleger Burghard Seiler und mißt die größtmögliche häusliche Unordnung; mein Wert liegt bei günstigen 0,04 Burg.)

Jes pustete sein Standardbekenntnis heraus: »Ein scharfes Ding!« und schnappte Luft: »Håch!« So besingt er bekanntlich die Damen. Eine, im nachhinein besehen – ich war noch mal nüchtern da – übertriebene Begeisterung, die sich einer gewissen besoffenen Unausgeschlafenheit verdanken mochte; aber sie verursachte nun eine akute Morgenerektion (welche als Dauerreflektion, wie Schelsky behauptet, vielleicht sogar institutionalisierbar wäre) mit Gefühlen von Trockenheit im Mund. »Håch, Kapielski! Die Tzunge wie Auslegeware!« Um es also fassen zu können, mußte fortlaufend bestellt werden, Biere, alle einzeln, Brezeln, Weißwürste, ›schwarze Weiße‹, alles extra, damit sie, das vermeintlich scharfe Ding, immer wieder mal vorbeiturnen mußte, damit wir an ihrer Silhouette lutschen konnten. O mei!
»Frollein! Wir brauchen noch ›süßen Senf‹!« Da kam sie dann unverfroren angewackelt, auf feistem Tablett ein Mostrichtöpfchen mit Zipfelmütze, daran seitlich, wie eine Hutfeder, in aufrechter Stellung ein Löffelstiel. Wir frohlockten bescheuert: »Ah!« und »Oh! Der ›süße Senf‹!« Und sie machte den Blödsinn mit und stellte dies triebhafte Senftöpfchen exakt auf die wohl ziemlich vulgärste Stelle dieses ohnehin schweinischen Wirtshaustisches, schenkte uns ein filmreifes »Hallöchen«, drehte uns den Hintern zu und wackelte wieder ab, während wir mit stieren Blicken ihr unsere Halben hinterhersaugten und ihren Arsch betrachteten, wie er ungeniert in die Küche davonschwabbte, allwo gerade eine gebeugte, alte Kaltmamsell mit ungeheuerlichen Axthieben einen titanischen Schweinsbraten zerlegte. So ging es viele Halbe lang hin und her.
Man beruhigte sich insgesamt etwas. Einerseits aus Gründen der Gewöhnung an die gleichförmige Dauererotik der an sich austauschbaren Kurzröcke und Profisandaletten, mein Gott noch mal!, andererseits, weil hinten die Kaltmamsell das kolossale Bratenstück nun endgültig fertiggemacht und zu Ende

tranchiert hatte, und auch nicht mehr, wie zuvor ungeniert geschehen und von uns entgeistert beobachtet, an Röhrenknochen Mark saugte.
Es kam nun, wie zum Zwecke verstärkter Normalisierung, auch anderes Lodenvolk noch herein, las gemäßigte Süddeutsche Zeitungen und soff seine etwas arg frühen Weißbiere, während Petersen seine hausgemachten Sonnensterne vorführte. »Sind die echt?« Er machte »Höhö!«, und ich dachte »O je!«, als ich auf einmal hochschreckte! 11 Uhr 12! Wir hatten die Ausstellung vergessen! Überstürzt stürmten wir aufs Valentintor zu, zwängten uns und die Mappe dort hinein und bugsierten uns gegenseitig hinauf in das Ausstellungsrondell. Wenn wir nur gekonnt hätten!
Man kam gar nicht mehr rein! Wir waren zu spät, die Gänge verstopft, alles voll. Ich mußte also die Peinlichkeit begehen und mich, immer wieder auf eine gewisse Frau Köhl berufend, als der betreffende Künstler ausgeben, der unbedingt an seinen Platz nach ganz vorn gelangen müsse, damit es losgehen könne. Dazu noch den wankenden Petersen, mit der unglaublichen Begründung, dies sei mein Galerist, vor mir herschieben! Wir wirkten insgesamt so bohemehaft derangiert, daß sie es schluckten und, so gut sie konnten, Schneisen bildeten.
Nachdem man irgendwo oben angekommen war, mußte man eine neuerliche Wendeltreppe nach unten nehmen und quetschte sich endlich in den betreffenden Ausstellungskessel, also von oben auf eine Empore, wovon dann die Treppe an der Wand entlang ins eigentliche Geschehen hinabführte. Auf dieser Empore war Schluß, kein Durchkommen mehr. Untergehakt, Petersen besoffen und ich, sagen wir, angeschmort und desorientiert, schlingerten wir nun sehr exponiert auf dieser Empore herum, während man uns von unten aufmerksam und interessiert betrachtete. Der Laden war voll; die Treppe war voll, und wir Künstler waren nun auch endlich da. Um irgend-

wie unterzutauchen, hätte man runter und sich zwischen die Menschen ducken müssen. Dies ging leider nicht.
Unten standen schon allerhand Hirsel herum, eine gediegene Lokalprominenz, die alte Valentinsgarde und: dazwischen ein paar zornige Kunststudenten und vereinzelte Brotbeuteltypen; wohl die.jüngere Thomasgarde. Wir grinsten aus Not von oben angesoffen und leutselig ins Fußvolk hinunter, und sie guckten nun alle hoch, zeigten verstohlen auf Petersen und: »Ah, das muß er sein! Der Künstler!« Sie hatten sich auf Petersen fixiert; ich wußte in dieser Situation nicht, ob ich froh oder beleidigt sein sollte, daß sie mein Lebenswerk dem Petersen zutrauten! Die Redner Till und Glasmeier, auf halber Treppe, frühstückssatt, nüchtern und ausgeschlafen, grinsten breit. Ein paar harmlos angesoffene Vorkommnisse bei Verni- oder Finissagen sind immer genehm im Kunstmilieu. Wir wurden auch tüchtig geblitzt.
So! »Meine lieben, sehr verehrten Gäste und Gästinnen! Lieber Wilhelm Schulze!« Es begrüßte nun als erste offiziell die Hausdame Köhl, die als wahrscheinlich Zuerstgekommene unten zwischen den Stellwänden, wohl bereits eine Stunde lang, im roten Kostüm als köstlich-bayerisches Schrapnell zwischen meinen Ölschinken und Klorollenriffs herumgefuhrwerkt war, um ihre Kundschaft über die gedehnte Zeit bei Laune zu halten, während der ich mit Petersen in Weißbierspelunken Kellnerinnenärsche betrachtet hatte, und die nun aber grimmig in den Startlöchern pressierte, ihre Ansprache zu halten, während oben auf der Empore noch immer keine ruhige Aufstellung zustande gekommen war. Dann ging's aber irgendwie doch endlich los.
Es hatte sich um die Köhl eine gehörige Vortragszone gebildet; dieser merkwürdig automatische Ausdifferenzierungsgraben zwischen Redner und Publikum. Von oben konnte man es gut beobachten. Jetzt konnte man auch sehen, Frau Köhl hatte sich feingemacht; nicht mehr die Wendeltreppenhose aus Helanca,

sondern das rote Kostüm. Dann ging sie's herzhaft an, fing aber auch merkwürdig an rumzudrucksen, weit auszuholen. Ihre Ansprache flog in weiten Bögen auf ein noch diesiges Ziel zu. Ich dachte, was will die bloß da unten, ich will jedenfalls so schnell wie möglich wieder zurück zu Senftöpfchen, Bier trinken.

Nix da! Die Köhl schlüpfte nach ihren drei Begrüßungsrunden auf einmal rhetorisch meuchlings in ihre Nebenrolle als Turmputzfrau, erklärte, sie habe gestern und heute morgen hier gefegt und sich das Kapielskische Werk noch mal aus der Warte einer einfachen Putzfrau angeschaut und sei nun, vermittelst solcher brechtscher street credibility, in der Lage, das Ganze erst so recht zu beurteilen. Und da fände sie das alles nun, die Kunst hier, von Herrn Kapielski, so gesehen, ä, doch ziemlich Scheiße!

Rumms! Da fiel die Tante um! Ich dachte, holla! Jetzt wird's komisch! Jetzt haut's dich vom Geländer! Manche guckten auch komisch. Sahen verstohlen hoch auf die Empore, allerdings irrtümlicherweise zu Petersen hin, der satt gluckste und sowieso nicht recht mitbekam, worum es eigentlich ging.

Noch mal Rumms! Diese Ausstellung gefällt Frau Köhl nicht! Die Verblüffung sorgte für allgemeine Ruhe und Konzentration. Wann erlebt man so was schon mal? Allerdings blieb nun die Stimmung, in Anbetracht der Güte und Einzigartigkeit eines solchen Vorfalls, wiederum auffällig gelassen. Es hatten wohl alle richtig mitbekommen, was die Köhl da tat, aber man entschloß sich, kollektiv erst mal so zu tun, als sei nichts Besonderes.

Dabei hatte die Schlacht am Isartor begonnen! Nach rhetorischem Geplänkel fuhr die rüstige Burgfrau Köhl nun fort, umständlich, aber tapfer wie folgt dreinzuschlagen: Es kamen zunächst, wie in schiefer Schlachtordnung, allerhand abwegige Gründe, warum sie es schlecht fand: für ihren Geschmack zu dumpfe Kalauer, ordinäre Geschmacklosigkeiten. Damit haute sie auf die Flanken und versuchte im Galopp meinem völlig konsternierten Gesamtwerk ausgerechnet auf seinem rechten Flügel in den Rücken zu fallen. Dies wäre ihr auch gelungen, wäre sie nicht insgesamt noch zu zögerlich geblieben, zu zaghaft polemisch.

Dann warf sie andere Gründe gegen die Hauptmasse meiner Ausstellung, die ich vergessen habe, die auch blöd waren, was auch das Publikum merkte, weswegen sie sich barmten und spürbar Beileid anhäuften; sie hatten schließlich eine Stunde lang zwischen all den gutartigen Sachen gestanden und waren sich sicher: Mein Gott, es gibt Schlimmeres! Man konnte es ja direkt sehen! Die ›Kleine, weiße Friedensschraube‹ zum Beispiel. Das konnte doch nichts Schlechtes sein!

Allein, die Köhl blieb mannhaft und warf nun die Garde ins Gefecht und drosch mit Meister Valentin in einer finalen Exempelschlacht mit ›Engländern‹ und ›Kaminkehrern bei Nacht‹ wider die Kapielskischen ›Klorollenriffe‹ und ›Mostrichten Senften‹; während ich, für die Verhältnisse offener Feldschlachten taktisch oben allemal besser postiert, nicht mehr zu tun vermochte, als von meiner Anhöhe herunterzuschmunzeln und meine falsche Gastherrin dabei in Gedanken mit MG-Feuer zu belegen. Ich fluchte innerlich: »Du Dregsau, du godfarreggte! Gruzefix no amoi! Di wenn i dawisch! Saggrament Alleluja! Meine Rede kommt noch! Du varreggte!«

Jetzt wußten alle, hier ist Krieg, und guckten endlich richtig komisch. Und immer mal hoch zu mir; denn die Köhl hatte inzwischen mit dem Piekefinger klargestellt, daß nicht Petersen, sondern ich das Arschloch war! O Gott! Es war wie bei einer Beerdigung, wo sich nach langen Umschweifen plötzlich ein Trauergast immer mehr in eine Schmäh- und Famosrede hineinzürnt, was doch der Verstorbene für ein Lumpenhund und Erzschurke gewesen! Alle guckten betreten. Und die Leiche war anwesend, stand oben nackt und mit roter Omme auf der Empore neben einem unbekümmert dicken Besoffenen mit einer zu groß geratenen Zeichenmappe unterm Arm und starb gedehnt unter Schmerzen!

Nun wäre das alles auch für mich amüsant gewesen, wenn ich irgendwo hinten etwas bedeckter an einem Bierstand der Schlacht gegen mein Lebenswerk, naufragio ex terra sozusagen, hätte folgen können. So steckte ich aber ziemlich doof dort oben fest und mußte lächelnd abwarten, bis ich der Dame in den Steiß treten durfte. Es waren mir gottlob schon auf diversen Bühnen die Bierdosen um die Ohren geflogen, und so feixte ich professionell, selber Mann aus der Schmunzel- und Hämebranche, angesoffen ins Volk runter, machte Faxen und drohte der Köhl, die aber meinen Blick mied, mit der Faust, so daß sie es unten alle auch fast schon für eine Absicht halten konnten, für eine abgekartete Liesel-Köhlstadt-Karlpelski-Performancenummer zur Erbauung des schwank- und sketchsüchtigen Publikums. Und eigentlich war das auch so.

Nun hörte aber die Köhl gar nicht mehr auf zu zetern und spielte ihre Rolle auch sehr ernst, und da wäre ich jetzt doch lieber gegangen. Ich meine, verdammt noch mal, die konnten das dort von mir aus alles Scheiße finden, aber dann sollen sie mich nicht einladen! Es hätte nicht sein müssen!

Glasmeier, der schon Tage zuvor Lampenfieber wegen seiner kurzen Einführungsrede gelitten hatte, stockte verzweifelt im Hintergrund herum, weil er ja nun reagieren und die Rede umstellen mußte. Direktor Till schickte mir routiniert beschwichtigende Blicke aufs Schafott. Nur Petersen, der machte natürlich, als er nun endlich mitbekommen hatte, was läuft, wieder schadenfröhliche Höhös, starrte aber auf einmal mittendrin auf seine Uhr, pumpte sich ungeniert und coram publico noch mal zwanzig Mark »für Taxe« von mir und schlingerte, nun als einziger außer Köhl und mir für Aufsehen sorgend, mit 20-Mark-Schein und Mappe wiederholt »Sonnenstern verkaufen« stammelnd, unverfroren und zielstrebig in einen Burggang ab.

Eine grandiose Einlage! Der Höhepunkt des Vormittags! Denn dadurch war der Skandal plötzlich radikal profanisiert bzw. relativiert worden: Richtig! Jetzt merkten das hier alle: Draußen ging das Leben ja weiter, mit 20-Mark-Scheinen, Taxen, Rollstühlen, Senftöpfchen, Brezelkörbchen und Asylbewerbern. Auch war ich nun zum Glück derart angebraten und alles so komisch, daß es peu à peu doch zum famosen Schwank wurde, an dem ich sogar irgendwie beteiligt war.
Ich faßte mich langsam und stellte in Gedanken schon mal, ich sollte ja auch noch reden, eine Replik, einen fürchterlich freundlichen Gegenschlag zusammen, wobei ich über grundlegende Erfahrungen verfügen konnte. Denn: Nicht Angriff, Verteidigung ist die bessere Verteidigung! Und alles andere Irrlehre, Cannae-Mythos und Schlieffenscher Planfehler, wie man 14/18 und letzlich sogar 40 sehen konnte.
So. Endlich! Die Köhl hatte ihren Dampf abgelassen. Schweigen in der Rotunde, und oben, um uns rum, an den Wänden, wackelten die verschrumpelten, Altmünchener Wiesenblumengirlanden und Kesselpfeifen und beruhigten sich langsam wieder. – Warte nur balde, Köhl, schrumpelst du auch!
Vorerst aber: Au weia! Denn jetzt mußten ja der Dr. Glasmeier und der Stadtmuseumsdirektor Dr. Till, die, wie gesagt, auch Reden angekündigt hatten, nun ganz schön ihre Doktortitel raushängen lassen, um das wieder hinzubiegen, den Köhlschen Ouvertürenschmäh. Und das taten sie auch wacker. Schon aus Prestigegründen mußten sie jetzt rednerisch was bieten, und das taten sie auf je eigene Art. Der eine eher historisch hermeneutisch, ja geradezu marburgisch gewieft, der andere eher nach Tübinger Art, schwellenorientiert, ad hoc, rhetorisch gerissen.
Dann kam ich dran. Man empfing mich mit Schweigen, in dem ich mich erst mal in aller Ruhe umschaute und tiefe Blicke verteilte. Dabei stützte ich mich breit auf das Emporengeländer und brüllte plötzlich wie ein Volksverhetzer irgendwas mit

»Kunstbanausen« ins erschrockene Volk. Alles, was bisher gesagt wurde, behauptete ich, sei »völlige Scheiße und Schwachsinn« gewesen, und düpierte damit unsinnigerweise zunächst einmal meine zwei Hauptverbündeten General Till und Generalmajor Glasmeier (der tatsächlich auch mal Panzerkommandant bei der Bundeswehr gewesen war), und die nun auch sehr irritiert wirkten. So. Dann weiter: »Keiner versteht hier was von Kunst! – Außer ...« und nun ließ ich erst mal den Volkstribun von der Empore hängen: »... das Publikum!« Wie man, angeblich, die ganze Zeit über hatte bemerken können.
Um aber jegliches Mißverständnis auszuräumen, befahl ich herrisch eine Treppenschneise und schritt diese hinab unters Volk, wo ich mich respektvoll postierte, auf den ›Ölschinken‹ zulief und eine Art exegetischen Gegenangriff vollzog. Ich zeigte auf den ›Ölschinken‹: »Hier! ›Der Ölschinken‹. Was ist daran schlecht?«, blaffte ich einen zufällig neben mir stehenden Seppel an, der vor Schreck »Nichts!« sagte. Ich erkannte sofort, daß er der Richtige war und stieß nach: »Was heißt ›nicht schlecht‹?« Drohte ich ihm. Woraufhin er brav »›Nicht schlecht‹ heißt ›gut‹!« antwortete und ich ihm tüchtig den Buckel klopfte und währenddessen »Na also! ›Sehr gut‹!« verkündete, und er, von mir geherzt und beklopft, zwangsläufig mit in die Laudatio hineingerissen wurde und auch immer wieder »Sehr gut! Sehr gut!« ausrief.
Dann raste ich zum nächsten Bild, belästigte noch andere Gutmütige, fabrizierte noch zwei, drei andere Bildbetrachtungen und ließ dann tutti und finalemente wieder mal den ›Feinen Menschen‹ laufen, der hinten in eine Art Musikbox eingebaut worden war und für tobenden Applaus sorgte! Victoria!
Die Köhl war besiegt. Sie griente hinten, unter den strafenden Blicken ihres Vorgesetzten Till, um Milde. Um meinen Sieg perfekt zu machen, stieß ich nun aber nicht nach, sondern sprach – Victoria clementissima! – etwas abschließend Begütigendes und Versöhnliches, woraufhin die Köhl erleichtert

allgemein das ›Turmstüberl‹ verordnete und sich alle erlöst und kriegsmüde zu den Weißwürsten hinaufdrängten, während ich erst mal beleidigt aus dem Turm und rüber an mein Senftöpfchen in den ›Braunauer Hof‹ zum Schmollen schlich. Senftöpfchen war aber nicht mehr da, Senftöpfchen hatte Schichtwechsel gehabt. Jetzt bediente dort ein häßliches Bierfäßchen im Dirndl.

Egal. Ich soff dort eingeschnappte Halbe und war hier auch, allerdings erst nachmittags wieder, mit Petersen verabredet und schäumte bis dahin einsame Gedankengänge aus. Hammerhaft und meißelmäßig, Kampfspänchen und Friedenshobel:

Ich dachte, Thomas! Verkanntes Genie! Sei nicht traurig! Es war das, was die Köhl dir angetan hat, im Grunde doch eine weißbierwürdige Handlung und ein aufrichtiger Vernissagenarschtritt, und du wirst der Köhl nach Ablauf der Schmollfrist bei Gelegenheit ein höfliches Usambara-Veilchen schenken oder sie in die ›Pfälzer Weinprobierstuben‹ ausführen, zumindest wirst du sie aber literarisch verewigen!

Denn wo kommen wir denn da hin? Man muß die Künstler durchaus mehr quälen dürfen, diesen geschwollenen Berufssektor, diese Eitelmeisterei und Hoffärtigkeit; diese Menschen, die sich in ihrer Mehrzahl so aufdringlich um die Arbeit drücken. Und als Künstler zu achtundneunzig Prozent nichts taugen! Und hatte ich den Blödsinn nicht gerade selber wieder angefangen, trotz aller guten Vorsätze? Und hatte meine Weisheit verderbt wegen eitlen Scheins? Und war letztlich nicht mehr als Dörrobst und Stockfisch dabei entstanden? Ich hatte Sachen im Repertoire, die hatten nicht mehr den Effet von 1985! ›Was machen die da? – Vögel betrachten Menschen beim Vögeln‹ – Ich bitte Sie! Das war alles etwas eingeschrumpelt, das müßte mehr gegossen werden. (Artifexes amant humores.)

Aber der Betrieb lief weiter, weil es anders nicht mehr ging.

Ich mußte doch meine Miete bezahlen, und der Laden lief klappernd zwar, doch einträglich dahin. Und mein Alter! Fünfundvierzig Jahre! Ich kann doch nicht schon wieder von vorne anfangen und umschulen! Ich hatte mit viel Mühe eine Firma mit den Abteilungen Musik, Fotografie, Kunst, Literatur, Presse und sonstiges in Schwung gebracht, und so stotterten sich die Gagen zusammen, und wenn eine Abteilung in Jahren der Dürre litt, dann brummte eben eine andere und mehrte den Ruhm des vielseitigen Mittvierzigers.

Das war trotz Sortenvielfalt und Kaufhaus im Grunde natürlich Einzelhandel. Das war der einzige und sein Einzelhandel: eine kleinbourgeoise Wirtschaftsform mit allen Konsequenzen, die diese Seinsform für mein Bewußtsein hatte. Eine besorgte, ewig stiesige Kleinplackerei, die einen politisch auf Dauer in den Sozialneid, bei Konjunktur also in die Reihen der Wirtschaftsliberalen und bei Flaute in die der Deutschnationalen trieb. Außerdem führten die ständigen Nützlichkeitsgedanken dazu, daß man immer stärker bemerkte, wie unnütz man war.

Andererseits war mein Ehrgeiz in den Jahren gemäßigter geworden, und die gleichbleibende Glückseligkeit der Vollkommenheit im Absoluten rührte mich inzwischen ebensowenig wie ich sie.

Aber es mußte je nach Bedarf und Marktlage immer mal wieder ein Werk geschaffen werden. Wenn der Markt nach ›Radierungen‹ brüllte, ja, mein Gott!, dann kaufen wir eben einen Radiergummi! Und dann schraffelt man eine Zeichnung, etwas entschieden unklar Bedeutungsvolles auf Nachfrage. Die Sache ist im Prinzip einfach: Man mußte sich was Neckisches ausdenken, es umsetzen, und das warf dann fünfhundert Mark ab. Davon ging die Hälfte der Motivation auf den Galeristen. Dafür bekam der Kunde dann einen ›Rocker mit Gießkanne‹ im DIN-A 4-Format.

Ich wäre von selbst auf so ein Motiv nicht gckommen. Auf der

Straße sah ich eines Tages einen Rocker mit Gießkanne auf den Friedhof laufen, so ein richtig echter, alter Harley-Davidson. Nichts Ungewöhnliches, aber man sieht so was nicht alle Tage. Und ich dachte, jetzt zeichne mal einen Rocker mit Gießkanne, und ob das wohl glaubwürdig und verkäuflich wird? Na durchaus! Interessanter war aber: Ich stellte fest, daß es einfach ist, eine Gießkanne zu zeichnen, aber schwer, einen Rocker. Warum? Ich kam zu folgender Lösung: Wenn wir alle wie Gießkannen aussehen würden, wäre es schwieriger, eine Gießkanne als einen Rocker zu zeichnen. Das hatte bestimmte wahrnehmungstechnische Hintergründe, weil man nämlich Menschen und insbesondere Gesichter physiognomisch am differenziertesten wahrnimmt. Wenn nun alle wie Gießkannen aussehen würden, hätte man eine ganz differenzierte Wahrnehmung für Gießkannen, und jeder würde sagen: »Kapielski, deine Rocker gehn noch, aber deine Gießkannen sehen Scheiße aus!« Ich hingegen wußte, daß beide Motive nicht so gelungen waren, als reale Abbilder. Da mir das reale Abbild eines konkreten Rockers mit konkreter Gießkanne schwerfiel, flüchtete ich mit Platon in die ›Idee‹. Ich zeichnete mehr die Idee eines Rockers mit Gießkanne! Ick war platonischer Ideenmaler! Und die neckische Abschlußbemerkung »Das Beste an dieser Zeichnung ist, daß sie fertig ist!« gab dem Werk einen Schuß Tabasco, den die Sammler so mögen. Sie wollen immer ein wenig verarscht und gequält werden. So sind die.
Beim Grübeln mit den Vorderzähnen an Bleistiften oder Brillenbügeln – kennt wohl jeder – über die Frage, was man jetzt wieder zeichnen könnte, kam mir die Idee zu einem Titel: ›Mit den Vorderzähnen gestaltet.‹ – Gut, da zeichnete man also Kekse, Maiskolben und Fingernägel mit den Vorderzähnen und biß zum Schluß ins Blatt wie weiland der Führer in den Teppich, weil es wieder so dumm lief alles. Und dann sah man, es war doch gut! War doch eine Erfahrung. So viel zur Zeichnung.

Es waren, je nach Preisklasse, auch kleine Installationen denkbar, ›Der Zucker zuckt‹, eine winzige Bastelei mit Einweckgummi und Zuckerwürfeln, irgendwie eine Kinetik dazu, eine Mausefalle, ein Motörchen, auch eine Platzfrage und eine Preisvorstellung des angepeilten Kunden. Da darf es dann mitunter auch etwas mehr sein. Wer sich bei ›Manufactum‹ diesen Arp-ähnlich anämischen Briefbeschwerer aus Mooreiche zu 249.– DM bestellen kann, kriegt und kauft bei mir was durchblutet Leichtfertiges nicht unter zwo Mille! (Denn: Es steigt, bei näherer Betrachtung, mit dem Preise gleich die Achtung!)
Bei Großkunden mußte es schon Öl sein; da gab man ordentlich Öl drauf und ging auf Formate hoch, daß sich die Matthias Grünewaldschen Querbalken bogen unter der Last des Jubels des Herren über die Freigebigkeit des Menschen! Denn die Schweiz liebt mich, und ich liebe die Schweiz. Dort wohnen meine Sammler, vornehmlich!
Beim Nachdenken darüber, wie ich es mir einfach machen könnte, kamen die brauchbarsten Einfälle. Bei Proben stellte ich zum Beispiel fest, daß ein Kissen mit dem Schriftzug »leicht« zu besticken schwerer ist als mit der Tube auf fertige Leinwand »schwer« zu ölen. Da war das System klar; den Rest brauchte man nur noch deklinieren. Und da ich nicht so gut Schinken räuchern kann, kein Deko liefern mag, aber doch den Ehrgeiz hatte, meinen Kunden was Ordentliches zu bieten, dachte ich, laß es diesmal umgekehrt machen: die Sprache als Fortsetzung der von mir wacklig beherrschten Kunst mit anderen, spannenderen Mitteln. Also: Wenn man nicht malen kann, mußte man sich was Kluges einfallen lassen! Man kaufte einen fertigen Keilrahmen und quetschte aus der Tube ›klug‹ druff! Man besorgte billige, häßliche Farben und drückte einfach diese wurstigen Behauptungen direkt aus der Tube auf einen zureichenden Grund: »fertig!« Und Pinsel braucht man keine und keine waschen; die schickt man ans Pinselmuseum nach Bechhofen. Da geht es ihnen gut.

Richtig große Kunst aber wird es, wenn der Betrachter sich wundert, warum die Gummiwackelsache, der Fertig-Schinken oder die Radierung dann wohl diesen Titel tragen. Dann staunt der Kunde und dann denkt er nach! Praktisch gesehen, also nicht künstlerisch, ist es doch so: Wenn die Strahlkraft der Sprache nicht hinreicht, etwas begreiflich oder einleuchtend zu machen, was durchaus Verdunkelung bedeuten kann, dann muß was dargestellt werden, eine Bierdeckelskizze, ein Bildchen. Da fängt dann, wenn man will, die Kunst an. Und es darf auch ruhig mal richtig schlecht sein, denn wenn das Schlechte die Welt erschaffen hat – und dem scheint so zu sein! Nix Theodizee! –, dann müßte ja das Gute sie vernichten. Und das möchte ich nicht. Früher, als guter Mensch und Utopist, da ja! Vernichtung um des Guten willen! Alles in die Luft jagen, bevor Schrecklicheres passiert! Jetzt war ich aber älter geworden und sorgte mich sehr um den Erhalt meiner Kundschaft in den diversen Sparten.
Das Beste wäre auf jeden Fall, man würde gar nichts mehr machen! Das ist doch alles zu angestrengt. Und die Welt hinreichend unterhalten und ausreichend befummelt sowieso. Wenn ich es mir leisten könnte, würde ich Ruhe geben und mich noch und nöcher belesen und fernsehbeflimmert die Pappelallee hinunterbegeben. Man begreift ja auch sowieso nichts durch Anstrengung, aber einiges durch Langeweile. Und wenn man schon sterben muß, sollte man wenigstens nicht gelebt haben, dann ist es nicht so bitter. Zum Selbstmord wiederum ist ein auf Jahre dosierter Rausch auf jeden Fall die bessere Alternative. Alkohol ist sogar Ersatz für Gott! Das Numinose eines Delirium tremens wird dazu führen, daß ich im Himmel als erstes den Willibecher hinhalte, und er wird gefüllt werden. Ein so starkes Glaubensbekenntnis kann nicht ungehört bleiben!
Es ist nun aber leider auch so: Nüchtern bin ich besser! Zu Menschen, beim Schreiben, im Bewältigen der Alltagslage.

Besoffen geht es mir besser! Es ist nun wohl aber der Zweck des Lebens nicht, daß es einem unablässig gut oder gar besser zu gehen habe. Aber ab und an ist es eben doch ganz schön. Die Luftbratsche und der Hang, es auszudehnen mit der Wohlfühligkeit. Das Gemütsklima will wohltemperiert sein. Und man muß sich ab achtzehn um die Zimmertemperatur selbst kümmern.
Im Grunde ist alles nur gut für die Mütter. Sie spekulieren von Anfang an auf externe Erfolge. Man selbst hätte sich ja lieber verhindert, wenn man gekonnt hätte. Meine Mutter findet Künstler prima! Da ist sie mir ständig auf den Fersen und spekuliert, daß ich Genesungswerke an (und für) ihr vollbringe. Aber das sind natürlich fatale Bremser, wenn man ihr zuliebe auf Stellen mit »Titte« und »Ficken« oder ihrer radikalsenilen Seniorengruppe namens ›Silberdisteln‹ zuliebe auf Formulierungen wie »alter Sack« und »Opa« verzichtet. Bei Veranstaltungen kann ich sie noch austricksen. Aber ich kann doch nicht, bei Veröffentlichungen, die gesamte Auflage in ihrer Wohngegend aufkaufen! Sie ist ganz lüstern auf solche Veröffentlichungen. Das schneidet sie aus. Und dann wird sie hermeneutisch tätig und versucht mein Gemüt zu erkunden. Wenn ich Flugzeuge bauen würde, würde sie das nicht weiter interessieren und drin sitzend ohne Hintergedanken mutterstolz abstürzen. Ohne Vorwürfe, daß ich ihn schuf, den hinfälligen Apparat, der sie zu Tode brachte. Das ist doch merkwürdig! Um sie zu ärgern, darf ich nur ganz plötzlich und unverhofft dichten. An unkalkulierbaren Plätzen. Und besser gar nicht mehr. Und ich muß ständig die Sparten wechseln und Richtungen antäuschen. Also hat die Mutter dann doch wieder einen guten Einfluß auf den Sohn. Er arbeitet diskreter, ausgesuchter, schlagfertiger und wendiger. Danke, liebe Mutti!
Wie gesagt, ich mische mich nicht gern in meine Familienangelegenheiten. Aber ich behauptete einmal, ich hätte von Ahnung keine Kunst. Deshalb mache ich moderne Kunst! Was

anderes kann ich leider nicht. Und das ist schon ziemlich listig: Diese schiefen Picassos, die blauen Phasen und abgeschnittenen Pinselohren, das läuft überraschend lange schon, und das hält sich noch! Dieser stümperhafte Dauerleerlauf. Dabei würde ich schon gern richtig malen und zeichnen können. Das fröhlich nihilistische Düchampeln geht auch nur einmal, und dann geht es einem als Wiederholung auch auf die Nerven. Konzepte können etwas Wunderbares sein, aber nichts ist gräßlicher als ein tatsächlich stattfindendes John-Cage-Konzert! Aber alle sind so blöd! Gehen sich die dumpfen Kopfstände von irgendeinem röhrenden Bösewitz angucken und finden Burenstreifen toll. Überall hängen die Kiefers, die dumpfen Pencks, immer das gleiche, und die ›Alten Abteilungen‹ sind so viel schöner und stiller und tiefer. Also, laß sie mal alle die doofen Burenstreifen angucken und den ›Hamburger Bahnhof‹ besichtigen, dessen gleichnamiger Hafen auch um so vieles sehenswürdiger ist! Und ich bin schön allein in den Alten Abteilungen, wo ich Gefühle echter Bewunderung und Demut erlebe.
Ich vermute, daß die abstrakte Malerei, mal abgesehen vom Kaschieren der technischen Unzulänglichkeiten, zu einem nicht unbedeutenden Teil gegenaufklärerischer, regressiver Schwindel ist. Verkorkste Sehnsucht nach Bauernmalerei, Ikonen-Kitsch und Ursprünglichkeit, dazu der Quatsch mit den Bauchgefühlen und natürlich auch Baumschmuck. Die verwühltere Variante des Naiven. Etwas Chagall für Madame Blavatzkys Audienzsalon, ein theosophischer Gesellschaftstrief und auch noch ein großes Mißverständnis unter Zahnärzten und Architekten, die zur Kompensation ihrer Bauhaushygiene einer gewissen optischen Hilfeschreierei bedürfen, und da die Munchs ausverkauft sind, nehmen sie einen wilden Stöhrer. Mit der ›Entarteten Kunst‹ haben sie letztlich auch verdammtes Glück gehabt. Daß Stalin und Hitler mehr die Neigung zum Neoklassizismus hatten, ist schade für diesen. Und

für mich ist es beruflich ein großes Glück, daß wir in der Moderne und sogar schon danach sind. Andererseits wäre man vor der Moderne vielleicht was Ordentliches geworden. Und Lüge ist natürlich, und Wahrheit natürlich künstlich.
Und ich sage es noch mal: Gute Kunst setzt sich durch, weil man gut nennt, was sich durchsetzt! (Erkenntnis nach Einbruch der Nüchternheit.) Nichts weiter! Kunst ist weder schön noch bedeutend, allenfalls erfolgreich, also Zufall, Ränke, Aufwand und theatralischer Mist.
Und doch gibt es auch heute ein paar Gute. Meine ›Drei Künstler, die besser sind als ich!‹ hängen bei Aldo Frei in einem gerahmten Couvert als Kapielski-Geheimkunstwerk. Ich verrate sie nicht. Trotzdem, nach Spitzweg war wohl Kippi der beste, und Schmit, Rot, Herold, Polke, die Fischlis, die Trockel und und und die Natur sind als Künstler auch sehr prima.
Aber fahren Sie mal heute Zug. Ekelerregend! Es darf nicht mehr ›Eilzug‹ bleiben, es muß ›InterRegio‹ sein! Mit cremefarbenem Binnenmajuskel, prost Neujahr! In drei Jahren wird es wieder umgemanscht. Womöglich zurück auf ›D-Zug‹. Aber dann ist es eben schon verhunzt. Durch Design und Mode. Sie lassen es nicht mehr zu, daß die Ingenieure den Zug bauen und bezeichnen, was gut und schön war. Es müssen jetzt Designer aus einem gelungenen Schienenbus einen ›RegioShuttle‹ schief- und schrägmurksen! Eine Seuche! Alles verändert sich, nicht weil es veraltet, sondern es veraltet, weil ständig alles verändert werden muß!
Des alten Plunders ist genug, wir wollen neuen haben! Der Designgehalt und Designbedarf der Kunst ist aus Gründen der Marktchancen, der Markterweiterungen und des Betruges folglich enorm.
In der Sprache auch. Mal abgesehen von ›Outplacement‹ und ›All-inclusive-Reisen‹: Letztes Jahr bekam ich von zwei jungen Menschen einen Brief auf ›Rowohlts‹ Verlagsbriefpapier.

Ob ich bei einem »Slam Poetry«-Dingsbums teilnehmen möchte. Ich wußte gar nicht, was das ist. Denken die etwa, ick wohne im Slum oder was? Nee, es war was ganz super Angesagtes from die Staaten. Die verschnarchte Literatur mußte mit Grob- und Häßlichkeiten etwas Strom beim HipHop und Musikvideo abzapfen. Na, mal sehen, dachte ich, welche modernen Deppen da wieder mitslämmen und überhaupt Släm vorrätig haben? Es wurde dann auch eine konfus gestylte Halde. Da hatte wieder einer alle seine neuen Knöppchen am Flimmerkasten gedrückt. Das sehe ich einem Druckwerk von weitem an: Da sitzt einer, der alle Quark-Knöppe drückt, die er in seinen neuesten Äppel eingebaut hat. Alles, was geht, muß gemacht werden; der Text ist egal.
Aber der Quatsch läuft! Also bleibt nichts unversucht. Theater. Sogar da sind sie so elend, und weil ja Theater als Kunstgattung recht eigentlich noch so wichtig ist, wie die durchaus ehrenwerte Kunst des Scherenschnitts, wissen sie sich nicht anders zu helfen und müssen dem Publikum in irgendwelchen angeblichen ›Volksbühnen‹ vor Verzweiflung und Notwehr sogar wieder mal fiskalisch gedeckte Fotzen und Ärsche extemporieren. Auch Design! Mein Gott! Daß ein Mann, der Müller heißt und auf Grund seines Bekanntheitsgrades berühmt wurde, weniger in Richtung Heini als Sophokles sortiert zu werden wünscht, ist klar. Aber da müssen wir doch nicht noch die Spalte aufklatschen! Alles Firlefanz. Lappalien.
Denn die Bude bricht zusammen, der Verein geht nieder! ›Das Kapital‹ tritt wieder in Kraft. Was, bitte, passiert zur Zeit anderes als die endgültige Abschiebung des variablen zugunsten des fixen Kapitals in ein Heer überflüssigen Fleisches? Vier Fünftel der Menschen werden sich gegenseitig das überflüssige Leben zur Hölle machen und sich bestenfalls vermittelst Doppelkorn das Leben halbieren. Die Jugend wird in komsumgierigen Rotten jeden Nihilismus begehen, der denkbar ist. (Ich meine jetzt nicht den ehrenwerten ontologischen Fichtes

oder den Nietzsches, sondern den der unsinnstiftenden Radikalnoologen Crowley, Himmler, Manson und die alle.) Ein verbliebenes Fünftel hingegen wird umzäunt eine herausgemästete, verflimmerte Ökonomie am Dauerlauf halten und Angst haben, also gefährlich sein. Die Arbeit wird die Völker nicht mehr erhalten; es überlebt, wer wenig benötigt. Dies gilt, obwohl neulich ein fettes, ausgemästetes Schwein im Fernsehn die Behauptung ins Volk streute, wir, die Deutschen, seien international nicht mehr so gut, wie wir es uns gehen ließen. Dieser satte Wixer, ein offensichtliches Opfer des ›Peter-Prinzips‹, ließ es sich gutgehen dabei. Und daß man eines der Kernkraftwerksmonster ›Krümel‹ nennt, sagt auch alles!
Weiter östlich südamerikanische Oligarchien: Irgendein Schlipszar, dazu ein General und ein Pope, der den Koffer mit der Atomklingel trägt. Ein gräusliches neues Ost-Rom. Ein ausgesuchter dortiger Pöbel strebt nach Westen, und die Grünen Schleimer in ihren Rat- und Reihenhäusern mit feuchtbiotopen Burggräben drum rum werden ihm außer imperativen Sammelstofftonnen nichts entgegensetzen können. Derweil sind die verblödeten Bonner mit Einrichtungsproblemen beschäftigt. Die Süssmuth hockt bei der Vollmer zu Hause auf der Design-Couch am Teestövchen und schmökert biologische Tapetenmusterkataloge für den neuen Plenarsaal. Dabei begreifen die nichts mehr und sind überflüssig, denn sie bewältigen gerade nur noch die Arbeit, die durch ihre Existenz entsteht.
Ich bin ja auch ganz froh, daß die Eiferer, die Schwaben, Utopisten und Künstler von hier weg auf den Prenzlauer Berg steigen. Es müssen ja wohl immer Berge sein. Erst Schöneberg, dann Kreuzberg, immer Kalvarienberg. Gut. Sollen sie da auf ihrem schick vergammelten, neuen Berg ihren Rost beklopfen in künstlerischer Absicht und neue Befreiungen der Menschheit planen. Das ist mir widerlich da. Ich fahre da nur hin, wenn es sein muß. Ich habe dort nichts zu suchen. Ich bin doch in

Westberlin als Neuköllner auch nie auf die Idee gekommen, nach Wedding zu reisen, wenn es nicht sein mußte! Auf einmal müssen sie alle in den Osten. Oder dumpf durch die Mark marschieren. Scheußlich. Ist mir zu flach alles, Scheißlandschaft, und die Kneipen stinken nach Fritierfett. Für mich gehört zu einem Ausflug, wenn er denn sein muß, die Einkehr. Ich mag mich aber nicht in dieses stinkige Lokalkolloid hocken und im Osten labbriges Westbier saufen. Die waren doch früher viel besser, diese beschissenen Ost-Kaschemmen mit ihrem runzeligen Schweinesteak mit dem verunglückten Setzei obendrauf. War doch herrlich! Ich bin auch, ehrlich gesagt, keiner, der durch Stadtteile schlendert oder sich Vorpommern anguckt und rumhorcht: »Wo waren Sie denn letztes Wochenende schlecht essen?« Das hole ich nach, wenn ich alt bin.

Ansonsten sind die mir persönlich bekannten Ostgoten alle doch ganz rechtschaffen, Kempe, Papenfuß und so, auch wenn sie jetzt in den Gremien sitzen, die notleidenden Westschriftstellern wie mir bei der Künstlersozialförderung die Gelder aus unseren westlichen Steueraufkommen vorenthalten und lieber sich selbst zuschieben, oder wenn sie zu selbem Zwecke ihre Entweder-Oder-Deiche anstechen. Die östlichen Volksmassen aber – summa summarum etwas vorpömmerlicher vielleicht als die westlichen – sind ebenso irre wie die hiesigen Pöbels, mit allen Vor- und Nachteilen, die das hat. Sie alle macht auf unterschiedlichem Niveau die Habgier häßlich und die grämlich verbiesterte Alltagslaune. Also: Mit wenig Brüdern flieh die laute Horde, den schlammigen Schoß der Pöbelseele.

Im Westen außerdem noch all die neuerdings sehr verirrten Jungtürken, die kriegerischen männlichen Ostvölker und anderen allochthonen Typen in Turnzeug mit Funktelefon und Versorgungsansprüchen sowie einer Verachtung dieses Landes, in dem sie nicht leben müssen. Ihr Verhältnis zu Frauen bedarf sowieso keines Kommentares. Da ihre Frauen besser

zurechtkamen, machen sie ihre Weiber neuerdings häßlich; sie müssen zu Hause bleiben oder wie die Beutelmuhme Öztürk unter Jaschmaks herumgeistern und zur Hochzeit Jungfrauen sein, während die beleibten Spermatozoen die in der ›BZ‹ annoncierten stark behaarten Nutten ficken, weil der Herr – ich kann's gar nicht glauben! Aber so hat es mir ein evangelischer Theologe enthüllt – ihren Weibern die Rasur der Scham vorschreibt. Der hiesige, autochthone Halunke kaschiert seine ethischen Mängel wenigstens nicht mit Klagen über die Unterdrückung seiner Volkssorte und Konfession und duckt auch seine behaarten Damen nicht mehr ganz so häufig. Derweil schleppt unser verderbter Alternativmittelstand aus Erfahrungsmangel mit Neuköllner Verhältnissen seine apriorische Gesinnungsethik vor sich her, die strikt behauptet, wir müßten so was ertragen, während sie ihre Kinder in den Steiner-Schulen vor den ausländischen Mitbürgern verbergen. Ich bitte euch! Wir fallen hinter die Aufklärung zurück! Was hat es allein für Kraft gekostet, die quälende Hoffart der christlichen Kirchen einzudämmen! Inzwischen allerdings sind diese, wohl um des Kirchensteuerpegels willen, sogar geneigt, sodomitische Ehen zu trauen, vielleicht irgendwann einmal auch Mann und Auto? Herr im Himmel!
Und jetzt werden also die Bonner nach Berlin hinzukommen, und die dumpfen Bohleykräfte sind schon da. Was soll das? Die ganzen Polit-Peter wohnen doch eindeutig nicht in Bonn, sondern im Fernsehn und ein wenig im Sauerland. Zwei Körper haben die Könige und Kanzler. Weiß man das nicht? Sakralkönigstum, Höfler, Kantorowicz, das muß man doch wissen!
Neulich fragte ich einen im Dienst am deutschen Brauchtum ergrauten Türken der ersten Generation: »Ali, sag mal, jenseits von Taqiyya und Iham, wir kennen uns ja schon paar Jahre, was würdest du mit all den jungen, sportlich gekleideten Herren Kroaten, Russen und Kosovo-Albanern hier auf der Reuter-

straße anstellen?« Der Mann grinste listig und riet: »Alle rausschmeiße oder einschperrn!« Ick staunte und fragte nach: »Ist der Ausländer ausländerfeindlich?« – »Nur bei Türke nich!« – Nun gut. Jeder hat so seine Lieblingsausländer. »Aber würdest du mir wohl bitte deine vierte Tochter auf Zeit – gemäß Sure soundso – antrauen?« Sie ist bildhübsch, hat eine mittlere Reife und Banklehre absolviert, berät Kreditnehmer bei der ›Berliner Volksbank‹, kann hervorragend kochen, und sie liest Böll! – »Nein. Is nisch gut. Besser Türke.« – »Müssen die Rassen rein bleiben?« – »Nein. Nur Türke.« – »Danke, Herr Ali, Sie sind ein osmanischer Imperialist und sozialbiologischer Kolonialist!«

Solchen Gedanken und Käsevariationen folgte ich freisinnig in München am Biertisch im ›Braunauer Hof‹, als einer davon hereinkam und nur mal höflich pissen wollte, ohne Verzehr. Die Kellnerin scheuchte ihn mit einem »Fünfzig Pfennig!«-Schrei davon, und er pißte nun wahrscheinlich aus Not hinten an die Plane eines Käsestands auf dem Viktualienmarkt und bestärkte damit Vorurteile.

Gut, daß mich keiner hören konnte. Man darf ja gewisse Sachen nur noch an Stammtischen durchdenken. Und jetzt hätte ich auch wieder mal gern in einen offenen BMW gekotzt. Als Jugendlicher machte man das gern mal. Die wurden übrigens jetzt vorwiegend hier in der Gegend, Neukölln, Kreuzberg, von zwanzigjährigen Türken und Arabern in Gangstawear gefahren, und ich konnte nicht mehr so gut sprinten wie früher. Also läßt man es bleiben und ist freundlich zu offenen BMWs.

Es wäre jetzt besser gewesen zu gehen. Der Spaziergang ist eine Angelegenheit, die einen weiterbringt. Aber ich beschloß, ein weiteres Bier zu ordern und nach all diesen ernsten Dingen in eine ungemein gelöste Fidulität überzugehen.

Ha! An diesem Tage, nach der Schlacht am Isartorturm, trug sich noch einiges zu. Glasmeier verabschiedete sich zurück nach Berlin und verfügte sich in diesen schrecklichen Nachtzug. Er konnte da drin auch tatsächlich schlafen; für mich ein wiederholtes Wunder, bei seiner Kaffeezufuhr! Er hatte am nächsten Tag auch wieder in Berlin was Wichtiges zu erledigen und war wohl auch froh, daß er aus diesem Vernissagenirrsinn flüchten und die dies betreffenden abendlichen Nachbesprechungen bei Familie Till vermeiden konnte. Ich hatte damit, als Spezialist für polnische Abgänge, nie Probleme gehabt. Man muß hysteriefrei und undramatisch verschwinden können! Ich wollte auch von vornherein keinen mehr sehen von diesen Münchener Arschgesichtern und hatte mich mit Petersen vorsorglich abseits und zunächst wieder hier bei Senftöpfchen verabredet.

Dort dachte und wartete ich nun, blätterte ein bißchen ›Süddeutsche Zeitung‹, ein Blatt, dessen Aufbau mir ein ewiges Rätsel bleiben wird. Es kommt plötzlich immer eine Rubrik, mit der man nun überhaupt nicht gerechnet hatte. Egal, es kam, womit ich auch nicht mehr gerechnet hatte, ein Artikel von Gordon A. Craig über den ›Mythos von Cannae‹, den er eindeutig von Heinrich Nolte, ›Vom Cannae Mythos‹, Göttingen 1991, abgeschrieben hatte, und, womit ich auch nicht mehr gerechnet hätte, es kam, um Stunden zu spät und im Gesicht etwas kriegsversehrt, Jes Petersen mit Beule und blauem Veilchen ins Lokal gewankt!

Andererseits wirkte er aber sehr viel frischer als vorhin und stand da, grinsend wie ein Satyr, aber ohne die Mappe! »Höhö!« – »Wo ist die Mappe?« Er prustete irgendwelche begeisterten Unbestimmtheiten und zog, wie in einer allerletzten Strizzinummer, eine fette Chicagorolle, so ein dickes Geldbündel, so eine Rolle Riesen und Hunderter mit Einweckgummi drum rum, aus dem Sakko: »26 Riesen! Mit Mappe! Hö!«

Ich dachte, mir wächst eine Feder! Oder mich sticht ein Tier? Diese verschlagenen, jedoch gierigen Sammler – ich hab nicht herausbekommen können, wer es war –, die hatten wahrscheinlich gedacht, sie würden ihn übers Ohr hauen, sie würden ein großartiges Geschäft machen mit dem etwas angegriffenen, offensichtlich im Schlick feststeckenden Herrn Petersen und seinen Notverkäufen. Und die Mappe als Zugabe! Eine großartige Idee! Einen Rabatt, das mögen sie! Einen Kugelschreiber dazu, und sie kaufen jeden Mist, diese verkalkten Hecker.

Andererseits schade, die Mappe hatten wir gut gebrauchen können; sie kam immer gut an, wenn man irgendwo reinschwankte. Dann verrechneten sie immer gnädig unseren offensichtlichen Ansuff mit dem professionellen Habit: Petersen, die Mappe und ich mit der Aktentasche. Das sah nach Diensttrunk aus, das ging dann durch.

Und da nun Senftöpfchen nicht mehr im Dienst war, sondern Bierfäßchen, und Bierfäßchen häßlich war, ging ein ordentlicher Umzug los, ein Umhergeistern und Überall-Hereinschauen nach neuerlichen Senftöpfchen. Und wir hatten es ja jetzt dicke! Für jeden Pfad wurde nach der Taxe gewedelt, auf den Nockherberg wurde wieder hochgegondelt, das ›Hofbräuhaus‹ am Wiener Platz mußte beehrt werden, hier und da, und zwischendurch begegneten wir noch Ludwig Gosewitz, wiederum im ›Straubinger Hof‹. Er hatte, wie immer, erfrischende Worte für uns: »Leute, die Dinge sind auch nur da, um die Dinge, die nicht da sind, zu entlasten!« Also entriß man dem Nichts neues Bier.

Derart erholt und erleuchtet, zogen wir weiter, streiften durch Giesing, gingen auch noch mal um Mitternacht laut vors Isartor und begehrten Einlaß ins ›Bräustüberl‹, das längst zugesperrt hatte. Deshalb versuchte man nach Rittersart die hölzerne Pforte rhythmisch mit Baumstämmen zu brechen, damit wir nun auch endlich meine Kunst von der Köhl wegreißen und wieder mit nach Hause nehmen konnten. Na ja. Es ging nicht. Also zogen wir zäh weiter von Wirtschaft zu Wirtschaft in

den ›Blauen Bock‹ zurück und verabredeten uns für den nächsten Tag zur Rückreise nach Berlin am Hauptbahnhof, weil ich noch irgendeinen Quatsch früh erledigen wollte, wieder eine Schnürsenkelbesorgung oder so was Ähnliches. Eigentlich aber eine Ausrede, weil ich vermeiden wollte, daß ich mit Frühaufstcher Petersen um etna halb sieben schon wieder am Henkeltöpfchen frühzustücken gezwungen sein würde. Was er, für sich allein, natürlich trotzdem tat.
Nächsten Morgen, gegen elf, Wiedervereinigung am Bahnsteig. Wir sahen nicht mehr sehr gut aus. Petersens gestrige Stirnblessur, angeblich beim Besteigen eines Taxis »am Türholmen« empfangen, hatte über Nacht an Farbe und Kontur gewonnen. Er sah aus wie nach einer Wirtshausschlägerei. Ansonsten mußte er, knittrig wie er daherkam, sein K.o. im Anzug ausgeschlafen haben. Dazu dieser absurde Koffer! »Was brauchst du denn für zwei Tage so einen riesigen Koffer?!« O Gott! Das hätte ich nicht ansprechen dürfen. Da sei nichts weiter drin, brüllte er gekränkt, es habe ihm »auf die Schnelle und wegen Ilona« nur nichts Kleineres zur Verfügung gestanden! – »Is ja gut!«
Von wegen. Mir ging's so weit auch nicht gut. Dazu kam, mehr optisch, daß ich über Nacht oder im Laufe des dunklen Abends mitten auf der Nase auch etwas Übles empfangen hatte. Im Spiegel sah man, der Künstler knospte! Es saß ein satter Pickel, ein solcher Oschi, mitten auf meiner Nase! Oder ein Insektenstich, ein Blauer Wanzenbock? Der Vorfall blieb ätiologisch unklar, hatte aber, wie auch immer, stattgefunden. Wer meine Beule kennt, wird wissen, was das bedeutet, denn sie ist für sich schon eher so eine Art gedunsene Pustel. Ich sah furchtbar aus, vor allem furchtbar albern. Es bewies aber mal wieder eindrucksvoll die Gültigkeit der ›Insecto-Theologie‹ des Friedrich Christian Lesser. Diese ist nämlich ein vernunft- oder schriftgemäßer Versuch, wie ein Mensch durch aufmerksame Betrachtung derer sonst wenig geachteten Insekten zu leben-

diger Erkenntnis und Bewunderung der Allmacht, Weisheit, Güte und Gerechtigkeit des großen Gottes gelangen könne. Dazu noch passend Petersens Veilchen auf Grund einer unklaren Angelegenheit; er mochte sich nicht äußern. Sagen wir also, es war Kommunikationsdesign. Oder Offenbarung.
So gelangten wir also mit Koffer, Veilchen und Meta-Nase im Speisewagen einigermaßen geordnet bis Bamberg, wo wir den Zug im Zweistundentakt einmal auszulassen uns fest vorgenommen hatten, damit wir das ›Brauhaus Spezial‹ besuchen konnten, woraus aber ein Vierstundentakt wurde. Im Zug hatten wir schon die ganze Zeit im Speisewagen getrunken, aber auch zwei Steaks gespeist. Wir sahen so was von mitgenommen aus, was wir auch waren, aber da kommt dann ja oft so eine überdrehte Heiterkeit auf, und ein finales Rettungscherzchen ist auch immer drin. Petersen hatte die Steaks neckisch mit »hö hö, englisch« bestellt; damals ging die Furcht vor wahnsinnig gewordenem englischen Rindvieh um, und dann zahlte er mit der Chicagorolle, gab zwanzig Mark Trinkgeld, und alle hielten uns für zwei furchtlose, aber irgendwie doch gescheiterte Ganoven, während wir uns scheckig lachten.

Dann hätten wir Bamberg fast verpaßt. Alles ging in Deckung, als wir wie die Geisteskranken hochsprangen und mit dem Koffer, der Aktentasche und den Schnürsenkeltüten zum Ausgang polterten, um rücksichtslos an die Schankbiere der ›Brauerei Spezial‹ und ›Brauerei Fäßla‹ in die Obere Königstraße zu gelangen. Denn wenn es einmal wirklich gutes Bier und alles rundum sowohl biertechnisch als auch biergemütlich und bierbestmöglich sein soll, steigt man in Bamberg aus, rennt die Bahnhofstraße runter, biegt rechts in die Obere Königstraße, wo praktisch vis-à-vis diese zwei Hausbrauereien liegen, springt praktisch am liebsten in beide zugleich und kippt ein Hausbräu herein in seine innere Biergierde.

Im ›Spezi‹ wird in einer himmlischen Gaststube ein ganz leicht gerauchtes Lagerbier ausgeschenkt, welches vom dritten Seidel an in schwindlig spiralen Steigungen immer, immer besser schmeckt und in Qualität und Erlebenstiefe Räusche und Heiterkeiten bewirkt, die in Berlin – ›Kindl‹ hin, ›Schultheiss‹ her – so völlig undenkbar sind! Es ist auch der Braumeister und Hauswirt nach Auskunft der Stammkundschaft ein in der Geschlechterfolge der Brauer ein geradezu beethovensches Ausnahmegenie, weswegen sie ihn auch zärtlich »Frankenstein« nennen. Die Preise beschämen! Das einfache Essen hält man so für gar nicht möglich als Berliner. In trunkener Vollwonne beschließt man schon den Umzug nach Bamberg, und Hegel, E.T.A. Hoffmann, diese ganzen Schlucker waren ja auch alle da! Und man versteht dann auch nicht, wieso man das alles überhaupt erträgt, mit ›Kindl‹ und ›Bürgerbräu‹, diese idiotenhaften Berliner Strapazen.

Im ›Fäßla‹ gegenüber wird ebenso bejubelnswürdig gebraut und gekocht und standesgemäß in der Schwemm gesessen. Dort schenkt man ein Pils und ein Lager aus. Möge Gott diese Handwerke erhalten, sonst verstehe ich ihn schon bald gar nicht mehr!

So hockten wir nun also die dritte Stunde im ›Spezi‹ und beschlossen zur Abwechslung, nach noch einem letzten Seidel, in diese Fäßlaschwemm rüberzumachen. Das wurde von der Polizei verhindert. Wir hatten es plötzlich mit der Polizei zu tun. Wieder mal.

In der Zeit, als ich mein ›Aqua botulus‹ fertighatte und des öfteren mit Verleger Maas und ›Chappi‹ Wawerzinek verkehrte, passierte das manchmal sogar mehrmals täglich. Die beiden waren prima, aber sie zogen die Seuche an! Immer Ärger! Immer diese Polizei; das war so lästig, daß ich die beiden anfing strikt zu meiden. Immerzu diese Verhöre und stundenlang in diesen miefigen VW-Bussen über Protokollen hocken, während von draußen alle blöd reingucken. Und dann diese unangenehmen Ausnüchterungszellen, wo es nichts zu trinken, aber im Hintergrund immerzu Chappis Geschrei aus der Nachbarzelle gibt. Schrecklich! Und später dann auch noch diese zerknirschten Prozesse um irgendeinen Scheißdreck, wegen einer Beleidigung, an die man sich beim besten Willen nicht mehr erinnern kann, oder wegen Belästigungen harmloser Gemüsehändler oder Beschädigungen irgendwelcher Wahlkampfstände, irgendein Mist, der wieder mal zehn Menschen bei Gericht beschäftigte und belästigte und auch wieder nur fünftausend Mark kostete. Das ist ein so leicht vermeidbarer Unsinn!

Aber so weit waren wir nun wieder, weil wir nämlich angeblich ein Rollerpärchen mutmaßlich insultiert und verlacht hatten. Und das war auch leider kein ›angeblich‹; das war schon so. Nachdem es nämlich endlich gelungen war, uns vom ›Spezi‹ loszureißen, stießen wir dort vor dem Tor unverhofft auf ein gleich davor umständlich hin- und herparkendes und außerordentlich plummig wirkendes Motorrollerpärchen. Die saßen dort mit ihren komischen Helmen auf so einem rundlichen, roten Motorroller, und der Mann vorne versuchte gerade mit seinen kurzen Beinen in ein Parkplätzla hineinzupaddeln.

»Haste so wat schon jesehn?!« Also das war jetzt für unsere augenblickliche Nervenkostümierung ein etwas zu unverdauliches Bild und mußte infolgedessen erst in Ruhe betrachtet werden. Diese optische Sensation mußte man irgendwie erst mal verkraften. Wir standen beide so untergehakt da, der Koffer daneben, die Aktentasche links außen, und nun guckten wir uns das so kunstsinnig an. Wir ließen das so, in Panofskyschen Dreier- und Viererschritten, auf uns einwirken. Das etwas Außerirdische von denen. Wir waren ja schließlich auch Galerist und Künstler und hatten die erprobte Tüchtigkeit, solche ästhetische Exotik ordentlich einzuschätzen.
Also folgendes Bild: Die beiden Rollerfahrer und der Roller waren zunächst mal insgesamt sehr rund, und alles sah sich seltsam ähnlich, der Roller, die Piloten, und oben schauten aus den zwei komischen, runden Helmen zwei geräumige, fränkische Gemütsgesichter heraus und beargwöhnten uns, denn wir umrundeten sie jetzt schon mehrfach verdächtig. Wir bestaunten sie ungeniert von allen Seiten. Wir flogen um diese runde Angelegenheit herum. Wir ummondeten die! Des Rollerpärchens Oberbekleidung bestand aus einer nappaledernen, wattierten Doppelmontur im runden Blousonschnitt. Das Männchen maß ein wenig größer als das ansonsten ganz gleich beschaffene Weibchen, aber zwei exakt gleich dicke, wellfleischige Steißteile steckten formgleich in Partnerlookjeans. Hinten am Roller umrundeten wir auch noch so eine großgeartete, wulstige und auch irgendwie wieder sehr runde Satteltasche aus Hartnappa. Es war alles überwältigend! Eine so abgerundete Sache sah man selten zuvor, das war jetzt klar. Insbesondere, wenn die beiden verklammert darauf saßen und mit siebzig Sachen durch die Gegend rollten! Was jetzt leider nicht geboten wurde. Man hätte darum bitten können, aber noch fehlten die Worte! – »Eine runde Sache!« sagte Petersen dann auf einmal.
Man hatte die Worte wiedergefunden, und ich fand auch: »Das

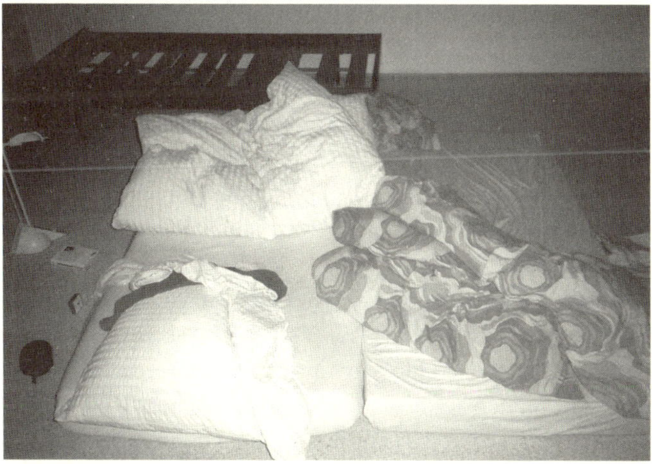

ist jetzt eine runde Rollernummer vom Allerfeinsten! Rundum!« Mit irgend so einem Schwachsinn schwärmten wir besoffen und begeistert um die beiden verdutzten Rollermännchen herum. Und richtig! – Das war ja sogar Mythos und: »Sie sind ja Platons kugelrunder Urmensch aus dem Symposion, Mensch!« Sie wußten nicht, was wir meinten. Bei dem Rollerpärchen schien es sich um keine Altphilologen zu handeln.

Also sah mich Petersen plötzlich finster an und schüttelte sich wütend, richtig angeekelt: »Trotzdem! So geht das nicht!« brüllte der jetzt los und blieb vorm Roller stehen. Was war nu los? Wir sahen ja vermutlich sehr viel bekloppter aus als die beiden. Eben wie Veilchen und Pustel mit Koffer auf Reisen. Aber Petersens Einschätzung war umgeschlagen; er fing an, das arglose Rollerduo zu schurigeln: »Wie lauft ihr denn rum? Seid ihr denn verrückt geworden? Läuft man denn so rum? Das ist ja zum Kotzen!« Zunächst tappten die beiden wie Mainzelmännchen und Mainzelweibchen unbeeindruckt gutartig und weiter beschäftigt um ihren komischen Roller herum und hantierten in dieser gedunsenen Hecksatteltasche aus Hartnappa mit Windschutzbrillen und irgendwelchen runden Spezialfäustlingen und gaben sich alle Mühe, die zwei bösen Onkels zu ignorieren. Woraufhin Petersen plötzlich versuchte, ihnen vorne die Luft rauszulassen, um sich mehr Beachtung zu verschaffen.

Hier war nun Schluß mit lustig! Man wurde handgemein. Veilchen und Pustel kämpften gegen das rote Rollerpärchen. Ein Gezerre ging los, ein Ringen um den Roller. Das niedrig gewachsene Naabtalduo mit den Klopfhelmen wurde fuchtig, als Petersen, 1,90 groß und selber dick wie sonst was, sich mehr und mehr auf seinen blöden, kleinen Ventilstreich kaprizierte und sich immer heftiger auf diesen dämlichen Vorderreifen vorkämpfte, währenddessen die zwei ausgepolsterten Rollerfahrer wie Kugeln hinten an ihm hingen und mit aller Kraft und kreischend zu allem entschlossen waren, um ihren Roller zu retten. Ich fand das jetzt zu heftig und wollte beschwichtigen. Ich weiß nicht, warum, aber ich brüllte plötzlich wiederholt den Blödsinn: »Ihr seht so bekloppt aus, aber gut! Also Friede!« Denn sie sahen ja auf ihre Art auch wieder sehr gut und friedlich aus, so wie Kissen oder Pudelmützen auch irgendwie gut und friedlich aussehen. Aber diese versöhnliche Dialektik entschlüsselte sich ihnen nicht.

»Ihre Personalien bitte!« Polizei war hinterrücks herbeigetütert. Auch hatte sich eine Menschenschar um den Krampf gebündelt. Dickhalsige Bamberger Katholikenmenschen mit gewöhnlich allerhöchsten Blutdrücken und ausgesprochen ungeniertem Interesse an spektakulären Biertumulten sahen zu, wie wir unter Androhung der behördlichen Migränestifte in den VW-Bus abgeführt wurden. Zum Glück! Denn stämmiges Bamberger Volk, das Laserstrahl wie »Leserstroooohl« ausspricht und zu Parkplätzen »Parkplätzla« sagt und im übrigen und nüchtern betrachtet eigentlich sehr gemütlich und umgänglich veranlagt ist, war gewillt, uns zu lynchen. Sie erkannten nämlich im Rollerduo das für sie Typische und zu den Ihrigen Gehörende und waren also aufgebracht gegen uns suspekt verbeulte Großstadtfremdlinge mit verdächtigen Koffern und Aktentaschen.

Darüber hinaus hatte damals in der ganzen Stadt ein Steckbrief gehangen, auf dem man den Mörder eines kleinen Mädchens suchte. Daß sich später herausstellte, daß die Eltern das Kind selbst zerhackt hatten, half uns damals noch nicht weiter. Derweil nun also draußen das Rollerduo vom Volk die runden Schultern geklopft und den Sieg zugesprochen bekam, schob man uns, nach Aufnahme der Personalien und Untersuchung des Koffers und der Aktentasche, mehr oder weniger zwangsweise ab, fuhr uns sogar im Polizeiauto das Stück zum Bahnhof runter, um uns vor den hypertonischen Katholiken zu retten.

X.
Sündenkompendium

Es ist besser niedrigen Gemüts zu sein mit den Elenden.
Sprüche 16,19

Solche Geschichten erzählen Außerirdische
ihren Kindern, damit sie BWL studieren.
K.D. Schacht

Ein halbes Jahr später kam dann die Anzeige wegen Beleidigung, Erregung öffentlichen Ärgernisses und so weiter. So das übliche mir bekannte Register aus der Chappi- und Maasmenschenzeit. Interessant daran war, daß es sich bei dem klagenden Rollerpärchen tatsächlich nicht um Altphilologen, sondern um eine Sachbearbeiterin namens Sandra Friede und um einen Grubenelektriker namens Jörg Spuntz, beide unverheiratet, gehandelt hatte. Daran war unglaublich, daß es sich bei diesem symbiotischen Kugelpaar um eine wilde Ehe gehandelt haben soll, was es so in Bamberg sonst auch selten gibt. Vor allem unter Rollerpärchen! Und daß es in Bamberg ausgerechnet Grubenelektriker gab?! Das wollte ich auch nicht glauben! Und daß doch in dem Film ›Der Schpountz‹ von Marcel Pagnol einer den Fernandel fragt: »Wer sind Sie denn?« Und dann sagt Fernandel: »Ich bin der Schpountz!« Und der Grubenelektriker Jörg heißt nun auch Spuntz. Wer sollte das denn alles glauben? Wo doch wohl alles sogar amtlich war und stimmte?! Auch die »Sachbearbeiterin Sandra Friede«! Und ich hatte doch ständig gerufen: »Ihr seht so bekloppt aus, aber gut! Also Friede!«

Es kam aber noch besser. Sechs Wochen später saß Petersen wegen seiner aus Bolivien importierten Pulverfässer mit nach Kerosin stinkenden Pflanzenprodukten in Berlin-Moabit auf

vier Monate in Untersuchungshaft, während die Bamberger Anzeige wegen Geringfügigkeit doch noch zu Fall kam. Ein Glück! Sonst hätte ein Prozeß den anderen negativ beeinflußt! Jes hockte also plötzlich bei den Moabitern. Keiner konnte das fassen. Man wußte natürlich vage, daß er da aus Not irgendeinen Scheiß trieb und daß er so etwa seit 1989, wie alle hier in Westberlin, durch die dauernde Pleite taumelte, dennoch aber gewisse Grundbedürfnisse hatte, die wesentlich höher lagen als meine zum Beispiel. Manche Menschen brauchen eben wenigstens fünfzehntausend im Monat, und ich brauche eben zwei. Oder besser drei.
Was nun? Ich guckte erst mal in meinem ›Rienecker‹ nach: ›Moab‹, östlich vom Toten Meer, wo neben den Israeliten die ›Moabiter‹ im Dauerstreite wohnten. In Sittim verleiteten die Moabiter die Israeliten sogar zum Götzendienst (4. Buch Mose 25)! Saul und David hauten sie dafür tüchtig aufs Haupt, woraufhin wieder moabitische Streifscharen ins Heilige Land einfielen, woraufhin die Juden wieder mit Nachdruck Moabiterinnen zwangsehelichten. Im Laufe der Zeit sind die hochmütigen Moabiter dann in den Arabern aufgegangen, müßten jetzt Palästinenser sein und warten auf das Gericht Moab, welches die Propheten Jesaja, Jeremia, Amos, Zephania etc. nach ihrem Dafürhalten in vollster Überzeugung voraussagten. Aber wann und wo? Im Untersuchungsgefängnis Moabit? Das war mir erst unklar.
Ich setzte meine erste Post an Jes Petersen nach Moabit auf; also, was soll man schreiben? Die Schriftstücke wurden begutachtet! Also schrieb ich Jes ein weniges über die sich träge in den Schrecken dahinentwickelnde Zivillage hier draußen, viel über die Befindlichkeit seines Hundes Jutty, der ihm nahesteht, und noch dergleichen Wichtigkeiten mehr und dann auch einiges über die Moabiter, jetzt Jordanier, respektive Palästinenser. In Jes' erstem Rückbrief stand dann: Kapielski, alter Bingomeister! Das stimmt! Hier sitzen jede Menge Jordanier,

Palästinenser und Araber jeglicher Provenienz in Moab und warten aufs Gericht. Vorwiegend wegen Drogen. Heidnische Hoffart! Wie es die Propheten geweissagt! Auch sollt ihr Mohren durch mein Schwert erschlagen werden. Sprach der Herr Gott Zebaoth (Zephania 2,12; Hesekiel 30,9)! (Sofern sie Scheiße bauen. Der Herr kennt seine Rassen!)
Eigentlich hatte Jes das alles immer mal gewollt. Er hatte so eine tiefsitzende, einerseits an die Boheme, andererseits an sein Satanistenhobby grenzende Ganovenromantik im Kopp, daß es so kommen mußte. Eine Fortsetzung der Chicagorolle mit anderen Rechtsmitteln, das mußte wohl irgendwie sein. Nun waren es gottlob keine Fässer, sondern ausgehöhlte Bilderrahmen mit zweieinhalb Kilo gewesen, und es gab auch noch einen Österreicher, einen Halbstrizzi mit so ausgelatschten Fittislippern, ich weiß nicht, wie die heißen, die sehen so aus wie Mokassins. Mit Leuten, die solche Schuhe tragen, würde ich prinzipiell keine Geschäfte machen! Die sind typisch für so Typen. Beim Prozeß hat mich nur gewundert, daß die zwei bösen Hobbygärtner bislang nicht vorbestraft waren; der Strizzi mußte ein Simulant sein.
Der Prozeß glich einem durchaus gediegenen Bauerntheater. Man gab einen Sozialarbeiterschwank erster Güte. Da hockten unsere zwo zerbrochenen Krüge in ihren Sonntagsanzügen neben ihren Schwarzkitteln und machten kleinlaute Angaben zur Person. Petersen ließ die ganze Avantgarde des 20. Jahrhunderts vor und neben sich aufmarschieren, bis der Richter die Polonaise jäh stoppte, weil er die alle gar nicht kannte! Was weiß ein rechtschaffener Landesrichter von Franz Jung, Picabia und Manzoni? Bei Picasso wurde er hellhörig! »Sie kennen Picasso persönlich?« argwöhnte der im Meer der Lügen seefest gewordene Rechtsmann. »Nicht persönlich; wir haben uns geschrieben.« Ein tiefes Mißtrauen saß in den Stirnfalten des Vorsitzenden, und er machte Notizen, während Anwalt Thomas seinem Mandanten ins Ohrläppchen biß.

Ich dachte, oje, zwei Punkte runter. Man machte sich Sorgen. Dabei war der Richter durchaus gutwillig, ganz im Gegensatz zu einer grämlich wirkenden Staatsanwältin, der ein Krebs der Beschuldigungssucht aus allen Poren troff, die aber wieder so infam wirkte, daß es am Ende aufs Strafmaß senkend sich ausgewirkt haben muß.

Dann wurden wir Zeugen geradezu königlich bayerischer Gerichtsbarkeit. Der Richter: »Herr Petersen, Sie sagen aus, daß Sie von den Lieferungen lediglich ein paar Gramm des Kokains als quasi Lohn für sich erwarteten und diese versprochene Portion für Ihren Eigenbedarf dann aber gar nicht erhielten.« Jes Petersen gab ein fromm aufrichtiges »Leider, Euer Ehren!« kund. In den Rängen duckte alles ab.

Alle dachten, jetzt ist es aus. Aber der Richter war im Grunde ein guter und klarsichtiger Mensch und Christ, und irgendwie hatte Petersens verläßlicher Anwalt die Sache so gestellt, daß der Strizzi den bösen Part figurierte und Petersen die Rolle des etwas dämlich Verführten aus gutem Hause gab. Der schlechte Anwalt vom Strizzi mußte dann auch noch den Verfassungsrechtler rauskehren, und das mögen sie nicht, die altgediehenen Rechtsprecher, Christ hin, Mensch her, und da war's denn auch um den Strizzi geschehen, welcher somit auch unwillentlich Kompensationspunkte für Petersen gutmachte.

Eine gewisse Lebensklugheit ist nicht von Übel. Jes war gleich nach der Verhaftung als Schwerstkranker in den vergnüglicheren Krankentrakt gelegt worden, während der Strizzi als gesunder Mensch unter den A-Normalen U-Häftlingen hockte. Es ist eben doch gut, wenn man sich vorsorgend einen soliden Zucker ansäuft und so viel liest, bis man bei Gelegenheit eine ordentliche Portion intellektuelle Wendigkeit und einen Grauen Star vorweisen kann.

Schlußakt: Christ hin, Mensch her, das Gesetz befiehlt ein Jahr pro Kilogramm, letzte Bastionen eines Ius talionis, also zweieinhalb Jahre für den Strizzi ab sofort, Petersen zwei Jahre

und vorerst Haftverschonung wegen Krankheit, Alter, Berufsmeriten und treulicher Ehe. Auf Wiedersehen, Herr Petersen, kommen Sie gut nach Hause!
So marschierte denn der arme Strizzi zurück in die Katakomben dieses furchterregenden Gebäudes und Jes Petersen mit alle Mann in die nächste Kneipe. Eine Weile später griff ihn dann doch noch die Staatsmacht. Kramer machte den Vorschlag: »Schicke Hund Jutty nach Tegel, und du gehst ins Tierheim Lankwitz!« Fand er gar nicht komisch.
Und wenig später kam auch ich in den Genuß einer, wenn auch geringen, Vorstrafe, deren Ursache man ehrlich und freundlich mit ›Trunkenheit am Steuerformular‹ hätte umschreiben können, wo andere gleich einen »Betrug« unterstellen und noch andere das auch sofort glauben. Von mir aus! Sollen sie doch ihre Zwänge vollstrecken! Aber ich betrüge kein Amt! Ich bin nicht mal in der Lage, meine Mutter zu bescheißen! »Sie haben diese abartige Steuerveranlagung, nicht ich!« schrieb ich dem Finanzamt. Und: »Die Ihrem Schreiben beigefügte Zahlungsaufforderung sende ich zu meiner Entlastung zurück.«
Schon aus Furcht vor Moabit betrüge ich nicht. Ich habe eine gesunde Angst, und nur ihr habe ich zu verdanken, daß ich nicht Mitglied der RAF und Schlimmeres geworden bin. Feigheit ist der bessere Teil der Tapferkeit! Aber ich komme, wie jeder ordentliche Mensch, mit diesen Formularen nicht zurecht und brauche zu dieser dreitägigen, verzwickten Jahresarbeit wenigstens zwei Kasten Bier, was die Unterlagen auch nicht schöner und sogar verdächtig macht. Das gebe ich zu, Euer Ehren! Das mit den vielen Tagessätzen aber ist reine Beutelschneiderei!
Ich habe dann überlegt, was man machen könnte, und schließlich mit Karte und Kompaß so qibla-mäßig mein Finanzamt geortet. Jetzt stoße ich in diese Richtung täglich mehrmals Flüche oder Fürbitten aus, in der Hoffnung, es möge irgendwie

psychokinetisch, vektoriell usw. begütigend wirken. Scheint auch zu wirken. Denn es kam dann eigentlich nur noch die Schikane mit den Büchern.

Ich kaufe eben für viele, viele Markscheine Bücher im Jahr. Man bemüht sich, seinen Bildungspegel zu halten. Da sollte ich nun für mein hochinteressiertes Finanzamt plötzlich alle auflisten, mit Märchensteuer, Titelangabe, Jahr und Erscheinungsort, und für jedes Buch noch eine Begründung schreiben, warum ich nun gerade diesen betreffenden Band fachlich brauche und nicht nicht. Und das bei über dreihundert Bänden im Jahr! Spinnen die?

Zunächst reagiert man da sehr resigniert. Jetzt hatte ich zu dieser Zeit zufällig auch den ›Fragebogen‹ von Ernst von Salomon gekauft und natürlich abzusetzen beabsichtigt; es geht in diesem Buch darum, daß der doch ziemlich schwarzbraungebrannte Autor nach dem Krieg diesen alliierten Persilschein machen und bestimmte brenzlige Fragebogen ausfüllen mußte, und da sind dann, weil er meinte, das geht nicht so einfach, siebenhundert Seiten draus geworden, weil er doch einiges genauer erklären mochte als sonst üblich. Aha! dachte ich. Nicht schlecht! Und dann hat Rowohlt das auch noch gedruckt! Ich dachte, so mache ich das auch! Es sind zwar nur etwa neunzig Seiten geworden. Aber dann war Ruhe.

Früher wurde man ja nicht gefaßt. Da hat man dezenter gearbeitet und konnte auch besser rennen, und es war auch nicht immer so viel Suff mit im Spiel. Heute machen die ›S-Bahn-Surfen‹. Da kann ich nur lachen. Wir sind nachts rumgezogen und haben offene BMWs, irgendwelche blöden Cabrios mit roten Ledersitzen gesucht. Dann haben wir da in der Umgebung so lange Schnaps getrunken und Pizza gefressen, bis man kotzen konnte: »Brecht das Brot und verteilt es unter den Reichen!« Das war unser Motto! Und wesentlich riskanter als S-Bahn-Surfen und auch politisch, sozial akzentuierter! Diese offenen Dinger fahren doch nur Gangster, Architekten oder

sonstwelche Fittis und Arschlöcher. Inzwischen sitzen hier vornehmlich Jungdealer mit Goldzähnen drin und jagen die Oranienstraße auf und ab, damit ein jeder vom Rapperunfug lauschen möge. Da traut sich die Jugend nicht mehr ran; das achten sie. Lieber eine U-Bahn kaputtmachen oder sonst eine öffentliche Nützlichkeit; vor den Stinkblechen haben sie Respekt, da hängt auch ihre eigene kranke Wunschökonomie dran, an dieser ganzen oben offenen Konsumscheiße und Angeberblödheit. Ich meine, wenn ich es luftig haben möchte, dann fahre ich doch bequemer Fahrrad, und von einem ordentlichen Auto kann ich doch ein vernünftiges Dach erwarten und im Winter eine Heizung. Was sollen diese halben Sachen?
Der junge Mensch bemalt heute lieber nach Schema F Brükken, Bahnen, Friedhofsmauern und romanische Kirchen (die gotischen haben eine zu unübersichtliche Außenfläche) mit normdesignten Pißmarkenkürzeln. Er unifiziert die Oberflächen. (Wie die Sprache: Alles ist »geil!«) Andererseits will er sich »in intakter Umwelt austoben« (sic! Hat so neulich ein Pickel im Fernsehn geäußert). Autos werden merkwürdigerweise wieder verschont. Das ist wahrscheinlich zur Hälfte dieser Deppenrespekt vorm Traumblech und zur anderen Feigheit vor erzürnter, mordbereiter Besitzerlibido. Dabei muß es ein ungeheueres Tremendum sein, einen nagelneuen Mercedes zu täggern! Aber der ikonomanische Sprühimpetus ist eher narzißtisch-voyeuristisch als aggressiv. Ein assekurantes Abenteuer.
Und dennoch ein anstrengendes Malergesellenstück! Da bearbeiten die täglich ihre dreißig Quadratmeter mit geklauten oder von Oma finanzierten Filzern und Sprühdosen und geraten in eine subtile Form der harmonischen Arbeitsteilung von Arbeit und Arbeitslosigkeit: Die Malerinnung weißelt tagsüber, gut bezahlt, die Fresken der jugendlichen Freiwilligenbrigaden, damit diese auch in der kommenden Nachtschicht wieder weiße Wände zum zeitgemäßen Tapezieren vorfinden

und den nachfolgenden Fassadenreinigern die Arbeitsplätze sichern.
All diese Deppen, welche mit falschrummen Schirmmützen und sportiven Klumpfüßen verirrt in Markencremetorten stehen und »cool«-Formeln leerer Begeisterung ausscheiden: Es (Disco oder so was) sei neulich »voll leer« dort gewesen! Woraufhin ein ebensolcher mit »Echt?« sogar Zweifel dransetzte, derweil die Semantik dieses beiläufig mitgehörten Dialogs in meinem limbischen Sprachlappen einige Eruptionen auslöste: Fuck! Von irgendwelchem Geist müssen die wohl doch – beseelt eher nicht, aber – besessen sein!
Eine ebenso dusselige Schwerstarbeit ist dieses freiwillige HipHop-Exerzieren. Ekelhaft. Verkitschter Plunder, sekkantes Akklamieren, asexuelles Synchronficken und üble Vorturnerei. Mit dem Zeigefinger rumstochern, Verbrechergepose, dumpfe Angeberei mit Autos, Weibern und Oberbekleidung. Das Gespons läuft rum wie Nutten und wackelt brav mit den Ärschen, damit ihnen Opa einen ›MCM‹-Rucksack zu 998 Mark hinten dranhängt. Du meine Güte! Was sind das für Moden? Und was haben die für ein Arbeitsethos: Tennisspielen, Autorasen, Gangster, Plattenauflegen, Rappen und Oben-offene-Autos-Kaufen. Und bei Mutti und Oma um Geld winseln. Sehen aus wie Bay-watch-Pflaumen, und dann haben die aber mit fünfundzwanzig in ihren Kinderzimmern auf dem Bett noch Teddys und Monschischis sitzen. Jesus!
Da waren wir doch anders! Mein erstes geklautes Auto war ein oben geschlossener Käfer. Ich hatte noch keinen Führerschein und sagte nun zu olle Kumpel Klix, dann fahr du mal. Er hatte aber auch keinen Führerschein, konnte aber fahren. Die Tür war offen gewesen; man war seinerzeit noch innig unbekümmert. Klix fummelte an den Drähten unten rum, und ich saß im Auslug und hielt Ausschau. Für mich sah auf einmal irgendwie alles verdächtig nach Polizei aus. Ich sprach stumme Gebete zum Herrn, er möge die rechten Drähte nicht zuein-

anderkommen lassen und den Klix verwirren, bis alle Sünde von ihm fiele, aber plötzlich brummte der Motor. Wir fuhren ein Stück, mit schlotternden Knien, was eine etwas ruckige Fahrweise und so auch ziemliches Aufsehen verursachte. Ich sagte: »Du hast doch gar keinen Führerschein, Mensch!« – »Nee«, hatte er nicht. Er schaute betreten – und nahm eine Vollbremsung vor! Wir sahen uns entsetzt an. »Wir lassen das lieber, ohne Führerschein!« Wir wendeten unter großer Aufregung, parkten das Auto auf seinen angestammten Platz und rannten davon. Solch einen Respekt hatte man damals noch vor Führerscheinen und sonstigen sozialen Regelungen!

In ähnlicher Besetzung versuchten wir dann einen Ausflugsdampfer zu kapern. Ich nehme an, daß man mit sechzehn Jahren allgemein durch eine kriminelle Phase muß. Es ist noch nicht ganz Schluß mit Rittertum und Ivanhoe, und für Barrikadenkampf oder sublime Parteiarbeit ist es noch ein wenig früh. Eine kurze Spanne pubertärer Delinquenz machte uns nun zu Kaperfahrern. Unvermittelt lag ein Ausflugsdampfer da. Wir versuchten das Gerät zu starten. Es gelang nicht; wir wußten nicht, wie man so was macht. Man konnte sich nicht vorstellen, daß man so ein Schiff mit dem Zündschlüssel am Lenkrad startet; sicher waren umständliche Zündladungen im Maschinenraum anzubringen. Also stand kein Motor zur Verfügung. Wir wären wohl auch ganz gut ohne Motor losgekommen, aber bei Schiffen ist das Heikle bremsen und anlegen. Zum Glück gelang es uns nicht, die Leinen loszubekommen, weil wir die kniffligen Seemannsknoten nicht aufbekamen. Das wäre ein ziemlicher Schaden geworden, und meine Zukunft hätte sicher auf See gelegen!

Zwanzig Jahre einen demolierten Ausflugsdampfer abstottern, das wäre was Feines gewesen, das hätte einem die Zukunft an Land versalzen. Seither meide ich diese Geräte. So eine Dampferfahrt ist ein strapaziöser Unfug, und man kommt, wenn man erst mal drauf ist, nicht von Bord; dann ist man

zu bis zu sechs Stunden Dampferfahrt verurteilt, trinkt teures Flaschenbier und schwitzt sich blöd, während an den Ufern alles vergnügt im Wasser umherdelphiniert und rein- und rauskann, wie und wo es will.
Also wir gingen damals noch mal glücklich von Bord und sahen uns nach anderen Verbrechen um. Es mußte was sein! Man sah sich um. Jetzt standen wir in Tiergarten an der Spree rum, und plötzlich drüben geht ein Licht auf, ein Hochhaus, ein riesengroßes Studentenheim mit Kochzellen und Fernheizung. Wir irrlichterten da rum. Plötzlich befand sich die zentrale Stromversorgung vor uns, ich weiß nicht mehr, wo und wie, aber ein großer Blechkasten an der Wand, jede Menge An-Aus-Schalter und viele große Hebel. Als wir händereibend das Gebäude verließen, war überall das Licht aus, und auf allen Etagen vögelten sie alle dunkel weiter in ihren Kochzellen mit Kerzen. Das war so die angehende Achtundsechziger-Gesinnung: subversive Harmlosigkeiten begehen und ganz schnell wegrennen. Wobei solche Bommi-Sachen wie Autoreifenpieken einem aber durchaus Titelseiten und jahrelanges Zuchthaus einbringen konnten. Damals kostete ein links abgebrochener Rückspiegel soviel wie heute ein rechts versuchter Totschlag!
Kommen wir zur letzten Eintragung in mein Sündenregister: versuchter Einbruch ›Wurstdiscount‹ Weisestraße, Berlin-Neukölln. Hungrig mit Freund Hilbert begangen. Wir hatten schon seinen Werkzeugkasten geholt und polkten mit Dietrich und Vierkant an der Hintertür im Hausflur rum, und es wollte und wollte nicht, als plötzlich die resolute Portiersfrau dastand. »Wollt ihr blöden Eierköppe eure Zukunft ruinieren?« – »Nein, möchten wir lieber nicht.« – »Na, denn haut aba ab!«
Und wir hauten aber ab! Man ging erst nach etwa dreitausend Metern galoppiertem Zickzack in eine ruhigere Gangart über und schleppte dann den Werkzeugkasten in einen Imbiß zum Currywurst-Essen. Es mußte jetzt, geklaut oder nicht, eine

Wurst her! Als unvermittelt zwei Schupos eintraten und ihrerseits Currywurst mit Pommes bestellten, schissen wir uns fast in die Hose!
So funktionierte das damals mit der Reintegration. Da gab es noch diese kriegserprobten Respektspersonen in Hauswartsämtern und Parkwächter auf Streifendienst, und man hatte auch Respekt vor denen und wurde ein guter Mensch darum. Ein nach Helmuth Plessnerschen Vorstellungen gesitteter Großstadtmensch mit guten Manieren, dezent und einvernehmlich freundlich um eines Gesamtfrieden willens, der nötig ist, wenn so viele Arschlöcher so dicht aufeinanderhocken wie in Berlin.
Heute widmete die ›B.Z.‹ zwei fünfzehn- und siebzehnjährigen Raubmördern eine Achtelseite, da sie Stiefonkel und Schwippschwager mit Äxten und Vorschlaghämmern erschlugen, um in den Besitz derer VHS-Anlage Marke »Orion VH-2000« und eines »Quelle Universum ›Senator‹« zu gelangen, die sie in einer großen, rotweißgemusterten Plastiktüte mit der Aufschrift »Rudi's Reste Rampe« davontrugen. Solch charakterlose Niederträchtigkeiten, eines idiotischen Elektrogerätes wegen, hätte es bei uns nicht geben können. Nein! So wat jabs nich!
Und später dann war da nur noch der milde Betrug eines geläuterten Mannes in mittlerem Alter aus Liebe zu Menschen, der, als er einmal Gast in Altengronau, in Freundin Katrins Pappas Landhaus war, den hausvergorenen Apfelmost so übermäßig genossen hatte, daß er zum Schluß oben den Gäraufsatz abnehmen mußte, um fünf Flaschen ›Knaddel-Daddel-Äppelwoi‹ aufgießen zu können, damit keiner was merken und auch Katrins Pappa teilhaben sollte an den Freuden des Lebens und vergorener Frucht. Man war inzwischen ethisch ausgegorener und im Grunde gutmeinend, also gut!
Ich hatte in meinem Leben vier merkwürdig lasterhafte Anlässe im Zusammenhang mit Äbbelwoi. Eben, das war der

vierte. Diesem arglosen Stöffchen haftet etwas Sündhaftes an. Wahrscheinlich ist es die alte Geschichte um den Apfel, welcher hat aller Welt unendlich Weh verschuldet.

Da war erstens die ›Mainzer Minipressmesse‹ in Mainz, wo wir, Ingrid Buschmann und ich (Herausgeber Baacke hatte gekniffen, Herausgeberin Gerti Fietzek konnte nicht), in einem Großzelt 1982 bei fünfundvierzig Grad Hitze unsere Bücher, die selbstverlegten Frühwerke und die Kunstzeitschrift ›Gepein‹ vorführten. Wohnen taten wir in einer Wohngemeinschaft in Frankfurt, die am ›Karl-Marx-Buchladen‹ hing und in dessen Klo auch schon der leibhaftige Joschka Fischer vor dem antiautoritären Frank-Zappa-Poster gekackt hatte!

Früh jagten wir dann im Volkswagen-Käfer nach Mainz, krochen ins heiße Zelt und legten unsere Elaborate auf den Tapetentisch. Um uns herum blas(z)ierte Dichterinnen in Ökodirndln, die ihre selbstverlebten und -verlegten Gedichte auf selbstgeschöpften, hadernhaltigen Quartformaten an Gänseblümchen feilboten. Dazwischen schwäbische Sektenklitschen in anthroposophischem Tuschdesign. Wir waren irgendwie verkehrt.

Gegen eins kam immer ein Ökobäuerlein mit einem gut gekühlten Holzfaß Äbbelwoi oder Steffche angeschoben. Herrlich! Wir wurden Freunde. Um es dann in den Abend zu schaffen und überhaupt die Laune zu heben, legte ich alle paar Stunden eine Captagon nach und klaute Bücher. Dann ritten wir zurück in die Karl-Marx-Kommune und schlichen mit Walter E. Baumann und Pola Reuth hohlwangig durch irgendwelche Nachtlöcher. Von heute aus betrachtet, war das alles gar nicht so bedenklich. Nur diskrepant. Die Schuh aus Paris, aus Frankfurt de Füß. Mehr nicht.

Dann war da ein zweiter Moscht-Vorfall in Hohenentringen; ich hatte eine Schwabenliebe in Tübingen am Blühen. Ich saß ständig in Zügen nach Tübingen, »Schtuggart umsteige«. Dann jagten wir hoch ins Heim und erledigten unser Monkey business. Wir machten verliebte Ausflüge mit ihrem ›R 4‹-Auto, und einmal hieß es: »Mir fahret etzt nach Hoheentringe!« – »Au ja!« rief ich. Mit Händchenhalten bestiegen wir die Burg und bestellten im Rittersaal auf meinen ausdrücklichen Wunsch gleich fünf Liter Moscht im Bembel, wovon ich vier abbekam, und dazu gab's Ripple mit viel Sauerkraut. Lecker! Es wurde auch viel gesungen; hinten soffen noch Korpsstudenten eine Fidulität bis ans bittere Ende und fuchtelten mit Degen. Dann nahmen wir jauchzend Abschied von Hohenentringen und wallfahrteten hinunter, kreuz und quer über die Streuobstwiesen zum ›R 4‹-Auto hin.

Auf halber Strecke, weit und breit kein Strauch, kein Wald, keine Deckung, überfiel mich ein unbesiegbarer Durchfall. Was tun? Ich lief schon gekrümmt. »Ha, was isch etzet mit dr los?« Ich wußte auch nicht so recht. Würde die junge Liebe Schaden an dem Vorfall nehmen? Na ja, der Druck war groß, das Leben war so. Da sagte ich ihr, was anlag. – »Scheißerei? Ha, so ebbes ko doch bassiere!« sprach die Liebste und gab mir Deckung mit ihrem Palästinenserschal, und nun löste ich endlich den standhaft verkniffenen Kavaliersmuskel.

Bei Gott! Da war mit einmal ein Dünnschiß im Sprühkegel von wenigstens vierzig Grad und stob ins Geäst eines zufällig vorbeikommenden, tief ausladenden, reife Früchte tragenden Apfelbaums. Der Aufprall ging wie ein Sturm durchs Geäst! Vereinzelt fielen Früchte. Schockierte Insekten erlitten Volltreffer, stürzten ab und gingen entzwei. Dann troff der Vorfall gleichgültig hinterdrein ins Gras, als wär nichts gewesen, und derweil hatte ja die Liebste auch ein paar Rhabarberblätter gepflückt und ihre letzten Tempotücher hergegeben, damit ich auch an mir selbst wieder rein werde. Dabei fiel mir wieder Hegels Satz ein: »Nur das Innerliche ist das nur Äußerliche.« Aber auf schwäbisch; er war doch Schwabe: »Bloß des was inna isch, isch bloß aussa.« Da wird's banal. War ja aber auch banal.
Wir verließen erleichtert den Ort des Geschehens. An diesem Tage aber blies ich noch mehrmals ab, nun aber daheim im abgeschlossenen Klo, was angenehmer ist, und zum Glück regnete es nachts, denn ich machte mir Sorge um die Ernte und den nächsten Jahrgang! Drei Monate später war Feierabend mit der Schwabenbekanntschaft. Die Sache hatte also doch Schaden getragen. So geht es dir, Zergliedrer deiner Freuden!
Dann war da der dritte Vorfall in der Sachsenhausener Äbbelwoi-Großstubb ›Germania‹, wo wir mit unserm Ulli ein Hausverbot erteilt bekamen. Für mich war es das erste überhaupt! Und zwar waren die ›Tonkneter‹ um Nils Krüger und ich, solo, zu einem gemeinsamen Doppelkonzert von Heiner Goebbels in die Frankfurter ›Batschkapp‹ eingeladen worden. Die Gruppe umfaßte fünf Personen. Wir mieteten einen Kleinbus, den ich steuerte. Daher kam ich ziemlich nüchtern in Frankfurt an. Der Auftritt war aber erst für den folgenden Abend anberaumt, deshalb ging ein beachtlicher Feldzug durch Sachsenhausen los, den ich noch sehr gut in Erinnerung habe, weil ich, wie gesagt, bis dahin am Steuer gesessen hatte und um einiges an Verwirrung zurücklag.

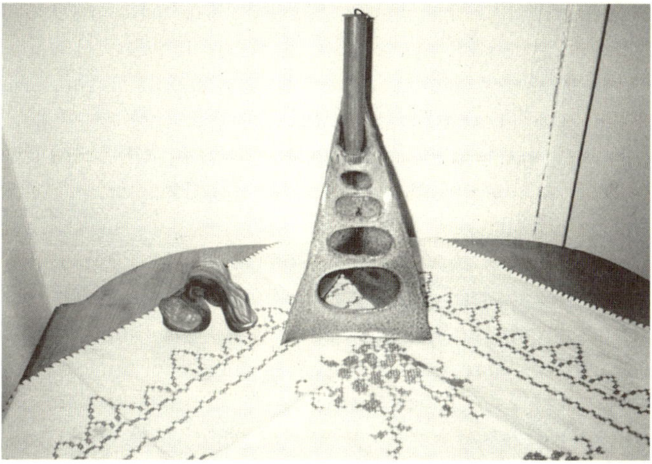

Man landete also im ›Germania‹. Wir bestellten den höchstmöglichen Literbembel gleich mehrmals hintereinander. Ulli Polomski, ehemaliger Schöneberger Box-Juniorenmeister, nunmehr – glaubt immer keiner – Mathematiker von hervorragendem Ruf, hatte die Neigung, in fortgeschrittenem Zustande konfliktlustig zu werden, wobei er, Gott sei Dank, noch immer einigermaßen Freund und Feind zu scheiden wußte und seine Kinnhaken letztlich auch immer sehr gutmütig gemeint waren. Den Nachbartisch hatte er dem Freundeslager zugeschlagen. Er hievte den Zehn-Liter-Bembel ab und an mit einer Hand hinüber, rüttelte ihn wie verrückt, so daß etliches davon überschwappte, und sprach dazu die einfühlsam, versöhnlich gemeinten Frankfurter Worte: »Schwibbele! Schwabbele!«
Die Sache wurde nicht unamüsiert aufgenommen. Der Nebentisch hob seinerseits die Viertel und machte auch Schwibbele-Schwabbele. Dies allerdings befeuerte unsern Ulli, die Sache zu forcieren, insbesondere das Schwappen. Die Damen tupften schon indigniert mit Tempos an den Kostümen herum, und alles putzte Brille. Nun gut, der Nebentisch wollte friedlich

bleiben, hatte wohl auch dem Ulli seine Boxernase in Schlußfolgerung gezogen und setzte sich, als es ihm zu viel wurde mit der Spritzerei, einfach einen Tisch weiter. Damit war die Sache erledigt. Der Kellner hatte schon einschreiten wollen, aber »wir machen ditte schon selba mit unsan Ulli!« Da goß er nun also den Speierling brav über unsere Häupter, und alles war wieder gut.

Dann passierte aber etwas Unvorhergesehenes. Ein Heilsarmist betrat, wie gewöhnlich marineblau uniformiert, die Germaniastubb und bot seinen ›Kriegsruf‹ an. Damals, Mitte der achziger Jahre, ging ja ein ewiges Ringen um Auf- und Absowie Nachrüstung durch die Gesellschaftsgruppierungen, und ein jeder wußte, was ›SS 20‹ oder ›Pershing‹ bedeutet. Unser Ulli war ein geradezu besessener, vulgo besoffen auch militanter Aufrüstungsgegner und wähnte nun, bei Ansicht dieses harmlosen Soldaten Gottes und gar seines ›Kriegsrufes‹, trotz unserer Aufklärungsbemühungen, einen leibhaftigen Bundeswehrteufel vor sich und riß diesem Epauletten und Dienstmütze runter. Dann setzte er sich diesen Schirmhut selbst, verkehrt herum, auf und riß, wie einst Graf Luckner die Telefonbücher, mit aller Kraft den Stapel von etwa dreißig Exemplaren ›Kriegsruf‹ in der Mitte, en bloc!, auseinander.

Da setzte nun allerdings eine Art Toleranzfuror des polyglotten Frankfurters gegen uns preußische Dumpf- und Boxerleute ein, und während wir nun unsern Ulli allesamt festhielten, damit nicht noch Schlimmeres passierte, sprach der Kellner ein ewiges Hausverbot über uns aus, obwohl ich, als einstweilen besonnenster unter uns fünfen, dem erschrockenen Heilsarmisten längst alles erklärt, Entschuldigungen ausgesprochen und auch die ›Kriegsrufe‹ großzügig vergütet und sogar noch die Offiziersmütze vom Ulli heruntergeschnappt und sie dem Heilsarmisten geputzt zurückgegeben hatte. Die Schulterstücke waren freilich hin. Das tat uns teilweise leid.

Dann zogen wir unter bitterster Zurücklassung von beinnahe

noch sieben Litern bezahlten Äbbelwois zur Strafe geschlossen hinaus. Hierbei fiel dem Kellner eine nächste Unerzogenheit auf. Unser Ulli hatte sich entschlossen, ein volles Glas zur Wegzehrung mit hinauszunehmen. Prompt flitzte der Köbbes hinterher. »Ei, jungä Mann, des Glas, gell! Lasse Se des do, gell! Des kost vierfötzisch! Gell?«
Kellner und Ulli standen voreinander. Ulli rang innerlich um eine Entscheidung; das sah man. So entstand eine eigenartige Pause, währenddessen wir interessiert abwarteten, was geschehen würde. Bis unser Ulli unvermutet »Gell!?« sagte, und wir alle mit ansahen, wie er das Glas aus seinem Griff rutschen ließ, wie es runterflog und wie es auf Stein zerbarst. Dann fixierte Ulli Polomski den Kellner und stellte ihm die knifflige Frage: »Und wieviel kostet es jetzt?«
Nun sahen alle sehr interessiert auf den Kellner. Was wird er antworten? Wie steht es um seine Schlagfertigkeit? Dieser drehte aber sofort ab und teilte mit, daß er jetzt endgültig, »gell!«, die Polizei rufen werde. Wir flogen schnell ums Eck in ein Taxi und flüchteten in die nächst ähnliche Einrichtung (›Fichte Kränzi‹). Da nun keine Feindgruppen mehr vorhanden waren, nur noch Kumpels, warf uns unser Ulli dort ein ihm feindlich gesinntes Gebaren vor sowie, wörtlich: »Verrat und Niedertracht in Situationen, wo man zusammenhalten muß!« Dann raste, beziehungsweise wankte er hinaus, bestieg wiederum ein Taxi und ward verschwunden.
Jetzt überkam uns doch ein Gewissen, und wir beschlossen, unsern Ulli gemeinsam zu suchen. Der beste Weg schien jetzt, auch eine Droschke zu ordern und dann den Chauffeur zu bitten, über Funk den anderen Chauffeur, den mit unserm Ulli im Fond, anzupeilen, damit man aufeinanderzusteuern konnte. Unerfindlicherweise funktionierte das nicht. Ein neuerlicher Taxifahrer empfahl uns eine gewisse Strecke verbliebener Kneipen abzuklappern, da sowieso nur noch wenige, es war inzwischen halb drei, geöffnet seien. Irgendwo da müsse »euä

Ulli ja drinhocke!« So schauten wir dann noch in allerhand Puffs, verloren viel Geld, fanden aber unsern Ulli nicht. Wir gaben irgendwann auf und fielen in Heiner Goebbels Wohngemeinschaft ein, wo er angeboten hatte, uns unterzubringen. Heute geht es ihm finanziell besser, und da würde er uns wohl besser und lieber im Hotel unterbringen. Er ist ein freundlicher Mensch, und wir sind und waren schwierig.

Am folgenden Tag fand im ›Batschkapp‹ der Instrumentenaufbau statt. Plötzlich war Ulli wieder da! »Uns Ulli! Ja, wo warst du denn?« Alles freute sich, und er sah sogar besser aus als wir anderen vier. Wie er allerdings dort hingekommen sei, wo er, sehr komfortabel und freundlich übrigens, geschlafen habe, und wer die überhaupt gewesen seien, das wüßte er auch nicht zu sagen. Beim Frühstück jedenfalls hätte ein jeder dort behauptet, man würde sich schon irgendwie kennen. »Ick kannte die aba wirklich nich!« schwor unser Ulli verwundert. »Bis heute nich! – Na, is ejal.«

Unsere nächste gemeinsame Veranstaltung im ›Eiszeitkino‹ Berlin, die haben inzwischen aber Zentralheizung, hieß folglich: »Ulli ist wieder da!« Und war, wie in Frankfurt, auch sehr schön.

XI.
Die Welt ist alles, was die Unfälle ist

Haltet euch an ihre Worte
und nicht an ihre Werke.
Matthäus 23,3

Ich will, daß ihr meinen Taten
und nicht meinen Worten folgt!
Valerius Maximus, Facta et dicta

Während draußen unablässig Regen strömte, hatten wir drinnen, Oranienstraße in Berlin-Kreuzberg, in Butzmanns Tonstudio, während dreier Mittagstunden für Hannover zwei famose Schlager geschmiedet. Der eine hieß »From L. A.« (Kapielski voc, git; Butzmann producer), der andere »From Acron, Ohio« (Kapielski voc, git; Butzmann, electronics, producing). Zwei richtig gelungene Kurzstücke. Zwei famose Minutenschlager!

Der Text von »From L. A.« geht so: »This is from L. A.: Haha ha haa!« (Öfters wiederholt.)

Der Text von »This is from Acron, Ohio« hingegen geht so: »This is from Acron! This is from Acron! –: Ohi joo!!! – Eu jeu jeu, jeu!« (Auch öfters wiederholt.)

Knusti aus Hannover will es auf CD tun und hat es inzwischen auf CD getan (›Silke Arp Bricht Miniaturen‹)! Und wir werden es auch auf CD tun, haben es aber bisher noch nicht getan. Man mag Burghard ›Zensor‹ Seiler nicht schon wieder in eine störrische Zweihunderter-Auflage drücken. Außerdem fehlen noch die restlichen Bundesstaaten. Jedenfalls so gut ist es geworden. An einem Regentag! Das war Schlagerwetter!

Dann schlurften wir wie weiland Mick and Keith nach Fertigstellung von »I can get no Satisfaction« mit dem Gitarrenkoffer durch den Dauerschauer zum Türken am Görlitzer Bahnhof und nahmen Flecksuppen und Grillspieße sowie gefüllte Paprikaschoten und mehrere Airans ein. Plisch und Plumm sättigten sich. (Unsere Band hieß übrigens auch mal ›Dick & Durstig‹.) Anschließend etwas refraktäre Stimmung. Ihretwegen Mokka.

So. Dann galoppierten wir zurück durch den Regen und teilten uns; Butzmann ging wieder komponieren, und ich schaffte es mit dem Rad noch halbtrocken bis in Walters ›Weißen Elefanten‹ am Heinrichplatz, der jetzt leider, wegen einer törichten Renovierung, wie eine pastellene Eisdiele ausschaut. Die Raucher werden nun wieder zehn Jahre brauchen, um es zu richten. Und das tun sie nun schon ein Jahr lang klaglos; es bildet sich auch bereits ein zarter Firnis, und derweilen schmollen wir ja auch teilzeitlich in Inges Boudoir (›Zum goldenen Hahn‹), wo bekanntlich alles beim alten bleibt, als Kulturerbe der Welt. Die Lage ist ernst! Wenn Inge mal keine Lust mehr hat, dann kommt da auch wieder so ein Jugendstilscheiß rein oder ein Handystützpunkt für Ganoven, und eines Tages wird großer Jammer ausbrechen, weil man diese Höhlen, Bauden und Bräustübl und folglich auch Höhlen-, Bauden- und Bräustüblbewohner nicht ein kleines etwas bewahrt hat. So was verschwindet einfach, und dann ist es weg, und man fragt sich, warum überhaupt noch etwas da ist und nicht vielmehr nichts. Wir haben es jedenfalls versucht, daß es so etwas noch gibt, theoretisch wie auch praktisch. Kramer raucht mit aller Gewalt Walters Wände wieder heil, und beide nippen wir Inges Konten die Deiche entlang auf sichere Hochpegel, wofür sie uns mit Schnaps abstraft, und beide stellen wir uns für den Fall einer Räumung schützend mit Keulen hinter Otto und Ilona vor dem beachtlich ausgestopften Uhu links überm Tresen auf. Dann können die Schweine kommen!

»Gott grüß Euch, Alter! Schmeckt das Pfeifchen?« Im ›Wei-

ßen Elefanten‹ traf ich beim Unterstellen auf selbigen Restaurateursraucher und Verleger Bernd Kramer vom ›Karin Kramer Verlag‹, Berlin.
Nach dem ersten Offenbarungseid werden die Verlage immer auf die Frauen umgeschrieben. Der Herr trägt die Schuld, die Dame die Last. Danke, Bernd! Er ist mütterlicherseits Kaschube, väterlicherseits Kaschemme und mein Freund! Er raucht stark und sieht aus wie ein Bakunin-Wiedergänger. (»Gemahnt dich noch das schöne bildnis dessen / Der nach den schluchten-rosen kühn gehascht.«) Und dort, chez Walter, traf ich auch auf andere gute Menschen und Biermastfliegen, die mich erfreut mit »Prost Schütti!« begrüßten und die sich wegen des Schauderwetters einen genehmigen mußten und wegen desselben auch feststeckten. Aus gutem Grunde konnte man sich also vielmehrere genehmigen als bei gutem Wetter, wo es bekanntlich auch gute Gründe gibt, sich sehr vielmehrere zu genehmigen als sonst. Mich speziell feuert das nasse Wetter aber ganz besonders tief in den Trunk hinein. Es ist nicht nur genetisch bedingter Mangel an Hirnopiaten, sondern auch Adhäsion des Nassen alles in allem und so bei mir. Anstatt einer Speiseröhre amtiert in mir temporär überwiegend eine Getränkeröhre.
Schließlich reichte es aber wirklich. Wir nutzten eine leichte Nachlässigkeit beim Dauerschütten, eilten hinaus und teilten uns wieder. Verleger Kramer und die anderen netten Menschen liefen zu ihren jeweiligen Nachhauses und ich erst auch, aber dann verstärkte sich der Regen auf der Oranienstraße, und ich befand mich zufällig zu Rade bei Rot vor der ›Galerie Endart‹, wo ich mich auch umgehend unterstellte.
Herr Theuerkauf erledigte dort geschickt verschiedenste Kunsthandlungen, ich bewunderte die Tüchtigkeit der Galerie in Geschäftsdingen noch und noch, steht deren Kraft und Entschlossenheit im Eintreiben offener Rechnungen doch in nichts nach ihrer Abwehr, ja Sperre, ach!, was sag ich: Idio-

synkrasie! wider jegliche Auszahlung offener Honorare, z.B. meines über 150,– DM; aber, da konnte man nun nichts sagen, es gab generös Flaschenbier. Da ließ sie sich nicht lumpen! (Und inzwischen ist die offene Rechnung auch umstandslos beglichen worden, denn ich hatte mit der Veröffentlichung des Skandals gedroht! Und nun braucht der Vorfall also gottlob! doch nicht veröffentlicht werden, die Sache ist bereinigt.) Hinten, an den Wänden der Ferkelsektion, hingen ja auch die preislich moderaten, aber einträglichen Pißmuschis von Stu Mead. Oder war es was von Blalla W. Hallmann? Jedenfalls was mit Fotzen. Eines der Spezialgebiete der Galerie. (Neben Blasphemica und Humores.)
Um Nachschub mußte man hin und wieder ums Eck zu einem neuerlichen Türken laufen und trocknete dann jeweils bis zum nächsten Sechserpack am Öfchen der garstigen Galerie. Darüber vergingen auch wieder etliche halbe Stunden. Ich erinnere mich, daß wir alle früher, als Kinder, Gummibäume in den Wohnzimmern der Eltern stehen hatten, die allesamt wohlwollend übergossen wurden und eingingen. Wie wir! Bloß war man zäher als jener Ficus elastica und gießerte jetzt kanneweis selbst mit Schuldvermutungen am Über-Ich. Im Quartal soff man zur Strafe symbolisch die Mutter unter den Tisch, weil sie einen nicht resistent genug für dieses kaltfeuchte Leben gemacht hatte. Daher der Hang zu Grog und Sozialhilfe.
Nun, es gibt schlimmere Zwänge. Dieser Bergmann Messner aus dem Trenker-Milieu zum Beispiel: Der irrt weinerlich in den Bergen und Fernsehstudios umher, bringt seine Brüder von dort nicht wieder lebend heim und ist, wie es neulich im Dritten schien, gar kein so ein echter Holzdeckel, sondern ein ziemlich fluchbeladener Muttisucher. Möge er weiter an allen vierzehn Achttausendern nuckeln. Und mich mit seinen soften Ideologien verschonen!
Auf einmal sprangen alle jubelplötzlich hoch! Es hatten sich im Laufe des Nachmittags und frühen Abends noch zahlreiche

andere hier untergestellt, und nun hieß es: »Wir gehen jetzt alle ins ›Künstlerhaus Bethanien‹ zur Ausstellungseröffnung!« Wo man sich auch sicher war, daß es Freibier geben würde!
»Au ja!« Wir schwankten los, zu Fuß, zu Rad und zu Wasser. Zum fünften Male durchnäßt, stellte ich mich unter die Eröffnungsgäste, trank Bier und herzte die Altzeichnerin Andrea Tippel aufs grausamste. Man wurde jetzt schon enthemmt! Die Regentristesse war sowieso fortgespült. Dann sprach endlich von ganz tief in mir ein nur halb angetrunkener Gewissensrest: »Mein Lieber, jetzt reicht's nun aber ganz wirklich!« Und ich gab zu: »Du hast recht!« Da setzte mein Gewissen noch eins drauf und behauptete, jegliche Widersprüchlichkeit ins Innerharmonische aufhebend: »Wir haben immer recht!« Ich dachte, wenn das so ist, dann gehe ich nun auch. Und wir gingen!
Draußen regnete es, was mir jetzt erst sehr überraschend vorkam und andererseits völlig egal war. Mit Nöten erinnerte ich meine dreistellige Zahlenkombination am Fahrradschlößchen: 246! – Ein neuerlicher Gottesbeweis! Dann nahm ich Anlauf und besprang wie weiland Barrenturner Hübener mein treues

Damenrad und machte in hübschen Schleifen Schußfahrt rechts hinunter in den Waldemarweg oder wie die Scheißstraße hieß.

Dort standen gleich um die Ecke ein grünes Mercedes-Lieferauto mit zwei überall und overall grün gekleideten Menschen davor. Vor Schreck fiel ich um, machte: »Ö!« und beabsichtigte zu flüchten. Die grünen Männer aber befahlen mir, das Rad an die Wand zu stellen und mit ins grüne Lieferauto zu steigen. Drinnen saßen noch mehr grüne Männchen, aber auch Weibchen. Alle in grünen Strampelanzügen und schwerem Schuhwerk, dennoch sehr hübsche Weibchen, doch!, und die Jungs sehr gesund, eine junge außerirdische Trachtengruppe, bis es mir dämmerte.

Ach du lieber Gott! Eine Regenwanne! An diesen Ort postiert, um den Schlaf der Polis zu hüten. Ich sammelte mich vor Schreck noch mal gründlich und hub eine historisch bedeutsame Ausrede an: »Verehrte Mitbürger in Uniform! Mein Vater war bei der Polizei, meine Mutter war bei der Polizei, und ich war auch bei der Ausstellungseröffnung im ›Künstlerhaus Potemkin‹, wegen Regen! Und die Künstler haben mich betrunken gemacht. Ich will später auch mal zur Polizei, aber erst mal lieber nach Hause, bitte.«

Sie waren aber alle sehr höflich und fragten mit großem Interesse, wer und was denn ausgestellt worden sei? – »Ehrlich gesagt, ich weiß es nicht.« Alle schauten mich mitleidig an. Da erkannten sie in mir einen gutmütigen Menschen und ließen mich laufen, aber nur, wenn ich schieben würde. Ich schob ein gutes Stück und machte das Gelübde, mich bei der Polizei wegen des guten Benehmens und der Freundlichkeit der Einsatzgruppe Waldemar hilflosen, betrunkenen und naß gewordenen Personen gegenüber zu bedanken, wenn nicht gar zu bewerben.

Man kann auch übertreiben! Ich ließ es dann besser bleiben, denn man läuft nicht zum Fürsten, wenn man nicht gerufen wird, da wird dann nur was auffällig, oder die überlegen sich alles noch mal anders. Am nächsten Tag hatte ich den Vorfall allerdings sowieso völlig vergessen. Und wieso ich das heute alles noch weiß, weiß ich auch nicht. Danke!

XII.
Die Dinge sind in Ordnung

Das sollen gnädige Regen sein.
Hesekiel 34,26

Er nahm eine Scherbe und schabte sich
und saß in der Asche.
Hiob 2,8

Wer Menschenblut vergießt, des Blut soll auch
durch Menschen vergossen werden.
1. Mose 9,6

Angesichts des Hungers in der Welt hatte ich, der ich in meinem Leben auch nicht einen Tag keine Speise zu sich genommen hatte, mir vorgenommen, einmal zu fasten. Das hatte auch andere Gründe. Mich interessierte die Ekstase, das Hungerdelir, die Marienerscheinung. Als Auslaufmodell wollte man auch einmal seine Standhaltungskräfte messen. Freund Butzmann, der sich auskannte, führte mich etwas ein. Ich solle viel trinken, mahnte er. Zu Mittag Gemüse aufsetzen, auskochen, den Kochsud abgießen, das Gemüse fortwerfen, das Kochwasser trinken. Dann viel Kräutertee.

Ich hatte verstanden. Früh kochte ich eine Pampelmuse, schmiß die Pampelmuse fort und verkostete das Pampelmusenkochwasser. Mittags kochte ich Nudeln, warf sie fort und soff das Nudelwasser. Abends kochte ich drei ungeöffnete Flaschen Bier ab, warf sie weg und gurgelte die dünne Biersuppe. Das alles war sehr gut und ging erstaunlich einfach. Der erste Tag lief problemlos dahin, der zweite heiter und beschwingt daher, am dritten aber schlich ich schon verhungert wie ein spanischer Dorfköter an einem ›Butter-Lindner‹ vorbei. Und vorbei.

Et illud transit. Gewisse Schrecken lassen sich mit Haltung

durchstehen. Aber die Plagen sind wohl gestaffelt, und im Grunde hat Hiob recht und nicht der Herr. Das geht bei Kleinigkeiten los. Je nach der Sicht der Dinge, klagt Jeremia dem Hiob seine Leidlieder.

Ich hatte falsche Vorstellungen gehabt. Brechts Finnlandkitsch, Finnland von oben, die Landkarte mit den vielen, vielen Tümpeln. Dabei fährst du dann durch dieses Finnland, und, gut, rechts dümpelt mal ein See vorbei, dann links auch hin und wieder einer, aber man sieht das ja nicht von oben, und nur von oben betrachtet hat das etwas Beeindruckendes. Diese vielen, vielen Käsewasserlöcher. So denkt man eben, tja, es hat 'ne Menge Gegend hier, mit Seen ab und an, oder auch öfter, und vom Gletschern kommen sie her, die Löcher im finnischen Käse. Aber mein Gott noch mal! Was sonst? Dazwischen kein Strauch, kein Blümchen, nur diese Klobürsten, diese ewigen Kiefern, ein Meer der Magersucht und unten rum alles voll brauner Nadeln. Es nadelt unablässig allerorten. Die Birke gilt als Abwechslung.

Man sieht ja die Welt gewöhnlich so von unten, horizontal postiert. Also als vorwiegend vom Nadeln Betroffener. Ich verstehe daher auch die Vorstellungswelt der Architekten nur abfällig. Da bestaunen die Baukomitees dann aus Götterposition diese Eins-zu-zwanzig-Modelle, entscheiden mit Zeigefingern über die großen Tischentwürfe zeusmäßig von hoch oben; dabei müssen wir Insekten dann dort unten eines Tages durch die verpißten Schluchten über Nadelbetten schleichen und sehen nichts von gewagten Dachkonstruktionen mit all diesen hehren Kuppelsachen oben drauf. Das ist alles von einer falschen Position aus geplant. Wie Finnland, das sieht nur von oben gut aus. Eine außerirdische Schrotsalve, ein göttliches Wasserplanmodell, und unten hast du nur Mücken.

So. Jetzt ist es raus, aber das wußte ich ja nicht. Mein Freund Kurt Raiber war entschlossen, eine Finnin zu ehelichen. Der Zufall hatte uns in den nicht gerade freundlichen Endsiebzigern eine Schar Finninnen ins ›Leinestübchen‹ geblasen. Da kam doch normal nie ein Weib rein, in diese Kaschemme! Und eine ganze Rotte schon überhaupt nicht! Da mußte man die kulturelle Unbefangenheit der mittsommerumnächtigten Nadelwälder haben, um als Frau und Frauengruppe da reinzufinden! Eines Tages also waren sie da. Ein Damenflor von ungefähr sieben bis neun Finninnen. Wir pirschten uns über den Kickerkasten behutsam ans Fleisch heran. Die Damen waren überraschend zutraulich und rollten ihre Rs in der ihnen schicksalhaft zugeteilten Muttersprache. Man ließ sie eins ums andere »Kurt, die Gartenpforte knarrt!« sagen, was sie, liebevoll unwissend, gern taten. Im Gegenzug mußten wir den Satz uvular mit Zäpfchen-R preußisch artikulieren.

Rinni Ukkolanpää hieß dann die Dame, welche Freund Raiber auserkoren hatte. Ich hatte eigentlich auch ein Auge auf sie geworfen, aber sie wollte doch lieber von Kurt Raiber mit Augen beworfen werden. Mein Gott, da nahm man eben eine andere Finnin! Alle halbwegs buhlfähigen und ab und an nüchternen männlichen Personen hatten im ›Leinestübchen‹ derzeit eine Finnin zur Freundin.

Einheimische Mädel gab es im ›Leinestübchen‹ nicht. Hatte es auch nie gegeben. Vielleicht hockten diese wiederum achthundert Kilometer weiter südlich versetzt als nordische Schönheiten mit deutschen Zischlauten über dortigen Kickerkästen im Mittelmeerraume und wurden von irgendwelchen Stronzos beschlichen. Eine seltsam nord-südliche Herdplattenverschiebung der jungen weiblichen Bevölkerungsgruppen mit eindeutigem Süddrall. In Finnland sollen wiederum auffallend viele Südafrikanerinnen von Norden her über die Polkappe einsickern, da ist dann die Frauenverschiebung einmal ausgleichend um den Globus gerutscht und alles wieder in der Reihe.

Es ging, das Paar Raiber-Ukkolanpää ausgenommen, auch eine ziemliche lokale Stubenpermutation die Leinestraßenrunde.

Jeder Leinestubenbursche war bestrebt, mit so komplett wie möglich jeder Leinestubenfinnin einmal wenigstens ins Geschick zu kommen. Dann ging auch ein zäher Tripper um und hin und zurück und bewirkte endlich einige feste Vernünftigkeiten. Die gewöhnlichen Leinestubenhocker waren des Dauerbockens müde und widmeten sich lieber wieder dem zölibatären Trunke und hatten auch kein Einsehen in die Notwendigkeit des finnischen Spracherwerbs. Einige der Finninnen wechselten in solidere Gaststätten, und zwei Damen aber blieben letztlich eheähnlich im deutschsprachigen Raume um die Leinestube herum haften: Rinni, wegen Raiber Kurt, und eine Ewwi, wegen Erwin.

Diese Ewwi hatte auch schon länger in Berlin gelebt, einen Sohn gezeugt, eine Scheidung, wegen Erwin, vollbracht, und sie war so etwas wie die Vorhut dieser weiblichen Migrantenströme aus einem unaussprechlichen, mittelfinnischen Kaff ins ›Leinestübchen‹ nach Berlin gewesen. Die Jungs dort oben frönen dem Sprit weitaus heftiger noch als hier; die Frauen flüchten deshalb im geschlechtsreifen Alter so schnell wie möglich zu den gemäßigten Biertrinkern nach Süden, nach Deutschland. Für die waren wir ja rassige Südländer! Lauter Toreros und Flamencotrinker! Gondoliere Kapielski und Maserati Kurt Raiber!

So ergab sich also durch diese Bekanntschaft auch eine Reise nach Finnland. Anlaß war eine Hochzeitsfeier in Finnland, als zweiter Teil der Hochzeit zwischen Freund Raiber und Rinni. Es hatte bereits eine standesamtliche Teilhochzeit im Rathaus Neukölln in Berlin gegeben. Am Abend davor unsinnigerweise einen etwas elend angesetzten Polterabend im ›Bienenkorb‹, der in kleinem Kreise zunächst verhalten ausfallen sollte, sich nichtsdestotrotz zu einem sehr heftigen, später dann auch ziemlich unkontrollierten Poltertrunke auswuchs.

Ich erwachte am nächsten Morgen ziemlich zermatscht und ratlos neben der finnischen Trauzeugin, was aber auch wieder praktisch war, denn ich war auch Trauzeuge, und wir waren nun beide zu spät, und dann jagten wir verquollen mit der Droschke zum Standesamt, wo die zwei Hochzeiter auch zu spät kamen, was aber auch nichts weiter ausmachte, weil alle vor uns auch irgendwie alle zu spät gekommen und im übrigen auch verpoltert und gekatert waren.

Warum nur? Der Standesbeamte schielte. Eine aufgekratzt marode Albernheit kam auf. »Wollen Sie, Herr Kurt Jürgen Raiber, die nebenstehende Frau Rinni Tertu Ukkolanpää heiraten?« Währenddessen schielte er, meinem subjektiven Empfinden nach, sowohl mich als auch, seiner Meinung nach, ihn, Kurt Raiber, an, und wir sagten alle gemeinsam mit Kurt Raiber: »Ja!« Braut und Trauzeugin mußten vor Kichern zum Pullern aufs Klo. Anschließend lachten wir einen Frühling hindurch wiederum einiges, klar doch!, im ›Leinestübchen‹ ab und aus.

Dann stand Ende Mai ein deutsch-finnisches Trinkermilieu an den Stachelbeerweinbuden im herrlichsten aller Britzer Baumblütenfeste (1976), trank Erdbeerwein und kaufte Lose mit wenig Nieten, gewann eins ums andere übergroße Teddybären, Wischeimer aus Kunststoff, in Folien eingeschweißte und geräucherte Vorderschinken oder achtteilige Wäschegarnituren mit bis zu zwanzig Prozent polymeren Faseranteilen, und man hielt alles mit Inbrunst fest, damit es, aus Gründen der ewigen Glückseligkeit, des nur scheinbaren Jammers in der Welt, des immer mehr um sich greifenden damaligen Volkswohls und ewigen Friedens und dieser Quatsch wird jetzt ohne Punkt und Komma abgebrochen

Punkt. Ein wenig später ging es dann, aus Gründen duokultureller Gerechtigkeiten, zum zweiten Hochzeitsakt auf die Sommerreise nach Finnland. Es fuhren Raiber Kurt, Rinni, jene Ewwi, die etwas eigentümlich komplizierte Vorhut unter den Finnendamen, sowie ihr Sohn, damals vielleicht zwei oder drei Jahre alt, den wir hinfort den »Käpt'n« nennen wollen.

Dieser junge Mensch, eine hochbrisante finnisch-deutsche Mischung, wurde aus unerfindlichen Gründen von allen »Käpt'n« genannt; wahrscheinlich, weil er sehr gut brüllen konnte und so ziemlich alles nach seinen Vorstellungen lief. Wenn nicht, brüllte er ausdauernd seine Mutter, seinen Stief-Erwin oder zufällig Anwesende zusammen; im Prinzip war ihm jeder recht, nur durfte jener nicht taub sein. Es sollte mich nicht wundern, wenn dieser Käpt'n, nunmehr vermutlich erwachsen, mit ungeheuerlichem Lungenvolumen ausgestattet einem Blasorchester in der Gruppe der Tuben oder Baßposaunen beistehen würde und er es, dieses Genre sinnvoll ergänzend, zum tüchtigen Säufer gebracht hätte, denn sein liebstes war der Nuckel. (Wer Orchesterkantinen kennt, weiß, daß die Bläser und Baßgeigen saufen wie die Altvorderen und auch insgesamt sehr oral geprägt bzw. verstört sind. Je nachdem oder beides!) Also ohne Nuckel brüllte der Käpt'n sowieso, automatisch. Nur mit einem Nuckel hatte man die vage Aussicht, ihm für Momente den Rüssel zu knoten.

Das also war die Reisegruppe, zu der auch ich gehörte. Ihr voraussichtliches Hauptproblem wird klar, wenn man den Raum durchhorcht, der eben der Vorstellung ihrer Teilnehmer zugemessen wurde.

Los ging es mit dem Zug Berlin-Friedrichstraße; man nahm den Zug nach Norden, zur Fähre in Saßnitz, von wo man zunächst nach Schweden übersetzte. Natürlich damals zunächst das übliche, die Staatssouveränität vermittelst Schikane herausstreichende DDR-Grenzgewese, dann großes Winkewinke, und der Zug ruckte an, bis Ostbahnhof. Dort standen wir wieder Stunden streng bewacht; keiner durfte raus, keiner durfte rein. Das waren damals diese deutsch-deutschen Staatsnotwendigkeiten mit Schäferhund, Wachturm und Wartezeiten.

Also kam hier schon, nach vielleicht zehn Kilometern, eine Unzufriedenheit auf. Wenn man eine Reise beginnt, dann soll es auch losgehen. Von dieser allgemeinen Mißstimmung ließ

sich der Käpt'n wieder gern affizieren und brüllte erneut ausführlich. Damit auch die Grenztruppen der DDR etwas davon abhaben sollten, stellten wir ihn ins offene Abteilfenster auf dieses Klapptischchen, damit er seinen kleinen Trompeter aufführen und die Halle des Ostbahnhofs als auch den restlichen Ostblock zur Eile anhalten und in die Verzweiflung brüllen konnte, sofern die notwenigen historischen Prozesse sich nicht umgehend beschleunigten. Es sollte mich nicht wundern, wenn sich einmal herausstellt, daß er den Auflösungsprozeß der sozialistischen Länder bis 1989 dadurch tatsächlich nicht unerheblich beschleunigt hat. Damals jedenfalls dachte man nicht daran; der Zug blieb weiter stehen, und man war absolut entschlossen, den Quatsch bis 1990 weiterzuführen.
Die Reisegruppe selbst hingegen war schon fast am Ende, schon gereizt. Der erste Gruppenstreit hatte schon stattgefunden. Kurt Raiber hatte schon einmal vorgreifend mit Scheidung gedroht. Mutter Ewwi hatte, das darf jetzt auch nicht verschwiegen werden, so eine diffus hochfrequente Keifstimme und wurde nun, wegen unserer unleidlichen Attacken wider die Brüllerei des Käpt'ns, vollends zur Megäre. Es war nicht auszuhalten!
Ich hatte Kinder immer grundsätzlich verschont und gern gehabt. Jetzt war innerhalb von zwei Stunden mein kompletter Summerhill-Kitsch fortgeplärrt, und ich durfte zum erstenmal in meinem Leben mit reinem Gewissen ein Kleinkind in Gestalt des Käpt'n kneifen und zwacken. Und siehe da: Es war gut! Es versetzte ihn erst in eine Verdutzung, dann in einen Ruhezustand.
So gab ich ihm, aus Rache an den gehabten Leiden, noch mal ein paar kräftige Knuffis auf seinen speckigen Oberarm, woraufhin er leider wieder zu brüllen anfing. Darüber schrillte sich nun auch noch, um eine unsaubere Quinte versetzt, die Keifstimme der halbirren Mutter ein: »Was soll das? Mein Kind! Mein Kiiind!« Und im Duett warn jetzt zu sehn: zwei

Mäuler, welche offen stehn. Zwei Oktaven tiefer setzte ich nun wieder meinen Rückbrüll an: »Verflucht sei dein Saatgut! Ob du ihn ins kochende oder Eiswasser setzt: Der Arsch brüllt doch sowieso!« argumentierte ich sie an. So wurde auch langsam alles laut und unlogisch und opernreif. Es schallte wie aus Janáčeks Totenhaus. Bis Raiber Kurt dazwischenbrüllte: »Jetzt gib dem doch endlich mal diesen Scheißnuckel!« Und es klappte! Jähes Ende, wie in besagter Oper! Stille ringsumher. Die Halle des Ostbahnhofs hallte erschöpft ein wenig nach, und nun durften wir, ohne Applaus, auch endlich weiterfahren.

Zu diesem Zeitpunkt hatte ich mit Kurt aus Nervengründen schon zwei Drittel der Reisebiere eingenommen. Entkräftet schaute ich im Verlauf dieser unheimlich stummen Abfahrt aus dem Fenster. Wie schön, der Zug rollte an; wir glitten stumm aus der Bahnhofshalle. Der Käpt'n stand verheult auf seinem Klapptisch am Fenster und hielt Ausschau. Da sah ich es kommen! Der Nuckel flutschte konvulsisch vor und zurück und vor und zurück.

Und vor: Plopp! Da war er hin! Das Ding war draußen.

Nach einer kurzen Phase der Besinnung über diesen Schwund ging das Kreischen wieder los, diesmal um einiges kräftiger noch. Wir stürzten alle ans Fenster. Der Nuckel war zwischen Waggon und Bahnsteigkante unwiederbringbar auf das Territorium der DDR niedergegangen. Eine Notbremsung wagte keiner; das hätte damals gewiß wieder internationale Verwicklungen nach sich gezogen. »Na schön, holste eben die Ersatznuckel raus, und dann passen wir besser auf.« Pustekäsekuchen! Sie hatte nur diesen mit! – »Was?« Jetzt ging ein neues großes Grölen los! »Ist die Frau irre?!« Eine dreitägige Reise und nur ein Nuckel dabei! Kurt Raiber und ich dröhnten die Rabenmutter nieder und schoben dann empört in den Speisewaggon ab.

Bei Ruhe und ›Radeberger‹ den Transport des Leibes hinnehmen, das war es doch, was man von einem Urlaubsauftakt erwarten durfte. Diese Flitterwochen trieben den armen Kurti noch ins Sterilisationsmesser! Wer kann denn da noch einen Kinderwunsch auf dem Zettel halten? Nun haben Männer in solch brenzligen Situationen die große Begabung, sich ruhigen Gewissens, in diesem Falle Richtung Speisewagen, zu entfernen und die Sache auszuliegen. Schön am Fenster und dazu tranken wir schweigend Biere. Vom hinteren Zugteile hörte man ein leises dreistimmiges Schreien heranwehen, während hier in aller Ruhe die Kronkorken ploppten. Dann folgte ein Nickerchen der zwei männlichen Reisebegleiter im entferntesten aller Wagen.

Mitten in der Nacht wurde der Zug auf eine Fähre geschoben, der deutsch-finnische Irrsinn hinüber nach Schweden verfrachtet, und dann stand man früh unausgeschlafen in Stockholm herum, die Damen vergnatzt ob unserer »Konfliktscheu«, die Herren mit leichtem Kopfweh »ob des Klimawechsels«. Man kam also ziemlich zusammengebrüllt und unter gruppendynamischen Heikelkeiten gegen Morgen in Stockholm an, wo man nie weiß, was man machen soll. In dieser komischen Stadt kann man nichts machen. Gut, man kann sich im Nu finanziell ruinieren mit essen gehen, oder man kann sich das aseptische Schloß dort preiswert anschauen und auch einigermaßen wohlfeil das imposante, aber gescheiterte Schiff ›Wasa‹ als erbauliche Vorbereitung auf die Überfahrt nach Finnland besichtigen. Ich ahnte hier eben schon was Wesentliches von Skandinavien und seiner so langen Langeweile.

Mit Grauen dachte ich an die nächsten zwei Wochen. Der Käpt'n war als einziger gut ausgeschlafen und hatte nun wieder Oberwasser. Also lagen wir erschöpft in irgendeinem Park herum, der Käpt'n brüllte sämtliche schwedischen Kinderschützer der näheren und ferneren Umgebung herbei, Kurt Raiber und ich litten unter der schwedischen ›Nykterhetsrörelse‹, denn nirgends war ein Bier zu haben, und hätte man eines gehabt, so hätte man es sicher nicht öffentlich und in Parks schon gar nicht verzehren dürfen.

So sehnte man denn das Bordleben auf dem Schiff nach Finnland herbei, welches am späten Nachmittag auslaufen sollte. Darüber war einiges im Vorfeld an Sensationellem angekündigt worden. Sauna, fressen, saufen, tanzen, alles soviel man wollte, morgens dann durch diese Schären gleiten und am nächsten Tag, nach zwei durchwachten Nächten, endlich ankommen und ins Bettchen gehen. Prima! Das hörte sich endlich nach Urlaub und ›Alle Mann am Ballermann‹ an!

Diese Überfahrt war denn auch wahrlich der Höhepunkt der Reise. Das wußte ich zu diesem Zeitpunkt aber natürlich nicht. Man denkt doch auch nicht, daß der zweite Reisetag der insgesamt schönste gewesen sein wird. Da müßte man ja vernünftigerweise sofort umkehren, wenn man das wüßte. Und man müßte überhaupt vernünftigerweise generell sofort umkehren, wenn ein skandinavisches Land in Sicht kommt. Das wäre ein gesunder Reflex.

Aber Quatsch, es gibt und gab Ausnahmen! In Kopenhagen geht es, und in Bergen, in Norwegen, da ist es auch sehr schön, zumal wenn man bei einer Irene Knudsen zu Besuch ist und ihre Freundinnen alle da sind und alle Stunde ein neuer Vietnamese mit Hausschnaps klingelt. In Skandinavien ist es ein wenig wie im Osten früher, alles läuft nur zu Hause sehr heftig und unbeschwert ab. Beim Ausgehen muß man komplizierte Planungen machen, jeweils individueller und sich nur teilweise überlappender Hausverbote oder sonstiger Gemeinheiten wegen. Und dann ist es auch noch blöd und teuer. Also doch besser umkehren?

Die Schiffsreise war nun tatsächlich sehr wohlig. Man hatte in der Bordsauna wieder Kräfte sammeln können; man hatte zollfreie Einkäufe auf eigenes Risiko über das Maß des Erlaubten erledigt; man hatte Ewwi und den Käpt'n in eine progressive Mutter/Kind-Einrichtung abschieben können; man hatte warm gegessen, Nuckel gekauft und die Nacht durchgemacht; man war zum letztenmal in den noch kommenden zwei Wochen ausreichend und, vor allem, auf in Deutschland übliche Weise betrunken gewesen – auch das hatte man nicht ahnen können! –; man hatte auch früh schön an Bord gestanden, die komischen Schären besichtigt, die im Grunde nur gewöhnliche Felsbrocken sind, die vereinzelt aus dem Wasser ragen und wo der richtige Käpt'n oben bannig aufpassen mußte, daß er nicht dagegen schrammte, und dann hatte man da verklärt und frischluftbetäubt im Morgengrauen einen auf Traumschiff gemacht, und nun dachte man, nee, ich: Land in Sicht, endlich in Finnland! Jetzt sind wir da!

Jetzt wird alles prima! So geht das weiter! Das dachten vielleicht auch irgendwie alle. Ein mächtiges Winkewinke ging wieder los, dann wurden wir ewig ausgeladen, die finnischen Zöllner beäugten mißtrauisch jede Körperwölbung, ob es nicht etwa schnapsbetankte Wärmflaschen wären, die man mit Leukoplast ums Bauchfleisch montiert hatte, und dann standen wir auf einmal an Land und waren wohl irgendwie tatsächlich da.

Hinten auf einem fernen Parkplatz fuchtelte auch schon Vater Ukkolanpää bedeutend, und dann krochen wir alle schön eng ins Auto rein, der Käpt'n johlte seine Begrüßungsarie, und nun fragte ich Kurt Raiber, nachdem wir so etwa eine Stunde durch die Fichtenödnis geschuckelt waren – man hatte übrigens durchaus auch schon hin und wieder mal einen dieser Seen erspähen können –, fragte ich nun Freund Kurt Raiber: »Sage mal, Raiber Kurt, wie lange fahren wir denn jetzt noch so?« Ich müßte mich nämlich dringend mal hinlegen, kacken, duschen usw. – »Ungefähr noch acht Stunden.« – Wumm! Jetzt war es raus. Das Land war groß. Ich bekam vor Schreck eine, jetzt aber wiederum sehr praktische, Verstopfung.

Hört die eine Scheiße auf, fängt die andere Scheiße an! Die Landkarte nördlicher Länder ist voller Tücke, und die nießnutzig meineidige ›Mercator-Projektion‹ macht dieses durchtümpelte Finnland eben optisch kleiner als es in Wirklichkeit ist. Das war mir gar nicht klar gewesen, daß wir hier ja noch mal so die Strecke Hamburg–Bodensee, aber nicht Autobahn, sondern Landstraße mit so einer wieder typisch absurd finnischen Geschwindigkeitsbeschränkung abeiern mußten. Auf der Karte ist eben die Polarregion schon sehr geschrumpft dargestellt, in Wahrheit ist dieses Finnland ein ziemlich langes Land. Ich kippte erst mal vor Schreck auf die Verstopfung auch etwas in einen schlafähnlichen Zustand der inneren Unruhe.

Und schreckte aus Skandinavien betreffende Alpträumereien wieder hoch, um nichts erquickter. Rechts war mal wieder zufällig einer dieser an sich langweiligen Seen zu sehen und links die dazu passenden, ewig wiederkehrenden Klobürsten. Fichten, Fichten, Fichten, sie kommen alle zu ›Ikea‹, dachte ich, in den großen Kreislauf. War mir recht. Ich hätte sie persönlich und per Hand einzeln zersägen und zerhacken können, die Scheißdinger. Und die Seen hätte ich höchstpersönlich, einen nach dem anderen, ausschöpfen mögen, das Land trockenlegen, einen geographischen Irrtum tilgen wollen.

»Wie lange noch?« – »Drei Stunden.« Dann mal eine Rast, in einer dieser fatal amerikanisch konfektionierten Tankstellen und Raststätten, die es als kulturellen Mittelpunkt in jedem finnischen Kaff gibt. Eine vom Ethyl aus Rasierwassern verblödete Jugend gammelte in amerikanischen Schlitten auf den Parkplätzen davor herum. Äußerlich alles sehr steril und gesund, im Innern aber krank. »Ein Bier bitte, zum ›Höllekynkölekyn‹ machen!« So ähnlich hieß »Prost!« auf finnisch. Gab aber kein Bier, nur solch ein, landesweit mit ›eins‹ numeriertes, bleifreies Malzgesöff, auf das im Körper nur die Nieren murrend reagierten.

Dann versuchte ich eine Darmentleerung. Mit Hilfe von Piktogrammen gelangte man auch in die richtige Abteilung. Man

hatte mir aber auch schon einen Spickzettel gemacht, wo draufstand, daß Männer ›Miehet‹ bzw. ›M‹ und Frauen ›Naiset‹ bzw. ›N‹ hieß. Es war alles schön sauber und skandinavisch hygienisch, überall dufteten und spendeten Duftspender vor sich hin, und Toilettensteine der Firma ›Sininen Laguuna‹ (›Blaue Lagune‹) kullerten in allen Klosettanlagen hin und her. Das mußte man Finnland nun wirklich zugute halten: Die öffentlichen Toiletten waren allesamt picobello! Wenn es gegangen wäre, hätte man hier eine kurze Lebensstrecke lang sehr gepflegt scheißen können. Na schön, dachte ich, es war trotzdem schön, mal hier gewesen zu sein. »Wie ist die Verdauung?« erkundigte sich Raiber Kurt. – »Scheiße!«
Dieses unerschrockene Bekenntnis über die Verdauung wurde gutlaunig mit der Herbeischaffung einer Stärkung belohnt. Es gab jetzt ein vermatschtes Brötchen namens ›Lihapiirakka‹ mit viel schockfarbenen Soßen und Komponenten, mit Senf, Ketchup, einem süß marinierten Gurkenkodder und ein wenig Salat (›Kellnerkotze‹) darüber und einer, wie aus Babyfleisch – ich beäugte den Käpt'n metzgermäßig – hergestellten, Wurst darunter zu essen, von welchem unaussprechlichen Brötchen ich nicht ahnen konnte, daß es dieses komische fortan ständig geben würde. ›Lihapiirakka‹ war die Currywurst des Nordens, der schlechthinnige Imbiß Finnlands; man fraß diese umständliche Kodderschrippe überall und unablässig.
Ich ahnte schon längst, daß ich in eine Falle geraten war. Kurt Raiber ahnte auch schon, was ich ahnte, und versprach, dort oben dann richtiges Bier und feste Nahrung zu besorgen. Ich glaubte nicht daran. Aber er glaubt heute noch daran!
Also wir kamen tatsächlich irgendwann mal an, fuhren auf einen Hof, hielten, und es hieß, erst noch Kauderwelsch, dann übersetzt: »Wir sind da!« Ich mochte es nicht glauben, aber wir waren da! Ich sah auf die Uhr, es mußte dies halb zwölf in der Nacht bedeuten, aber das war nun die nächste Zumutung. Es wurde dort oben im Sommer nicht dunkel.

Man wird wahnsinnig. Ich hatte immer geglaubt, der Mensch habe ein Grundrecht auf nächtliche Dunkelheit. Schon diese ›Sommerzeit‹ bei uns, mit der willkürlich verzögerten Dunkelwerdung im Sommer, war mir ein Ärgernis. Ich hatte die falsche Vorstellung von lauschigen, dunklen Sommernächten in Finnland mitgebracht, wo man bei Kerzenlicht in Hollywoodschaukeln an Seen sitzt und beim Belauschen der heimischen Froschpopulationen Selbstgebrannten einnimmt und karelische Karpfenrezepte austauscht. Anstatt so was Schönes glotzt man mit Ringen unter den Augen verschwollen unter Erleidung ständigen Juckreizes durch Gazefenster aus hölzernen Dachkammern in den ewigen Tag.
Denn dazu kam noch das Allerschlimmste. Wir waren also endlich dort angekommen. Mein Arsch war im Arsch. Wir krochen auf allen vieren aus dem Auto, und dann ging so eine gemäßigt temperamentvolle Begrüßungssuada auf finnisch mit vielen gerollten Rs und häufigen Äs und Doppel-Äs los. Die Tochtäärrr, der Schwiegäärrrsohn, ein Kauderwelsch, man versteht nichts. Nun wollte mich mitgebrachte Marginalie verständlichäärweise auch keiner so recht härzen und begrüßään,

und jetzt hielt ich es für das beste, mich ein wenig abzusondern.
Die Lage war so: rechts ein hübsches Bauernhaus, links Ställe, Scheunen und davor – was wohl? – ein See. »Unser See!« behauptete Rinni. Weit und breit kein anderes Gehöft. Ich bekam zunächst mal unterm Dach ein Zimmerchen zugewiesen, stellte dort meinen Tuschkasten auf und sofort wieder raus an den See, um meinen diskreten Plan auszuführen. »Also Rinni, der See gehört dir! Na, dann gehört dir bestimmt auch das Paddelboot da?« So war es; ich durfte die Pinasse fieren.
Während nun also die ganze Finnensippe weiter aufgeregt das Auto auslud, ins Haus lief, aus dem Haus und um das Haus herumlief und auch weiterhin rituelle Familienhandlungen vollzog, ging ich auf das Ruderboot und voll in die Riemen. Dann, auf der Mitte des Sees, beschloß ich, drüben, am anderen Ufer, steigst du aus und legst dich bissel hin, und wenn es ganz schön ist, kannst du auch schön bedeckt irgendwo in die freie Natur kacken. Eine kleine Insel kam in Sicht, worauf sich Peter-Hille-mäßig reichweiche, tiefgrüne Moospolster befanden. Herrlich, sprach der Fürst von Sachsen! Hier würde ich meine erste finnische Marke setzen!
Beim wackeligen Ausstieg ging es schon los. Während ich irgendwo versuchte, kippelnd von Bord aus die Bootsschnur seemännisch festzuknoten, sammelte sich ein flirrender Brodem über meinem Haupt. An all meinen außerhalb der Kleidung freiliegenden Fleischpartien bildeten sich lüstern flimmernde Kriebelwölkchen.
Es waren Mücken, Mücken, noch mehr Mücken! »Aller Staub des Landes ward zu Mücken in ganz Finnland.« (2. Mose 8,18) Man setze als Exempel, wie im ›Millerschen Experiment‹, eine Prise Staub, Wasserstoff, Methan und ein wenig finnisches CO_2 in einem geschlossenen Glas unter Strom: Es wird auf die atmosphärische Molekülbildung die unabwendbare Genese der Spezies Nemocera Culex L. und Anopheles L., also die

finnische Mückenbildung, folgen. Als ich endlich aus dem vertäuten Kahn an Land geschlingert war, hatte ich schon zwei Dutzend satte Stiche im Gesicht, auf den Armen, alles was offen lag. Dann neue, gierige Schwärme! Von überall eilig herbeigerufene, finstere Schwaden sammelten sich über mir und stürzten sich auf mich.

Ich bitte Sie! Dies war mein Urlaub! Mannhaft fuchtelte, tobte und schlug ich zurück. Und haute und haute und haute! Und fummelte und fummelte die Bootsleine los (Der Gordische Knoten und seine Lösung, Antaios Bd. I. Nr. 4, S. 503 ff.) und hechtete endlich mit ungemeiner Wuppdizität zurück aufs Boot und ruderte wie der Teufel in See.

Die Schwärme drehten nach und nach ab. Ich dachte, welch Teufelseiland! Hier hast du eine falsche Stelle erwischt. Es sollte sich jedoch herausstellen, daß ganz Finnland die falsche Stelle war. Nur beim Autofahren, Tauchen und in der Sauna konnte man sie abschütteln. Nach zwei Tagen war ich derart verquollen, daß ich wie der Elefantenmensch tagsüber im verdunkelten Zimmer hockte und grämlich mein Fleisch kratzte, da alles an mir juckte. Sie stachen sogar mein rindsledernes Portemonnaie und die Aktentasche!

Völliger Jammer, völlige Apathie. Irgendein Fluch mußte auf mir lasten! Man setzte mir ein Mückenfenster ein und stellte mir Sprühflaschen hin. Es half nichts. Im Fernsehn war jede zweite Reklame etwas, das Mücken betraf: summende Patentgeräte an Steckdosen, Sprühmittel, Pechsalben, Räucherfackeln und Klatschen. Alles das half nichts. Die Finnen selbst sind so gut wie immun gegen die Mücken. Sie sind von Kindheit an so vollgesotten von Mückengift, daß die Mücken einen Bogen um sie fliegen oder ihnen die Stiche, wenn sie denn welche erhalten, nichts ausmachen. Kurt Raiber ging es auch nicht so gut, aber er war doch deutlich weniger vom Elend befallen als ich.

Ich las dann später etwas doch sehr Schmeichelhaftes und

im nachhinein angenehm Wissenswertes, daß nämlich die Mückenweibchen, und nur diese stechen und saugen Blut, besonders heftig auf flüchtige Fettsäuren und Pheromone reagieren. Das sind männliche Sexuallockstoffe, mit denen ich also besonders gut ausgestattet zu sein schien und die ich so reichlich absaftete (der Schweißfuß ist einer ihrer Hauptaustrittsträger), daß selbst meine eng bei mir lebende Aktentasche die Mückenweiber feucht machte! Die Mückenweibchen suchen also ein besonders potentes Menschenmännchen, auf daß die fleischliche Erkennung vollzogen werde. Dazu zapfen sie etwa drei Milligramm des sexualduftstoffreichen Mannsblutes und legen, derart proteingestärkt, alle zwei Tage rund zweihundert Eier! Ich schwängerte also gewissermaßen Mücken der Sorten Culex und Anopheles am laufenden Band und wurde, bei täglich zirka dreißig neuen Stichen, Vater von rund dreitausend Mücken pro Tag. Dafür nahm man diese Qualen gern auf sich! Gegen ›Morgen‹, am Ende dieser schrecklich finnischen Pseudonacht, ließ die Plage immer etwas nach, dann schliefen die oder legten wahrscheinlich neue, an meinem Blut genährte Eier. Während dieser kurzen Plagenpausen kroch ich erschöpft aus dem Haus und nahm etwas frische Luft. Ich kam sonst einfach nicht raus.

Im Fernsehn brachten sie zum Glück den halben Tag und die ganze Nacht über stundenlange Waldszenen. Sie stellen eine Kamera irgendwo in den Wald, und dann sieht man stundenlang Fichten wachsen, und dazu piepen verhalten einige finnische Fichtenvögel aus dem Off durchs finnische Fernsehn. Dazwischen dann, alle Viertelstunde, eine hart in den Wald hineingeschnittene Mückenmittelreklame: Vor Schreck setzte der Juckreiz immer sofort wieder ein! Elend plagender Pruritus, kleiner Bruder des Schmerzes! Ich ließ mir alles mögliche besorgen und schmierte mich von früh bis spät mit stinkigen Pechsalben ein, aber es half nichts.

In der Sauna allerdings war man sie los. Ebenso im Wasser.

Das waren Tantaluswonnen! Ich stand stundenlang mit einem Imkerhut bis zum Hals nackt im Wasser, um die Stiche zu kühlen und damit ich einfach mal wieder rauskam. Die paar lächerlichen Unterwasser-Blutegel nahm man dabei gern in Kauf. In der Sauna sah ich aus wie ein Aussätziger, wie ein von Krätze befallener Endalkoholiker; es war furchtbar! Der rot gedunsene Körper war mit aufgekratzten Pusteln übersät und mit geschwollenen Grind- und Schorfstellen bewachsen. Ich tat allen leid.

Es gab aber auch gute Nachrichten! Der Käpt'n und seine Mutter waren natürlich geschwind zu ihren zwanzig Kilometer entfernt wohnenden Angehörigen verbracht worden. Was mir nun allerdings auch wieder egal war; ich hockte ja sowieso den ganzen Tag in meinem Gästezimmer mit dem Gazefenster und schlug mit einem Pantoffel auf der Blümchentapete Mücken tot, die unerklärlicherweise dennoch immer wieder irgendwie eindrangen oder auferstanden. Dazu entzog sich die Blümchentapete langsam, aber beharrlich meinem Kunstverständnis, das damals noch prä-pollockschen und nichts-nitschigen Wohlgefälligkeiten verbunden war. Man wurde auch langsam zum Drehpeter.

Ein weiterer Grund für mein notgedrungen klausnerisches Verhalten war das junge Hochzeitsglück. Klar, Kurt Raiber und Rinni Raiber-Ukkolanpää flitterten natürlich juchzend durch die Kiefernwälder auf der Suche nach Kopulationsstellen und hatten nicht viel Lust, ein in Moskitonetze gehülltes, jammerndes Monster dabei mitmachen zu lassen. Sie vögelten also irgendwo draußen auf Booten und in Bootshäusern, während ich abends als greinender Schwellkörper mit den Schwiegereltern stumm im Fernsehzimmer saß und die Fichtensendung anschaute. Wenn ich mal was sagte, guckten die schwierigen Schweigeeltern ganz erschrocken. Man spricht in Finnland wenig. Mehr als zwei Bemerkungen pro Stunde gelten als geschwätzig und stören die finnische Grundbefindlichkeit. Also

sagte ich lieber gar nichts, sonst hieß es nachher nur wieder, man hätte was gesagt. Ich sah ja auch nicht sehr einnehmend aus. Also schwieg ich. So mochten sie mich leiden. Verstehen konnten wir uns ohnehin nicht.
Ich hatte einen Tuschkasten mitgenommen. Damals, Mitte siebzig, regte sich schon der Künstler in mir. Ohne vorher zu duschen, war ich vom Zehner in den Tuschkasten gesprungen. Wasser gibt es genug dort oben, hatte ich mir gedacht, also mache Aquarell! Auf finnischen Wiesen wollte ich sitzen und Seelandschaften mit Sonnenuntergängen tuschen. Dabei gab es hier gar keine Sonnenuntergänge. Ich hatte aber schon welche erlebt und fügte sie den Seen, die ich gesehen hatte, ex aequo hinzu. Das war nun freilich schon sehr idiotisch, wie ich da mit meinen leprösen Wehwehchen verquollen hinter Fliegenfenstern hockte und verstockt, an mein Aquarellprojekt geklammert, diese verlaufenen Rudolf Steiners und Emil Noldes tuschte. Dabei hatte die Blümchentapete mit den blutig erschlagenen Insekten darauf die auch ästhetisch größere Wahrhaftigkeit, und im Grunde hätte ich als Leichenbitter lieber mit Flammenwerfern und mit in Teer und Schwefel gelösten Insektiziden die verfluchten Seen, Wälder und Fluren umgestalten als auch die Fauna zu Abertausenden in Terpentin und Leinöl ersäufen wollen.
So aber fand ich an den Grenzbezirken meiner Existenz zur modernen Ölmalerei. Die wiederum eine ziemlich dornige Angelegenheit ist. Das ständige Pinselwaschen, die dauernden Terpentinschwaden, das Sich-selbst-Verleiden der Lieblingsspeise ›Pellkartoffeln mit Leinöl und Quark‹, all dies ist lästig, und dann trocknet der Mist ewig nicht und stinkt.
So aber fand ich zur Malerei aus der Tube! Das geht ganz gut und hat Stil, indem es ihn notgedrungen vermeidet. Und es mußte dann, später, als ich schon voll im Geschäft war, ja ab und an doch Öl sein, der Kundenwünsche und höheren Preisklassen wegen. Eine gute Idee in Öl bringt fünfmal mehr als

eine bessere in Bleistift! Der Buntstift träumt von Papiergeld, der Deichgraf mag Wasserfarbe, und der Ölscheich kauft Ölbilder. Oder, um es mal wieder mit einigen dieser griechisch-römischen Orakelworte zu erklären: Ars nuda veritas brevis. Man kann allerdings mit ›Plaka‹ ganz gut schummeln. ›Plaka‹ stinkt nicht, hat Volumen; hinterher noch mal mit Leinöl drüber, und für den Ölscheich duftet das Trompetengold nach Öl! Reiche Leute sind meist nicht sehr schön; ihr Geld ist aber immer sehr schön! Wie komme ich jetzt darauf? Ich weiß es nicht genau. Ich saß damals in Finnland in meinem Mückenkäfig einfallslos vor dem ›Pelikan‹-Tuschkasten, malte in Kompensationsabsicht pro Tag etwa zehn Halbe Pilsener im Willibecher vor Sonnenuntergängen, wobei Bier sich mit Tusche ziemlich naturgetreu darstellen läßt, und beschloß, sofort nach Berlin abzureisen, um dort eine häßliche Frau mit hübschem Geld zu heiraten.
Man kann nicht alles haben! Mehr war bei meinem Aussehen sowieso nicht drin. Ich wußte auch damals nicht, ob es vielleicht bleibende finnische Schäden geben würde: Narben, Vergiftungen, schleichende Verblödung. Ich mußte jedenfalls weg aus Finnland, um mein Leben und was davon noch übrig war zu retten und bei dieser Gelegenheit auch gleich zu ändern. Es war ›kairos‹-Wetter! Es war der richtige und notwendige Zeitpunkt zu grundlegenden biografischen Änderungen.
Die Kompromißkacke ging bloß schon wieder damit los, daß ich es dem Hochzeitspaar nicht antun mochte, noch vor der Hochzeitsfeier abzureisen. Allen Qualen zum Trotze traute ich mich nicht. Ick dachte, das geht einfach nicht, so wat macht man nich! Die Mücken hatten mir auch die Kraft geraubt, Verwegenes zu tun. Dennoch kündigte ich mit den verbliebenen zwo Achteln meiner Entschlossenheit die vorzeitige Abreise an. Ich war durchaus geneigt, zur Not eine fiktive Tante und sogar eine symbolische Mutter sterben zu lassen. Aber Raiber Kurt regelte alles diskret auch ohne Beerdigung. Er raunte da

in seinem Contergan-Finnisch irgend etwas Besorgniserregendes in den Familienrat, und dann sahen sie mich alle ganz entsetzt an, nickten heftig und waren wohl auch froh, ihr im Grunde eigenes, nun an mir bildhaft gewordenes Regionalelend alsbald loszuwerden.
Zunächst war aber die Hochzeitsfeier zu erledigen, und die war nun doch ein komisch Ding und seltsam Erleben. Die Schiffahrt war dann im nachhinein das schönste Ferienerlebnis und die Hochzeitsfeier im nachhinein das merkwürdigste Familienerlebnis gewesen. Es ging früh mit Holzhacken und Birkensägen los. Dazu hatte ich mich freiwillig gemeldet. Ich mußte meinen vorzeitigen Abgang abbüßen. Ich tobte inmitten kolossaler Mückenschwaden am Holz rum und befeuerte die Sauna. Dann lockte ich die Insekten mit meinen duftstoffigen Schweißschwaden in die Sauna herein, wo sie allmählich immer träger wurden.
Insekten werden ab siebzig Grad Celsius völlig apathisch und verlieren jeden Reflex. Ab fünfundsiebzig Grad schlug ich, durch die vorherigen Stiche aufs äußerste gereizt, in der kombinierten Sauna und Waschküche zwei Stunden lang gnadenlos Mücken tot. Es müssen wohl an die dreihunderttausend und ein paar zerquetschte gewesen sein! Mit einer unglaublichen und so wohl auch nur Pol Pot, Stalin und Heinrich Himmler bekannten Satisfaktion fegte ich die Leichen aus dem Holzhäuschen und trank ein Bier zu Ehren des Großen Despoten. Anläßlich der Hochzeit gab es tatsächlich auch einmal ein dreigrädiges oder viergrädiges, jedenfalls ein richtiges Bier! Dank sei dem Herrn in der Höhe!
Ein anderes finnisches Übel ist ja auch folgendes: In Berlin hatte ich mir vorgenommen, mich ab und an, im Anschluß an das Aquarellieren etwa, ins Dorf zu begeben und in der Gastwirtschaft oder am Imbiß oder sonstwo eine Erfrischung zu nehmen und nur für mich zu sein. Nun ist ein finnisches Dorf, mal abgesehen davon, daß es keine Gastwirtschaften gibt,

eine über dreißig Quadratkilometer verstreute Gemarkung von so weit wie möglich voneinander entfernt stehenden Höfen an Seen ohne eine erkennbare Ortsmitte. Um die Kirche herum herrscht Leere. Um die Schule und das Rathaus ebenso. Das finnische Dorf ist systematisch sowohl zer- als auch versiedelt. In vier Kilometer Entfernung (Luftlinie!) gab es einen Imbiß mit weitläufigem Parkplatz, an dem die oben beschriebenen komischen ›Lihapiirakka‹-Schrippen, allerhand giftfarbene Zuckerriegel und ein Bier der Kategorie ›eins‹ (vulgo Pisse!) feilgeboten wurden. Dorthin mußte man zunächst über den Haussee rudern, das Boot für die Rückfahrt vertäuen und anschließend, unter Lebensgefahr, eine von irrsinnig gewordenen Holztransportern beraste Landstraße entlanglaufen, sofern man sich vorher wieder wie ein Imker gekleidet hatte, denn man durchquerte offene und übel populierte Sumpf-, mithin Stechtiergehege. Wenn es regnete, sei die Sache nicht so schlimm, und im Winter, wurde ich getröstet, sollte es noch besser sein. Da konnte man dann bei minus fünfundzwanzig Grad auf Skiern ohne Bedenken mit freiem Oberkörper eine Abkürzung über den zugefrorenen See nehmen und in nur sechzig Minuten an die komischen Brötchen gelangen und warmes Bier der Kategorie ›eins‹ trinken. Na prima! Die Lage war insgesamt hoffnungslos.

Nun gab es also ein Hochzeitsbier der Kate(r)gorie ›drei‹ oder ›vier‹, egal, es war gutes, echtes Bräu. ›Drei‹ war schon was! Das gab es im Supermarkt als höchstmögliche Freidröhnung, und ›vier‹ hatte über fünf Umdrehungen, war aber nur im einfühlsam benannten Spezialgeschäft ›Alko‹ erhältlich. Unser Schweigevater hatte es dort unter Vorlage seiner polizeilichen Führungszeugnisse und nach Ableistung einiger finnischer Schwüre auf die Verfassung und die Heilige Schrift in halbwegs ausreichender Menge teuer einkaufen dürfen. Ich trank es in der Sauna mit Genuß und unbehelligt von Insekten nach getanem Völkermord.

Am Sonntag um etwa halb elf Uhr vormittags. Ein Großteil der Hochzeitsgesellschaft war bereits vom Kirchgang zurück. Was heißt Kirchgang? Ein Autokonvoi war wieder auf große Kirchfahrt gegangen und fuhr nun im Hof vor. Ich selbst hatte mich freiwillig zu den Helfern gemeldet, die vor Ort bleiben mußten, um die hier nötigen Vorbereitungen zu erledigen. Keiner ahnte, daß ich, unter dem Vorwand der Saunabefeuerung, während des gleichzeitigen Gottesdienstes größten Frevel über einem gehörigen Teil der Schöpfung hatte niedersausen lassen! Als Antwort auf Friedrich Lessers unterbelichtete ›Insecto-Theologie‹ mit ihrem barockdreisten Quatsch, »wie ein Mensch durch aufmerksame Betrachtung derer sonst wenig geachteten Insekten zu lebendiger Erkenntnis und Bewunderung der Allmacht, Weisheit, Güte und Gerechtigkeit des großen Gottes gelangen könne!« Die finnische Wahrheit war: Ich hatte, gewarnt vom zweiten Brief an die Thessalonicher, etliche Irrtümer und den Antichrist, zwar kurz nur, aber doch gehörig aufgehalten! (Katechon, katechein.)
Jetzt meldete ich in der Küche Vollzug, immer fuchtelnd, mit Indianersprache; man konnte jeden Blödsinn reden, sie verstanden es sowieso nicht: »Mücke viel tot, Sauna gut! Temperatur viel gut! Es kann losgehen! Zack, zack, Weibchen zuerst!« Man verstand es irgendwie. Die Damen, es waren inzwischen Dutzende Verwandte und Bekannte eingetroffen, machten sich für die Sauna bereit.
Es wird getrennt gesaunt in Finnland. Die gute Idee hierbei war, daß die Frauen gegen halb zwölf mit ihrem Saunagang fertig sein würden und also anschließend genügend Zeit hatten, das Mittagessen pünktlich zuzubereiten, währenddessen die Männer nun, in aller Ruhe, bis zum Ertönen eines ersten Essengongs und ohne im Hause zu stören ihren Durchgang abhalten konnten. Eine geschlechtsspezifische finnische Vergnügens- und Arbeitsteilung.
So hockten wir nun, während draußen die Damen in der damp-

fenden Küche riesige Schweineschinken traktierten, um die zwanzig, dreißig nackte Männer heiter in der Hitze um ein Öfchen, soffen ›Vierer‹-Bier, und die Herren Finnenmänner begrölten zyklisch einen neuerlichen Kauderwelsch, von dem nur klar war, daß es sich auch diesseits um Schweinereien handeln mußte. Ab und zu goß ein ganz verwegener, gegerbt ausschauender Uraltfinne einen Meßbecher Schnaps auf die zischenden Ofensteine, und wir sogen den Doppelkorndampf tief in unsere Lungenspitzen hinunter, und dann hielten alle bis zum Schwindligwerden die Luft an. Zur Strafe peitschten sich ab und zu welche mit Birkenreisern. Bier gab es reichlich. Die männlichen Saunagänger saßen ausnahmslos mit einer beschlagenen ›Vierer‹-Bierpulle der Marke ›Amiraali‹ in der Flosse auf den arschheißen Holzpodesten und schwitzten um die Wette. Entsprechend durchblutet und entzündet verließen alle auf den ersten Gong hin die Waschküche, um ein weniges später, zum zweiten Gong, frisch gekleidet und schon leicht vorgebraten, aber doch sehr frisch und feierlich an den Tisch zu schreiten.

Hier nun ging ein Fressen bis tief in den Abend los. Wohlgemerkt: ein Fressen, kein Saufen! Es gab plötzlich nur noch Wasser und giftgelbe Brause zu trinken! »Sach ma, wat is denn hier los, Kutte?« sagte ich zu Kurt, und da mich keiner verstand, ziemlich zeternd: »Laß doch mal endlich 'n Dreier oder Vierer rüberwachsen, Mensch!« – »Geht nicht!« – »Wieso das denn nu wieder? Eben ging es doch noch?« – Nein, er erklärte es mir, aber es blieb dennoch unverständlich. Kurz: In der Öffentlichkeit, und das war jetzt hier angeblich Öffentlichkeit, wird nicht getrunken! – In Finnland! Das ist allgemein verpönt, und insbesondere die Damen und Pastoren wachten streng darüber. Der Witz war: Es wurde natürlich dennoch getrunken! Eine sehr verzwickte Angelegenheit. Ein finnougrisches Double-bind-Rätsel. Mit Lösung!

Ich hatte zwei Tage zuvor ein finnisches Kirmes- und Feuer-

wehrfest miterleben dürfen. Raiber Kurt und Rinni hatten mich, schon im Rahmen einer leichten Krankenpflege, dorthin mitgenommen – »Es würde mir gut tun!« –, und ich war auch froh über die Abwechslung, wurde langsam meschugge in meiner Kartause. Da standen wir nun zwischen den Buden, und es wurde wieder weit und breit kein Alkohol ausgeschenkt. Ganze Kompanien Polizei wachten darüber. Man sah auch keinen trinken. Dennoch war der männliche Teil der Bevölkerung volltrunken! Liegende wurden von einzelnen Polizeikräften rabiat in einen aufrechten Zustand zurückgeprügelt oder von ihren Frauen, Freunden oder Verwandten auf Schubkarren fortgeschafft. Ein hyperboreisches Mirakel! Ich hab es persönlich und nüchtern miterlebt; man durfte ja nichts trinken, und es gab auch nichts zu trinken! Seltsam.
Nanu? Kurti kniesterte andeutungsvoll: »Wart ab! Bald kommt Butta bei die Fiche!« Beim dritten Gong ging das Fresserchen los. Dann kniesterte während des Suppenganges plötzlich auch ein alter, schrumpeliger Finnenonkel und stand auf und lief raus. Mit einmal standen zehn weitere Männer auf und liefen mit gebremster Eile ebenfalls hinaus. Raiber Kurt kniesterte nun wiederum zu mir rüber, er war irgendwie eingeweihter als ich und verstand und sprach, wie gesagt, auch schon ein tüchtiges Contergan-Finnisch und bedeutete mir kniesternd und gestisch, auch aufzustehen und mit rauszukommen. Gut. Also marschierten wir alle im Gänsemarsch hinter dem verknitterten Onkel her und draußen an sein Auto. Onkel Knittäär schloß gewichtig seinen Kofferraum auf, und da ging ein »Ah!« und »Oh!« durch die Männergruppe, aber auf finnisch: Es lagen wenigstens vierzig Literflaschen Klarer drin! Dieser olle Knitteronkel schien ein echter Hartbrenner zu sein! Das schrumpelige Alfamännchen grinste denn auch keckernd und eröffnete ein zirkulierendes Kofferraumritual. Wir stellten uns im Dreiviertelkreis um die geöffnete Heckluke und machten zügig und reihum zwei Pullen Korn platt. Dann marschierten

wir wieder zurück an die Tafel und taten so, als wär nichts gewesen.
Eine viertel Stunde später zwinkerte plötzlich Schwiegervater Ukkolanpää auf gleiche Weise wie vorhin und führte uns an seinen Kofferraum, wobei ihm der vorige Schnapsstifter wie in einer Art apostolischer Sukzession auf die Schulter donnerte und als erster seine hundert Gramm einnehmen durfte und dann die Buddel an Vater Ukkolanpää weiterreichte und reihum fort. Bis zum Abend wurden wir an wenigstens zwanzig Kofferräume geführt, bis man wieder bei Onkel Knitter angelangt war und so weiter und so weiter, zwanzigmal reihum.
Also kam sogar Stimmung auf. Die Frauen taten so, als würden sie diese Männersache nicht bemerken, und tranken den ganzen Tag über vorwiegend Kaffee mit mächtigen Sahnehauben, wurden aber auch immer alberner! Irgendwas lief auch bei den Frauen im Hintergrunde oder unter den Sahnehauben; es geschah dies jedenfalls wesentlich diskreter als das dämliche Gerenne an die Kofferräume.
Dann entstanden für finnische Verhältnisse extreme Ausnahmesituationen. Alles redete aufeinander ein. Seltsame Völkstänze wurden begonnen, an denen, das schien sensationell zu sein, sogar die Männer teilnahmen, sofern sie denn noch konnten. Ein derb-altniederländisches Genre- und Brueghelgepolter ging los. »Krüppelficker, Altersheim, alles tanzt auf einem Bein!« Irgendein besonders temperamentvoller Schwipsschwager »aus dem Süden!« (Helsinki!) tat sich besonders hervor und machte wie toll einen auf Hans Huckebein, wobei er leere Bier-, Wein- und Schnapsglaspyramiden, volle gab es ja nicht, zu Versen aus dem finnischen Nationalepos ›Kalewala‹ auf dem Kopf balancierte. (Was wieder mal das Wilhelm Wundtsche ›Gesetz der Transformation der Sitte‹ bewies, wonach die Form eines Rituals den ursprünglichen Zweck – hier das öffentliche Anfachen zum Trunke anläßlich eines

Erntetrinkfestes – überdauert.) Auch Polonaisen um Tisch, Scheune, zum See und an Kofferräume bildeten sich. Männer, die jetzt an der Reihe waren, führten den inzwischen auch schon mit vorwiegend jungen Frauen aus dem verruchten Helsinki unterminierten Schnapswurm hinaus an ihre Heckklappen und wieder zurück um den Tisch. Oder auch partiell ins Gebüsch.

Dann kam plötzlich eine aufgeregte Frau in den Hochzeitssaal gelaufen, fuchtelte aufgelöst an einer bestimmten Himmelsrichtung herum, und jetzt sprangen auf einmal restlos alle Männer und Frauen auf, und es ging nun wieder eilig im Gänsemarsch nach draußen zu den Autos. Ich natürlich wieder dabei. Als Gast, das ist klar, folgt man, so gut es geht, höflich allen noch so abartigen Sitten und Gebräuchen des Gastgeberlandes. Ich eilte also an die vermeintliche an der Reihe befindliche Heckklappe, lutschte und kratzte auch schon am Deckel, als zu meiner Überraschung jetzt alle an den Kofferräumen vorbeiwetzten und geschwind irgendwo in die Autos des üppigen Fuhrparks sprangen; was ich nun auch tat, und dann rasten wir erregt hupend und mit Licht wie ein Geschwader der Lustbarkeit irgendwohin, wo es stark qualmte. Ich spekulierte auf ein nordisches Sommerfeuer, wo man später dann mit der Auserwählten unmittelbar vor dem Geschlechtsakt über glühende Kohlen springen mußte, hatte mich aber sehr geirrt.

Ein Holzhaus in der unmittelbaren Nachbarschaft, also etwa wieder sechs Kilometer entfernt, war abgebrannt! Es gab nur noch einen qualmenden Aschehügel, aus dem ein gemauerter Schornstein ragte und seinerseits, geradezu sarkastisch oder ironisch, jedenfalls ganz unpassend rauchte! Menschen waren nicht zu Schaden gekommen. Ein wie irrsinnig klagender Hausvater pumpte nutzlos Wasser auf die Asche. Eine Frau saß wimmernd im Gras und hielt einen Besteckkasten und die Augen der Kinder bedeckt. Alles war innerhalb von fünfzehn Minuten niedergebrannt. Kein Brief, kein Zeugnis, kein Foto,

kein nichts war übrig geblieben. Nur der Besteckkasten und was man anhatte. Dann zog der Mann den Hausschlüssel aus der Hosentasche, hielt ihn in die Luft und brüllte ob solchen Wahnwitzes dem Rauch hinterher.
Ich mußte mir, mückengeschändet wie ich ausschaute und leidmüthig mich fühlte, ein arg eschatologisches Gelächter als auch Geflenne verkneifen, und ich beneidete die Brandopfer. Für mich waren sie aus dem Gröbsten raus! Mitleid ist eine schwierige Angelegenheit, und die hölzernen Wände des Komikers sind mit Pessimismus tapeziert.
In Indien hatte ich erlebt, wie sie am Straßenrand Tiere in Ton an die Touristen verkauften. Sie stecken junge Hunde in Tonkrüge, nur der Kopf schaut raus. Darin wachsen sie gefangen, verkrüppelt, unbeweglich auf. Als christlicher Abendländer darf man sie kaufen, ein Mitleid praktizieren und den Krug aufschlagen. Das Tier humpelt davon und wird alsbald von anderen Hunden sehr hingebungsvoll totgebissen. Die Tiere haben auch irgendwie eine eugenische Veranlagung und machen brav, was Darwin von ihnen erwartet, so wie wir brav befolgen, was Freud uns verordnete, und das Geschäft mit den vor- und hinterletzten Dingen läuft gut nebenher. Oftmals wird in den Ländern, die sich den Luxus einer abendländischen Ethik nicht leisten wollen, auch eines der eigenen Kinder vorsätzlich verkrüppelt. Diese ernähren dann nicht selten die ganze Familie. Totsein ist eben doch ganz schön. Und das Sterben läßt sich auch irgendwie schaffen.
Ich hatte nun aber doch großes Mitleid. Nietzsches herzloses Ächten des Mitleids ist mir abstoßend, seine Pferdeumarmung hingegen ein warmherziger Zug. In ähnlicher Verzweiflung umarmte ich mal aus Mangel an Pferd eine Matratze, kann es also ganz gut verstehen. Davon später. Hier hätte ich auf der Stelle gern meinen Koffer und den Tuschkasten und zum Schluß noch mich selbst mit in die Glut gegeben. Es gibt Zeiten, da möchte man die Welt los sein, und das geht am

besten und auch im Grunde nur, wenn man sich selbst los ist. Mit Alkohol und Opium kann man noch temporär staffeln, aber das ist ein Notbehelf, der am Ende die Welt noch grauenhafter macht.
Wir jedenfalls hatten die Hochzeitsfeierlichkeiten und Schicksalstraurigkeiten gut überstanden, und ich durfte jetzt reinen Gewissens forteilen von Finnland. Man organisierte mir einen kontrollierten Rückzug mit Bus und Bahn für den Tag nach der Hochzeit. Es war klar, daß es nicht einfach werden würde. In jedem Land dieses Kontinents spricht und fuchtelt man ein ›Station‹ oder ›Centralnaja‹, und sie verstehen tatsächlich immer nur ›Bahnhof‹. Nicht so in Finnland! Hier hieß Bahnhof ›Rautatieasema‹. Ich mußte also noch dringend einige Vokabeln lernen und mir die Umsteigeorte einprägen. Von Schwiegermutter Ukkolanpää wurde ich mit Zetteln versehen, die in einer ›DIN A 4‹ (Seitenverhältnis 1 zu Wurzel aus 2)-, oder besser – denn hier war wirklich alles anders! – ›FIN A 4‹ (1 zu Wurzel aus 4)-Klarsichtfolie steckten, welche dann mit einer Schnur um meinen Hals gehängt wurde, wo angeblich alles draufstand: wer ich war, wo ich herkam und wo ich hin wollte und daß ich, obwohl ich so aussah, an keiner übertragbaren Krankheit litt.
So stellten sie mich dann morgens mitten in den Wald an eine angebliche Haltestelle. Es kam dann auch tatsächlich ein Bus. Der Fahrer suchte seine Lesebrille und las mit großer Ruhe meinen Laufzettel, dann gab er noch mal laut meinen Personalbogen über die Bordanlage durch, damit auch das übrige Reisevolk wußte, was los war. Ein Raunen ging durch die finnischen Omnibusreihen, und ich wurde vom Schaffner gleich vorne auf einen Behindertensitz geführt und später dann auch mehrfach sehr fürsorglich umgeladen, zuletzt auf ein Schiff, wo man sich außerhalb der finnischen Hoheitsgewässer legal und öffentlich mit Spirituosen zu anständigen Preisen den Juckreiz abspülen durfte. War das gut! Nachts stellte ich

mich an der Reeling in Richtung Nordnordost auf und verfluchte die Tundra, ihre Fauna und Flora, bis irgendein dämliches Nordlicht zuckte. Ius talionis aliquid est.

Das beste an folgendem Ereignis war, daß es hinter mir lag. Das zweitbeste aber, daß es noch vor mir lag. Denn die Sache war zunächst furchtbar, anschließend sonderbar und dann eben doch wieder verfluchte Scheiße. Und wenn sie nicht passiert wäre, hätte ich was versäumt, und Versäumtes läßt sich schlecht erzählen. Deshalb haben sogar Elend und Kriege etwas Gutes – für überlebende Erzähler!

Am Vortag hatte also einer im Radio die Behauptung aufgestellt, Berlin sei hinfort bei neunzehn Grad nur leicht bewölkt. Das war es zunächst auch, eine neunzehngrädige, leichte Bewölkung lag über Neukölln. Die ›Kindl‹-Fahne auf dem Mälzturm der ›Kindl‹-Brauerei stand schlaff bis stramm auf Südwestwest. Ein Frühlingswetter, aber schon mit bedrohlichen, arg örtlichen Bedeckungen, und ich hatte auch meinen ersten leichten Heuschnupfentag gehabt, weswegen ich mir auch mittags eine halblitergroße Heuschnupfen-Schultüte im ›Blauen Affen‹ gönnte, da ich Mulm wähnte.

Was alles jedoch nicht besser machte. Die Dinge standen kippelig. Ich litt damals noch unter Birkenpollen und hätte mir gern mit einem Flaschenreiniger stundenlang den Rachen und die Stirnhöhlen geschrubbt. Für mich ist der Frühling immer ein hysterischer Überfall auf mein heikel Kachelofengemüt. Winter und Herbst werden mir immer lieber; schon weil Männer nicht in kurzen Hosen rumlaufen und die albanischen Galgenvögel von vis-à-vis nicht die ganze Nacht vor ihrer Kneipe in Funktelefone brüllen. Warum die Orientalen ständig diesen hohen Lärmpegel praktizieren, bleibt mir ein Rätsel. Ach, Plessner, alles ist hin! Wenn wir die Grenztruppen der Gemeinschaft nicht stärken und Beglückung an Ordnung in Ordnung finden. So dachte ich nach, vor meiner transparenten Schultüte, während jemand ständig Kuschelrock drückte. Ein merkwürdiger Tag.
Für den nächsten Tag hatte ich mich in Braunschweig wegen eines Vorstellungsgespräches einzufinden und wollte noch was zum Lesen mitnehmen, weswegen ich mit dem Rad in die Hagelberger Straße zu Dietrich Ausprunk, meinem Buchhändler, in den ›Krakehler‹ fuhr. Diese Buchhandlung trägt Anwartschaft auf den höchsten Rang unter allen solchen in Berlin, seit Brockmann das Geheimnis des Buchhandels mit ins Grab genommen hat. Dietrich Ausprunk ist ein bisweilen angenehm mißlauniger Mensch, ein arger Kunde verschlimmert seinen wunden Weltenekel, ein garstig Gast ist ihm Last, und wir deklinierten auch sonst wieder mit Leidenschaft die aktuellen Mißstände, anstatt die uns verbliebenen Ärmel aufzukrempeln. Ich kaufte Carl von Linnés ›Nemesis Divina‹, dies und jenes, dann redeten wir noch ein weniges über preisgebundene Birkenpollen und verramschte Wetter, darum dieses sich fristlos auf Regen zu besinnen schien; deswegen ich eine schnelle Rückreise antrat.
Vis-à-vis vom ›Krakehler‹ gibt es einen Fahrradladen, aus dem ein Schlauch mit Druckluft auf die Straße hinausführt. Ich

konnte dieser kostenlosen Luftsache nie widerstehen und auch diesmal nicht; man kann mit dem Rad vorfahren, eine Zischtülle ansetzen und – ffft! – den Reifen pralle machen. Ich war nachgerade scharf darauf, auf das Ffft!-Machen und die wohlfeile Luftzapferei! Dazu kam wohl ein Relikt an jugendlichem Fahrradfummel/-fimmel. Also gab es vorn ein Zischerl ins Rad! – Juchhe! Und hinten ein Zischerl ins Hinterrad! – Hähä! Geht blitzschnell und macht Freude. Der hintere Reifen war nun auch schön prall, aber als ich dieses kompressorgetriebene Pusterohr vom Ventil gezogen hatte, zischte es, mehr im Inneren des Reifen gelegen, zart weiter. Das konnte eigentlich nicht sein und sollte eigentlich auch nicht sein. War aber! Bis der Reifen nach vielleicht dreißig Sekunden schlappmachte und auch ich, ein wenig erschrocken verzögert, zusammensackte.
Verfluchter Mist! Non deformata, non reformata! Man sollte nicht mal an Deformationen rumfummeln, die an sich in Ordnung sind! Oder die zumindest funktioniert hatten. Das gilt für die Rechtschreibung genauso wie für Reifen und die mit D-Mark bislang dezentral und hinreichend befeuerten Währungsgebiete. Aber ich war nun mal einer dieser durchaus bekennenden Blaseschlauchfetischisten, und da hatte es nun so kommen müssen: Fffft! – Und Puff.
Derweil nieselte es auch scho/ön; was eben auch wieder etwas Gutes hatte, denn der Regen bindet diese perfiden Birkensalmonellen an anderweitige Beschäftigungen, und eine Belastung löst zeitweise entlastend die andere ab: Sommer Kopfweh, Winter Hämorrhoidenvorfälle. Früh Alzheimer, abends Creutzfeldt-Jakob. (Also gilt für: malum auf malum = etwas mehr bonus in summa.)
Und nun danket alle Gott! Das Unglück war glücklicherweise vor einem Fahrradladen passiert. Ich schob mein krankes Damenrad also gleich schicksalsergeben in den Laden und bat um eine Reparatur: »Ich bin zu blöd für so was, ich kann das

nicht!« – »Sie sind gut!« sagte der Fahrradklempner: »Frühjahr! Den janzen Winter sitzen wa hier rum und popeln, aber jetzte kommt ihr alle anjeschoben mit eure Krücken! Mindestens vier Wochen Wartezeit!« – »Ja, was soll ich nu machen?« – Ja, das wüßte er nun auch nicht. – Tja?

So stand man ratlos umeinander her. Ich war nun auch so niedergeschlagen, daß es mir alles egal war. Ich dachte, egal, es ist zwecklos, also: »Wenn Sie mir Werkzeug geben, versuche ich es!« Und gleich ein neuer Schlauch dazu und lieber noch ein Felgenband.

Gut. Ich stellte das Gerät kopf, krempelte mir die Ärmel bißchen hoch, und nun regnete es zum Glück auch schon ausgeprägter. Vertikale Weltanschauungen: Neben mir fluchte ein junger Bengel, der an so einem komischen Lenkerhorn rumdokterte, das sie alle an diesen Mountainbikes vorne dran haben müssen, damit man sie auch noch bucklicht, in so einer zweiten, verwegeneren Position, chauffieren kann. Mountainbike und Damenrad, junger Mensch und alter Mann: So fluchten wir gemeinsam schraubend und hämmernd nebeneinanderher an unseren Schicksalen und verunglückten Fahrzeugen rum.

Ich hatte mir, nachdem ich ein paarmal auf Rückfahrten vom Stammtisch mißlich beim Besteigen des vormaligen Herrenrades an Ampeln und auf Kreuzungen umgekippt war, ein Damenrad mit niedrigem Einstieg beschafft und war dann auch in Folge wesentlich seltener gescheitert. An diesen Damenrädern ist das Hinterrad jedoch noch kniffliger verbaut als sonst leider sowieso üblich; man schraubt und rüttelt an irgendwelchen störrischen Kettenschützern und ›Torpedo‹-Nippeln herum und muß ›Damennetze‹ beachten. Ich schwitzte nachdenklich und wattwanderte in Schmieröl, aber es ging. Nach einer Stunde hatte ich den Mist wieder zusammengesetzt, kein Teil war übergebleibselt; ich hatte sogar noch dem Mountainbengel dies Zusatzteil in die gewünschte Position gehämmert

und stellte nun das Rad wieder auf seine zwei Räder. Derweil hatte Bonn die Beendigung des Regens beschlossen.
Na prima! Ich sah zwar aus wie Schwein, das Jackett ruiniert, das Karierte für den Müll, die Unaussprechlichen für die Kochwäsche, und alles schön naß. Aber egal, es war vollbracht, und jetzt kam ja auch als Belohnung noch das Pusterohr! Mein Zischerl! Die Druckluft jagte froh ins frische Hinterrad, die Bereifung schwoll munter auf, schön prall, alles ffft! Aber ich sank schon wieder etwas zusammen, denn ich vermeinte wiederum ein leises Echo auf mein beendetes Zischen im Innern des neuen Continentals zu vernehmen. Beschloß aber, mich einstweilen sehr zu täuschen! Es durfte das nicht wahr sein! Eine Blamage! Die Radhändler hätten mich für einen Vollidioten gehalten!
Und zu Recht. Ich hatte, auf das rein technische Verfahren und ›Gestell‹ konzentriert und auch sehr ungeduldig, nicht allen Determinanten des Unfalls nachgestellt, ob etwa ein Nagel im arglos wiederverbauten Mantel steckte, ob vielleicht ein Speichenspitzel ins Gummi piekte. Ich wollte den Mist einfach auch hinter mich bringen und schluderte natürlich gehörig bei solchen Nagel- & Splittermarginalien. Klar, hätte man noch mal den Mantel innen genau untersuchen müssen oder ob etwa Scherben Unglück brachten oder andere Übel vorhanden waren. Ich hatte causa-efficiensmäßig gepfuscht. Und das ›Ding dingt‹ eben, und am rabiatesten auf dieser dumpfen causa-materialis-Ebene.
Je nun! Ich stellte mich erst mal doof. Es durfte hier einfach nichts schiefgelaufen sein. Also gab ich noch mal einen Zisch drauf, und der Reifen zischte innen auch wieder, leise, ganz leise, oder sollte ich mich täuschen? Ein Zischen als Schein? Ein efferenter Tinnitus? Nun, der Reifen hielt die Kontur, also täuschte ich mich doch lieber. Gehste erst mal rein, zu den Fahrradmännern, dachte ich, und bedankste dich artig fürs Werkzeug.

Die waren dann auch ganz stolz auf mich und klopften mir tüchtig den Puckel, daß ich es alles ganz alleine geschafft hatte, und gaben mir hinten noch einen Lappen zum Verwischen der Öl- und Schmierspuren an meinem Körper, so daß man nun irgendwie den Fahrradmännern auch sehr gleich wurde, und dann fachsimpelten wir auch noch geläutert einiges über die Wichtigkeit der Felgenbänder, der Prüfung des Mantelmaterials auf Nägel und Splitter und die Vor- und Nachteile verschiedener Ventiltypen, und dann wurde es auch mal Zeit.

Ich mußte mich endlich auch auf die morgigen Braunschweiger Vorstellungsgespräche vorbereiten! Ich hatte noch nicht mal ein Konzept! Und sollte einen halbstündigen Vortrag halten, warum ich der richtige Mann für die Geschicke eines mir an sich fremden Fachbereichs war! Und wenn nun die Personalchefs ihr voraussichtliches Genie jetzt hier in dieser Glückssträhne erlebt hätten und wie die Seuche an mir klebte, dann wäre es sowieso aus gewesen, denn draußen regnete es jetzt zwar nicht mehr, aber neues Unglück war über mich hereingebrochen: Mein Fahrrad war weg!

Verschwunden! Weg! Man glaubt es ja erst nicht. Man schließt ja auch keine in Reparatur befindlichen Räder vor Fahrradgeschäften ab. Es war also weg. Ich lief wieder in den Laden: »Mein Rad ist weg!« Die Fahrradmänner kamen ganz betreten mit hinaus auf die Straße getappt, guckten oben, unten, gaben sich große Mühe, aber es war weg! Frisch repariert! Immerhin, es konnte also nicht gezischt haben, mein Pneu hatte gehalten; ich mußte mich verhört haben. Allerdings, eine ganze Stunde lang hatte ich daran rumgeschwitzt! Für nichts und wieder nichts und darüber hinaus für irgendeinen Halunken und Arsch, der uns hinten im Laden hatte beieinanderstehen sehen und der schnell trocken nach Hause hatte kommen wollen, mit meinem Rad, da es ja gerade mal wieder kurz aufgehört hatte zu regnen! Hier fordert man für gewöhnlich die

Todesstrafe! Denn Fahrraddiebe sind, nach Omas die Handtasche klauen, das allerletzte. Peloton d'exécution et »Rasstreljat! Genosse Jeschow!«

Ich stand jetzt richtig blöd da, von oben bis unten verschmiert, naß und blamiert, hatte gerade mein bislang treustes, drei Jahre altes Rad, Kamerad und Damenrad, verloren, in das ich gerade eben noch Arbeit und dreißig Mark für vornehmste Schläuche und Felgenbänder gesteckt hatte, und da fing es denn auch sofort wieder mitfühlend zu regnen an. Die Fahrradmänner trösteten noch etwas, boten mir auch einen günstigen Neukauf an und verzogen sich dann aber doch lieber dezent vor diesem mit Aussatz und Fluch belegten Manne in ihren Laden, bevor von der Pest noch etwas auf sie überspringen mochte.

Womit hatte ich wieder solchen Fluch auf mich geladen? Ich beschloß jetzt einen Bußgang, einen Gewaltmarsch. Verschwitzt, durchgeregnet und verschmiert konnte und wollte ich sowieso nicht in die U-Bahn steigen. Auch um Dampf abzulassen, stiefelte ich jetzt in Sack, Asche und Öl fluchend durch den strömenden Regen die Bergmann runter und die Hasenheide hoch bis nach Hause. Da ging es dann schon, da mußte dann schon was abgebüßt worden sein; ich war irgendwie sogar froh. Ein Rad, drei Jahre und noch nicht geklaut – wo gibt's denn so was?! Da wird jetzt ein hübsches, neues bestellt! Da wird eine Neuanschaffung gemacht! Da wird ein Punkt und ein neuer Anfang gemacht!

So kam ich denn also sehr naß und verklärt oben an. Katrin gleich: »Was is denn mit dir los?« – »Ach Gottchen! Wenn ich morgen so viel Glück wie heute Unglück habe, dann bin ich übermorgen in Braunschweig verbeamtet!«

Nächsten Tag Braunschweig. Wieder den ganzen Tag Regen, aber man hatte sich schon daran gewöhnt, man patschte eben mit Hut und ›Ventile‹-Jacke durch die Pfützen und freute sich mit den Pflanzen über die gemeinsam draußen verbrachten Tage. Nachmittags mein Auftritt. Ich hatte mir ein paar Gewieftheiten ausgedacht, auch alles hübsch frei vorgetragen, und es fand nun tatsächlich auch so was wie eine Unglückskompensation statt, denn die mich begutachtenden Herrschaften waren überwiegend angetan, ich auch, und es sah also ganz gut aus, na ja. Eine vorbeugende Skepsis umfängt einen später zum Schutze; doch lebt es sich in solcher Vermutung einstweilen sehr wohl und gefällig. Dementsprechende Rückfahrt abends im Speisewaggon mit gehobener Stimmung, Belohnungssteak mit Bratkartoffeln und etlichen gehobenen ›Radebergern‹.

Am Bahnhof Zoo bestieg ich sofort eine Droschke, dachte noch: zu ›Hoeck‹? – Nee, nicht zu ›Hoeck‹, deine Ruhe willste haben, also ›Blauer Affe‹, Heimat, Hermannplatz. Weiterer Glücksfall: Der Schofför fragt: »Wolln Se am Ufer lang oder Yorckbrücken?« – Ich weiß nicht, warum, aber: »Fahrn Se Yorckbrücken!« Weiterer Glücksfall: Man fährt da eine Strecke, die an meinem Fahrradladen mit dem analerotischen Pusterohr vorbeiführt, dann Gneisenaustraße, da kommt dann so ein rechtsregionalligander Fußballkäfig mit Kunstrasen, worin die türkische Jugend tagsüber ihren Dampf abläßt, und ich brülle: »Stopp mal bitte! Da steht ein Rad, das sieht aus wie mein Rad!«

Und es war mein Rad! Das entwendete Damenrad! Der Hinterreifen zwar völlig demoliert, alles hinten kaputt, aber sonst alles ganz und meins! Wie früher! Es hatte also doch ein inneres Zischen gegeben! Es hatte meine deutsche Wertarbeit also genau bis hierher, vielleicht 500 Meter weit, gehalten. Der inferiore Arsch und Fahrraddieb war zufällig auch in meine Richtung geflüchtet; es hatte mein Unglück sich zum Glück gewendet und des Halunken vermeintliches, billiges Glück zum Unglück. Nemesis Divina! Ius talionis (aliquid) est. Herr, du bist gerecht, und gerecht sind deine Urteile! Wehe, Assur, der meines Zornes Rute ist! Und was das Schwein verbrochen hat, müssen nicht nur die Ferkel büßen. Ut vivis, ita ibis.

Danke, lieber Gott, daß ich nicht so gut Reifenwechsel kann! Akotschi moja!
Ich schloß das Findelrad, welches auch sehr froh wirkte, sein Herrchen wiedergefunden zu haben, dann dort am Fußballfeld erst mal gründlich an und ab; die Schlüssel hatte ich, sentimental veranlagt, für eine Trauerstrecke noch bei mir zu tragen mir auferlegt. Und der Taxifahrer freute sich richtig ehrlich mit. Denn die Taxifahrer sind, als allzu gute Kenner der Menschen, auch sehr für Gerechtigkeit und Gottesstrafe! Und früher war eben die neunte noch die fünfte!
Am nächsten Morgen packte ich bei Sonnenschein eine Tüte mit ausführlichem Werkzeug, ich wußte ja jetzt, wie alles ging und was man brauchte, fuhr dann mit Arbeitshandschuhen und Lappen hin und montierte eine komplett neue Bereifung, wiederum in Luxusausführung mit ›Schwalbe‹-Mantel, doppeltem Felgengebändel und allen Schikanen. Ein Dankopfer mußte sein! Denn was dann noch alles passierte, glaubt sowieso keiner! Jedenfalls führte ich mein treues, altes Damenrad erst mal glücklich heim.
Als ich die Stelle im Braunschweinischen dann doch nicht bekam – weil man wieder ein Weib vorzog! Und obwohl mir sogar Hanns Zischler eine wahrhaft panegyrische Referenz gedichtet hatte! –, umarmte ich wie weiland Nietzsche, aber in Ermangelung eines Pferdes und auch nur Reuterstraße Ecke Sonnenallee, eine vor einem ›Matratzen real‹-Laden hochkant ausgestellte neunzig mal einsneunzig messende Federkernmatratze der Marke ›Ergolana‹ mit Wollsiegel und weinte sehr. Denn man mußte nun weiterhin mit tausendzweihundert Mark brutto im Monat auskommen und sich sinnlos fühlen. Das Damenrad hätte eben, damit es für eine komplette Gutmachung der Übel und positive bonum-durch-malum-Bilanz reicht, doch gänzlich herrenlos bleiben müssen. Und außerdem ist nichts scheißer als Platz zwei!
Mein Leben war nun auch bereits über den Sattelpunkt ge-

rutscht. Die Verfallserscheinungen und Oxydationen überwogen den Nachwuchs an Zellen. Man rollte ab etwa fünfundvierzig die Neige zum Tode hinab, was sich recht bequem anhört, aber ohne Vermögen oder wenigstens Verbeamtung wie ein äußerst mühevoller Aufstieg empfunden wird. Husen Ciawis Vorschlag an Sisyphos, kleine Steine zu nehmen, ist gut gemeint, aber nach Kurzsprints schwitzte man jetzt wie ein Pferd und mußte sich an Laternen abstützen. Plötzlich brauchte man eine Lesebrille! Die Lacher wirkten allmählich falsch und schrecklich, weil mir nach jedem Sardonius eine finanziell unüberbrückbare Zahnlücke oben links freilag. (Meine ›Kaiser-Wilhelm-Gedächtnislücke‹ an einen Zahnarzt am Ammersee!) Man mußte nun darauf achten, daß man links neben die Damen zu sitzen kam, damit sie mit einem heiter vollständigen Gebiß rechts unterhalten und mit kompletten Lächlern beschenkt werden konnten.

Dann setzte och noch eine Arschkrise ein; es plagte eine winterliche Hämorrhoide, von der man aus Erfahrung vermutete, daß es sich eigentlich um einen Darmkrebs handeln müsse, denn viele meines Jahrgangs waren bereits tot davon! An mir haftete schon, wie es geschrieben steht im 2. Korintherbrief 2,16, der Geruch des Geruchs zum Tode! Sieben Posaunen lagen bereit zu posaunen! Man selbst lag auf dem Bauch in Krankenhäusern, wo sie einem mit einer Art glühenden Ondolierstab das örtlich betäubte Arschloch ausräucherten, während man wieder versuchte, den Kopf so zu drehen, daß der hübschen Arzthelferin ein Lächeln mit der intakten Zahnreihe geschenkt werden konnte, und man freute sich vor Schmerz, daß es doch kein Krebs war. Wer weiß, was noch kommt? Kann ja sein, daß sie einem zum Schluß noch im Tartaros auf Dauer den Schatten peinigen!

Es lag nun aber darüber hinaus in diesen Jahren des beginnenden Verfalls noch ein seelischer Fluch über unserer Sippe. Die noch lebenden Reste der Familie waren auch krank und wur-

den zur Belastung. Keiner wußte, warum, aber die Kapielski-Sippe war und ist in Gefahr, komplett verrückt zu werden! Meine Mutter war erstmalig 1990 meschugge geworden. Anläßlich ihres dritten manischen Durchknallers nach langen Episoden der Depression knallte auch meine Schwester durch. Ihr durch und durch abstruses Gemüt war, anläßlich des dritten mütterlichen Super-GAUs, an der wahrscheinlich genetisch vorinstallierten Sollbruchstelle geknackt. Jetzt wurde die also och wirre! Meine Nichte, ein nicht ganz unintelligentes, wohl aber trottellummiges Wesen mit Brille und Schuhgröße dreiundvierzig (im Alter von vierzehn Jahren!), wollen wir hier raushalten, aber sie ist gewiß ebenso finster prädestiniert; auf was, wird sich herausstellen. Wahrscheinlich wird es auch eine Art unkontrolliertes und frenetisches Geldausgeben sein. Im manischen Taumel kaufte meine Mutter regelmäßig Staubsauger zu zweitausend Mark, gab für eine zweiwöchige Amerikareise dreißigtausend Mark aus, schaffte unablässig atomgetriebene Bügelbrettwunder ins Haus und fuhr Taxi, daß sie die Goldene Ehrennadel der Berliner Taxi-Innung verdient gehabt hätte.

Sack und Asche: Ich selbst – mein lieber Scholli, hab acht! – schreibe mir ja auch nur den Irrsinn vom Hals. Der einzig vernünftige Mensch in unserem Kral war mein Vater, und er tat das Vernünftigste, was man tun konnte, indem er im Alter von achzig Jahren 1983 pünktlich davonstarb und uns dem Wahnsinn überließ. Nochmals danke, Vater! (Amor Vati. Sempre Vati.)

Jahre nach meiner Finnlandreise und meinen Erkenntnissen über die letzten Dinge allda mußte ich noch einmal nach Finnland reisen. Denn ich hatte ja nun Verwandschaft dort. Es hatte sich nicht vermeiden lassen, als ich mit Butzmann dienstlich musikalisch 1994 in Stockholm zu tun hatte. Von dort aus war es nicht weit nach Finnland. Man befand sich bereits im Gravitationsfeld; es half keine Ausrede.

In den achtziger Jahren war ich mit Freund Butzmann lärmend als Berliner Attraktion durch die Kunst- und Musikhallen der Welt gerumpelt, bis wir und die Kunst- und Musikhallen der Welt es satt hatten. Belegschaftswechsel. Pause! Ohne je reich und sonderlich berühmt geworden zu sein, feierte man uns nun Mitte der Neunziger überraschend als Klassiker der jungen elektronischen Musik der tollen Achtziger und flog uns über Vierzigjährigen plötzlich unablässig mit ›Lufthansa‹ zu den Tempeln dieser eigentümlichen Musikrichtung nach Amsterdam und Stockholm, wo sich zwei der weltweit wichtigsten Studios für elektronische Musik befinden: ›Steijm‹ in Amsterdam und das ›EMS‹ in Stockholm. Zwei auf den ersten Blick unscheinbare Orte, aber dann spürte man doch die feine Luft, welche einst Stockhausen hier atmete, und überall hingen »Hier erbrach John Cage ein verdorbenes Pilzgulasch«-Schilder, und alle Männer über siebzig sahen aus wie Morton Feldman. Man gab uns plötzlich gute Flüge, Hotels und hochmögende Gagen!

Also buchte ich nach getaner Arbeit von Stockholm aus einen Flug nach Helsinki. Ich hatte dem Ehepaar Raiber-Ukkolanpää

ewig hinhaltend versprochen, einmal wenigstens vorbeizukommen, und immer gute Ausreden gehabt, es nicht tun zu müssen. Meine Grundbedingungen waren, einzig der Mücken wegen, ein zweikantiger Fug: Wenn überhaupt ein Wiedersehen auf Suomis garstigem Terrain, meine Lieben!, dann 1) im Winter und 2) in der Stadt. Nie wieder Sommer, nie wieder landesinnere Sumpfgebiete! Nun war Winter, und sie wohnten in Helsinki, und es gab Kinder, und es wurde erwartet, daß ich als Trauzeuge die Brut besichtigte.
Also gut, da half jetzt keine Ausrede mehr: »Ich komme!« Nun schwappte sanft in mir die Erinnerung an mein schönstes Ferienerlebnis an Bord dieses Schiffes von Stockholm nach Turku damals; ich wollte also wiederum am liebsten mit dem Schiff reisen, um wenigstens eine Reisebehaglichkeit zu präfixieren. Nach langen deutsch-schwedischen Verhandlungen in einem Stockholmer Reisebüro ergab es sich, daß man mich zart, aber bestimmt ins Flugzeug schob, weil die Schiffahrt mich viel Zeit, mehr Geld als ein Flug und womöglich das Leben gekostet hätte. Welches letztere nicht so schwer wog; ich war damals immer noch latent sterbebereit! Allerdings leider auch nicht sehr leidensbereit.
Nach der halbwegs gelungenen germanischen Völkerverständigung in Schweden, wo Bier zwar meint, »Öl« heißen zu müssen, man aber doch sogar eine Zeitung hinlänglich entziffern konnte, landete ich irritiert, aber punktgenau auf einem Flughafen in Helsinki. Und war verspätet zu früh da. Es hatte hier eine eigentümlich verrutschte Uhrzeit, die sehr von dem abwich, was meine Uhr beharrlich verkündete und was so wieder typisch war für Finnland; alles mußte anders anders sein. Nun sind Flughäfen weltweit einigermaßen amerikanisiert und mit Hilfe von Piktogrammen, die für Menschen aus allen IQ-Bereichen verstehbar sind, relativ bombenfest gemacht; man findet also den Ausgang.
Dann stand auch Freund Raiber Kurt da, au weia! So wie ich

erschütternd gealtert und fetter geworden. Hängebacken und strohiges Haar. Ein fassungsloses Schütteln der Wurstfinger hub an. Ich war erleichtert, ihn wiederentdeckt zu haben, denn von überall schwallten schon wieder die kryptischen Doppel-Äs auf mich ein, und eine rätselhafte Reklamewelt umflorte mich werbend, aber für was?
Zwei dicke, alte, deutsche Männer taperten zum Fahrzeug hin. Raiber Kurt meinte, wir müßten jetzt erst noch einkaufen; ein Begrüßungsfresserchen mußte ausgestattet werden. »Kapielski! Wir werden dazu in ein Kaufhaus namens ›Stockmann‹ müssen!« – »Ja, warum nicht; ich bleib dicht bei dir, und ›Stockmann‹ klingt gut und verständlich.« (War auch ein deutschstämmiger Kaufhausgründer zu Zeiten finnischer Gründerzeiten gewesen.) Wir jagten mit rauchenden Pneus in ein gigantisches unterirdisches Parkhaus hinab, die Hölle! Kurt Raiber hatte immer schon eine einzige, aber solide Macke: Er neigte zur Rennfahrerei und befuhr wie Schumi stets selbstfrisierte ›Alfas‹ oder andere ›Raseratis‹ und lag an Wochenenden vorwiegend unter Autos. Also wieder Vollgummi, quietschende Reifen und Vollbremsung, ganz der alte! Dann schoben wir so einen monströsen Einkaufskorb auf Rollen in den Fahrstuhl, die Pforte öffnete sich, und wir marschierten feierlich hinein ins Kaufland.
Ich wohnte damals in Berlin noch in der Großbeerenstraße, wo es um die Ecke das kleine ›Edeka‹-Geschäft des freundlichen Herrn Maas gab, auch einen Türken, einen Fleischer und einen Körnerladen. Kurz, ich hatte es vier Jahre am Stück vermeiden können, im Supermarkt einzukaufen. Plötzlich stand ich in einem finnischen! Was heißt Supermarkt? Eine solch gigantische Verkaufsfläche hatte ich mein Lebtag, auch in Amerika, nicht betreten! Es war unfaßbar. Ich trabte entgeistert hinter Kurt Raiber her, der behende komische Packungen in den Wagen warf. Um uns eine perfide beleuchtete, idiotenhaft herumlärmende Buntheit auf seichter Hintergrundmusik, die von

einschmeichelnd weiblichen Unverständlichkeiten übermalt wurde. Alles auf finnisch. Packungen mit meterlangen Wörtern mit Doppel-Äs. Man erriet nicht, was drin war.
Um mich bei Laune zu halten, machten wir Ratespiele mit Stichproben. Ich mußte raten, also riet ich: »Knäckebrot?« – »Nee, Fleckensalz.« – »Yes-Torties?« – »Nee, Corega-Tabs.« Ich tappte wie der vom Mars gesandte durchs schier Unverstehbare, kategorial Unbegreifliche.
Dann sah ich mit einem Mal inmitten der Scheinwelt ein kleines, noch richtig geküfertes, geradezu anrührend authentisches Holzfäßchen mit eingelegten Gurken darin, und man konnte mit einer Holzzange davon einige in ein eigens dafür bereitstehendes Gläschen füllen. Ich erriet: »Gurken?« – »Bingo!« – Na, so eine Freude!
Nachdem ich mich versichert hatte, daß es sich nicht etwa um ein holographisches Gurkensimulakrum gehandelt hatte, ging ich zu Tränen gerührt in die Knie und dankte dem Herrn, der sich sonst immer so versteckt hielt, daß er mir endlich einmal Zeichen gab! Anstatt nun aber dieses Fäßchen heulend zu umklammern, sprach ich Faß und Gurken ein freundliches »Dominus vobiscum« entgegen, was sie korrekt und erfreut mit »Et cum spiritu tuo« beantworteten, und kaufte mir fünf kleine Gurken in ein Gläschen hinein, das nun, zugegeben, kein Holzdeckelchen oder sonst was Altechtes, sondern ein lediglich banales Drehblech als Verschluß besaß. Egal, es war Glas, und es ging letztlich um das Krughafte des Kruges und seine Leere, die in zwiefacher Weise dann auch, ganz so wie Heidegger kühn gedeutet hatte, meine Gürkchen faßte, nämlich nehmend und behaltend.
Raiber Kurt erklärte näher, daß dies ›Russische Gurken‹ seien. Sie schmeckten hervorragend, fast so wie unsere Salzgurken, aber mit gehörig viel Knoblauch noch verbessert. Ich fraß drei Tage – so lange blieb ich neuerlich in Finnland, und wir besuchten täglich dies satanische Kaufhaus ›Stockmann‹! –

ununterbrochen ›Russische Gurken‹ aus dem Holzfäßchen, und es war dann, man ahnte es diesmal schon, im nachhinein mein schönstes Ferienerlebnis während dieser zweiten Zeit in Finnland gewesen.
Am Tag als ich zurück nach Berlin zurückflog, ging unten in der Ostsee die Fähre ›Estonia‹ unter, und ich saß dann fast zur selben Zeit schon abends warm bei ›Hoeck‹ am Stammtisch und wußte es noch nicht, daß da unten alle Mann in der eiskalten See ersoffen und daß mich eine schwedische Reisekauffrau vielleicht vor dem Ertrinken gerettet hatte.
Inzwischen war ich auch wieder soweit hergestellt und lebenszuversichtlich, daß es mir doch plausibler erschien, fortan zu verkünden: »Ach, Kinder, Sterben ist so schwer und Ewig ist so lang!« Denn sobald die Mücken fehlten, war man ja doch ganz gern noch da.

XIII.
Der Schleizsche

Wermut
Offenbarung 8,11

Unsere Rechtfertigung befindet sich noch
im Tun und Werden. Es ist noch ein Bau.
Luther, WA 39, 1; 252

Daß sein ganzes Alter ward neun hundert
neun und sechzig Jahre, und starb.
1. Mose 5,27

Ich bekam schlimme Augen. Als 1995 die Nation wegen dieser Ölbohrinsel ›Brent Spar‹, die zur ›Entsorgung‹ am besten hätte in die Tiefsee versenkt werden sollen (so viel ist inzwischen klar), die Parole ausgab: »Kauft nicht bei Shell!«, da dachte ich mir, man hat jetzt die eugenischen Imperative gegen eugeopolitische ausgetauscht. Interessante Entwicklung. Nicht mehr die Rasse soll rein sein, sondern die Erde. Insbesondere die des britischen und welschen Erbfeindes. Auch die Ölbefleckung slawischen Mutterbodens muß nun bald nach deutsch-ökologischer Ordnungsart gesühnt werden. Der Rassismus ist in den Naturschutz gerutscht.

Nun steht dieses verrostete Bohrmonster in einem Norwegischen Fjord herum, keiner traut sich, das Ding anzutasten, und wenn es jetzt da zusammenbricht, schert sich keiner drum, daß dieser Fjord erledigt sein wird. Die Ökosittenwächter und Pressegerechten sind inzwischen mit Besserem beschäftigt. Es war im Grunde eine Fernsehshow, die nun nicht mehr quotet. Scheiß auf den Fjord! Kampf dem britischen Rinderwahn!

So sah ich das. Ab und zu gönnt man sich auch mal eine politische Stellungnahme oder Meinung; obgleich es zu gar nichts

taugt, und eine ›Ansicht‹ und ein ›Standpunkt‹ meist nichts weiter ist als ein Gesichtskreis mit dem Radius Null.
Folglich bekam ich zwei Tage später eine Augenentzündung. (Böse Wirkung der Wunderbrille Tummim und Urim!) Es fing harmlos an, etwas verheult sah ich aus, dicke Klüten, als wär ich sieben Tage in Nachtbars auch tagsüber ersoffen. Wieder einen Tag später waren die Lichter aus. Krustiger Eiter, zäher Grind. Mit den Fingern mußte ich die zwei obszön verklebten Wunden öffnen. Zwei Schlitze im Spiegel: Es sah aus, als wären die Lider mit fettigem, gelbem Zwirn vernäht. Ich war elend, jämmerlich, arm, blind und bloß. Und feige. Lieber blind als zum Arzt. So zog es sich zum Sonnabend hin, und ich ward blind und nachdenklich.
Wie kommt das? Hiob hatte einen Bund mit seinen Augen geschlossen und ein Gelübde gemacht. (Hiob 31,1) Ich aber nicht. Das konnte es nicht gewesen sein. Ich hatte aber einen bösen Blick gehabt. Der Frevel eines verstiegenen Gedankens in Form einer Ansicht. So was wird abgestraft. Wenn man ihn nicht mit Vorsicht verschluckt, den Gedanken. »Hölle und Abgrund werden nimmer voll, und der Menschen Augen sind unersättlich« (Sprüche 27,20). Rumms! »Aber nun hat mein Auge dich gesehen!« (Hiob 42,5) Die Obszönität einer ›Wahrheit‹ nämlich.
Sonntag war meontische Düsternis, ich sah gar nichts mehr. Ich wollte nun lieber doch nicht blind werden. Alfred Edel hatte mir mal erzählt, daß man gegen Arztangst am besten zum Apotheker geht. Die sind pharmazeutisch gebildet, als Verkäufer verkannt, infolgedessen ambitioniert und freundlich und prompt bei Notlagen. Es gibt keine Wartezimmer, und sie wenden kurz entschlossen probate Proben an. Und man braucht anschließend nicht auch noch in die Apotheke!
Die rechte Hand auf Katrins linker Schulter taperten wir zur entlegenen Notapotheke. Durch eine Apothekentürluke hörte ich der altgedienten Apothekersfrau Aufschrei: »In Gottes

Namen! Ab zum Notdienst! Aber sofort!« – »Wenn Sie das sagen«, sagte ich kleinlaut, »dann tun wir das wohl besser.« – »Aber ganz schnell!«
Nu wurden wir hurtig.
Ich wurde eilends in eine Droschke bugsiert. Ich bedachte, wie ich zukünftig mit einem Blindenhund auskommen und wie er heißen und wie er wohl überhaupt aussehen würde und kam mir doof vor. »Katrin, ick will keinen Hund! Kannst du das nicht machen?« – »Was denn?« – »Na, aufs Klo bringen und so.«
Nu wurde es heiter.
»Wie sehen Mongoloide eigentlich in der Mongolei aus?« fragte ich Katrin. – »So wie du.« Auch beim Taxifahrer kam Laune auf. Er erzählte den Blindenwitz mit dem Fallschirmspringer. Ich lachte am lautesten, obwohl ich ihn kannte, denn ich mußte lernen, die Behinderung zu bejahen, wenn ich mit ihr zusammenwohnen wollte.
Wir mußten jetzt entscheiden, ob wir in die ›Charité‹ oder in die Graefestraße fahren. Die Graefestraße ist ein Notbetrieb der Barfußärzte für Arme und Erniedrigte. Ich wollte ›Charité‹. Wenn schon, dann Fachpersonal und große Apparatemedizin. Und die Graefe kann elend belegt sein, was, wenn man es nur hört und nicht sieht, dazu führt, daß man mehr sieht als zu hören ist.
Alles aussteigen: ›Charité‹! Ich wurde durch undeutliches Badegemantel geführt und in einen Fahrstuhl geschoben. Ding dong und rechts um: in ein bohnerwächsernes Hin- und Hergerenne um mich herum. »Wo sind wir?« – »Augenabteilung, 17. Etage.« Katrin lobte die herrliche Aussicht. Das ist ja prima für die gestochenen Stare! dachte ich glaukomisch. Die Gehörlosen werden sie wahrscheinlich im Keller untergebracht haben, die Kurzsichtigen in der 18. Nahkampfetage und die Weitsichtigen Parterre.
Nu kam man dran.

Es bat ein Dokter Eumenides, ein junger Grieche, herein, leuchtete in die Sehschlitze, meißelte Schorfrinde, brach Eiterborke, tupfte Gesupp, und ich sah wieder! Alles! Nun tat er wieder viel rumleuchten, ich mußte in obskure Geräte äugen, und als finale Heilhandlung wurde eine Salbe – mit den Bemerkungen: »Keine Bange, Sie werden gleich alles wieder verschwommen sehen.« Und: »Och, das macht doch nichts.« – ins Auge geschmiert. Ich war ja froh, daß überhaupt noch was funktionierte, wenn auch ›sfumato‹. Also grinste ich dankbar durch meine zwei Milchglasscheiben in vermutlich richtige Richtungen. »Jetzt kommt eine Binde um den Kopf, Herr Kapielski. Dann sehen Sie natürlich wieder nyx mehr. Aber es wird schon wieder!« – »Wenn Sie das sagen, dann bitte sehr!« Nu war man froh.

Doppelschalter, klick, klack: Licht aus. Rückfall! Ich bekam (ad obolus) eine Tube Augensalbe in die Tasche gesteckt und bedankte mich herzlich, wobei ich dem Onkel Doktor tüchtig die Flosse schüttelte und in die Richtung seines angeblichen Gesichtes feixte. Mit dem Kopfverband muß es gut ausgesehen haben. Es muß, wie mir später berichtet wurde, überhaupt sehr ulkig ausgesehen haben: all die Augenklappen und Mißverständnisse, all die herumgeführten Augenverbände, die wildfremden Menschen irrtümlich die Hände schüttelten. Wie nach der Schlacht bei Ypern. Wie in diesen chinesischen Frauenkliniken, wo sich die Damen auf Grund europäisch-asiatischer Mißverständnisse die Schlitze wegoperieren lassen. Schade! Ich hätte gern welche. Und was machen sie mit all den abgeschnittenen weiblichen Augenschlitzen? Und wo würden sie, im umgekehrten Falle, die Hautpartien entnehmen, um mir ein Paar Augenschlitze zu machen? Vielleicht aus dem dehnbaren und daher gut zu verarbeitenden Präputium?

Nu wurde man langsam jesund!

In Krankenhäusern wird man auch sofort sehr gesund. Bleibt man dort, wird man krank (deshalb heißen sie auch so) und

kommt auf komische Gedanken. Das wichtigste ist also: Wenn es nur irgend geht, so schnell wie möglich raus!
Nu wurde man eilig.
Wie Orpheus mit Lots Frau tasteten wir uns ins Erdgeschoß. Es bestand keine Gefahr mehr; ich konnte mich umsehen, soviel ich wollte. Und mein Weib sah nicht hinter sich und ward nicht zu Salzsäure. So schrammte ich an Hades und Blindheit vorbei.
Und nu war man, Gott sei Dank!, wieder draußen.
Irgendwann sieht man sich aber doch mal um! Es kommt der Tag und, das ist klar: »I never get out of this world alive!« Wie das Hank Williams, wissend, jung, gerade noch lebend mit schnapsunterfütterter Country-credibility besang. Und beinahe hätte es mich auch schon erwischt, in einem Moment, wo es mir nicht paßte. Vielleicht paßt es einem ja nie. Aber da war es nun ganz furchtbar, so ein entropischer Ekel-kairos, so eine Scheißsituation! Man muß eben auch hier die durch Gunst der Natur ausgezeichnete Stelle in Raum und Zeit, die dem menschlichen Sterben Gelingen verheißt, erkennen und richtig nutzen!
Weil das nicht so einfach ist, jetzt eine Schleitzgeschichte, um Sterbelehren daraus zu ziehen. Es ging schon düster los. Katrins Mutter war gestorben. Krebs; von dem man ja, vor lauter Aids, lieber gar nichts hören möchte. Beerdigung in München; o je!, das ist ja alles furchtbar, nach dem Tod ein gnadenloser, teils vollbürokratischer, teils vollidiotischer Trauerfestakt. Und es geht, wie immer, um Geld, Kranzrechnungen und Nachlaßsachen. Und man weiß nichts! Und ist auch nicht in Form, all diese Mühen zu bewältigen, und ist auch nicht sehr lernanfällig in Momenten, wo man einiges wissen müßte. Woher soll man auch wissen, wie das alles geht? Sterbeurkunden, Sargmodelle, Wohnungsauflösung, Rechnungen, Kerzen. Wenn man selber stirbt, dann hat man vielleicht zwei, drei Beerdigungen gemacht und weiß es. Und könnte es selber am besten machen.

Wir hatten alle diese Strapazen überstanden und befanden uns auf dem Heimweg nach Berlin. Ich hatte jahrelang am Autoverkehr nicht mehr teilgenommen, und nun waren wir aber, als Reiter auf fahlem Pferde, mit dem Erbstückel unterwegs: dem weißen, unscheinbaren ›Mazda‹ mit den vielen PS; ihr Vermächtnis, wohl an mich, denn Katrin konnte gar nicht fahren. Um meinen Verkehrsschock abzupuffern und auch um uns ein wenig von den Strapazen zu erholen, hatten wir die Landpartie vereinbart und eine bukolische Übernachtung zwischen München und Berlin. Katrin war am Ende; wir mußten was Schönes machen. Und das ist auch das einzig Gute am Auto, daß man so etwas machen kann, irgendwo hinfahren, wo man sonst einfach nicht umstandslos hinkommen würde. Sonst ist es mit dem Autofahren Blödsinn, idiotenhafte und mindere Tätigkeit; vulgäre, sittenwidrige Stinkerei. Im Zug ist es klimatisiert, man kann lesen, essen, schlafen, aufs Klo, alles während der Fahrt, und man weiß sogar von vornherein, wann man ankommt. Obwohl es gegen den Zug inzwischen auch allerhand zu sagen gibt. Es fährt jedenfalls keiner nach Tiefenellern, wo das alles so schön war; also wir wären ohne Auto gar nicht in so ein Kaff vorgedrungen.
Mit dem ›Fränkischen Brauereiführer‹ im Ansitz sind wir hinter Bamberg durch die Landschaft gerollt und haben Ausschau nach Hausbräu gehalten. Abends hatten wir dann den schönen Landgasthof ausgemacht. Ich hatte die Chaise umständlich draußen in den Schatten geparkt, dann wurde oben das Doppelzimmer zu vierzig Mark bezogen, eine große Bäderpracht, Wanne, Dusche, Bidet, man besprang die Frau-Holle-Betten, befummelte ein bissel das Satellitenfernsehn, die Dame duschte sich frisch, und dann ging es runter in die Schankstube, wo das leckere ›Hönig‹ aus Tiefenellern in breiten Seideln verabreicht wurde. Das war in Huppendorf, nein, in Königsfeld, ›Drei Kronen‹. Huppendorf hat aber auch gutes Bier, ›Huppendorfer Bier‹ vom Grasser.

Wir saßen jetzt aber im ›Drei Kronen‹ in Königsfeld und hatten das ›Hönig‹ aus Tiefenellern in den Humpen. Und ich hatte dann, von sechs bis halb elf, acht Stück davon und eins mit aufs Zimmer, als Schlummertrunk. Fanden sie gut, den Berliner Schlummertrinker, kramten von ganz hinten einen ganz besonders tief gebauten Henkelhumpen hervor und zapften mir für den Nachttisch ein nachttopfgroßes Betthumperl, ein altvorderes, tiefergelegtes Hönigtöpfchen, sicherheitshalber ohne Aufschrift. Städter nehmen solche original Tiefeneller Seidelsachen ja gern mit nach Hause, als Andenken und zum Staubfang an der Schrankwand. Man kann mit den Landleuten noch so gut auskommen, mißtrauisch sind sie doch, weil man aus der Stadt ist, und vielleicht haben sie sogar recht. Ich hätte nämlich einen solchen Hönigseidel gern geklaut. Man nimmt dann eben ein Frotteehandtuch oder einen Kompensationsbügel mit schöner Aufschrift, »Testorp Coburg« oder so was.

Also neun, mit Nachttischbier. Das war nicht außergewöhnlich viel, und die acht gleichmäßig über den Abend verteilt, gut, nicht ganz linear, es ist schon immer eher ein Hyperbelbenehmen gegen Ende eines Bierabends; da messe ich bei mir gewöhnlich eine leichte bis ziemliche Beschleunigung der Seidelserie. Das hängt vom Mond ab, vom Befinden, von Tischnachbarn, vom Taschengeld, verschiedenem. In Königsfeld war es aber insgesamt doch moderat, mein Trinkgebaren. Und es gab ja auch sonst noch einiges zu tun. Es mußte am nächsten Tag mit Erbgütern nach Berlin gefahren werden, und es war heiß draußen! Einer dieser Jahrhundertsommer, welchen die Erwärmung der Atmosphäre durch Verschub von Hochdruckgebieten bewirkte. Anschließend mußten wir dann zwei Tage später wieder zurück nach München, wieder in diesem rollenden Herd; da mußte dann der Hausstand aufgelöst werden. Schreckliche Aussichten! Jetzt war aber erst mal alles schön. Und schön kühl.

Während der acht ›Hönig‹ war ganz unerwartet eine durchaus bedeutende, neun Mann starke Blaskapelle eingetreten; handwerklich gediegenes Orchester, spielte vom Blatt, aber sehr lebendig. Das Orchester drolierte, man wurde recht lustig. Übergewichtige Kinder, verkarstete Greise, robuste Kittelschürzen, die zwei Berliner Logiergäste gleichsam heiter: also allweil lebhaftes Umhersitzen bei Blasmusik, eine wunderbare Stimmung, und alle kauten schunkelnd Würste. Ein Fest fand statt, eine fidele Kirchweih oder was; ich wurde nicht ganz schlau, der Hintergrund blieb unklar. Man bekam nicht recht raus, was eigentlich los war. Ein befragter Greis zischperte und graunzte sich in nebelhaftigster Dialektik wortkrumm aus seinem von mir eingebrockten Erklärungsschlamassel und konnte nicht weiterhelfen. Wenigstens prosteten wir uns verständig zu, dazu nickte man einvernehmlich vielmals.
Der Wirt sprach was Dunkles von »Kiwa« oder so. Ich vermute also ›Kirchweih‹. Es war trotzdem prima! Draußen eine Knallhitze, das muß ich noch mal erwähnen, diesen schrecklichsten aller Sommer 1995. Das ist im Auto ja noch mal besonders idiotenhaft; hier drinnen aber im Braustüberl umflorte ein kühl luftiges Binnenklima. Die klug und dick gemauerten Feldsteine der Bauarbeiter und Bauern, im Sommer kühl, im Winter wetterfest. Alles saugte froh an Seideln und zutschte an Würschteln mit Kraut. Dazu strahlende Blasmusik bei angenehmer Temperatur, auch die Agogik übrigens von höchster Lebendigkeit, und es war sogar ein Weniges der friedlichen Marschmusik Franz Schuberts darunter, und drum herum zahlreich halslose Männer mittleren und höheren Alters vor Hönighumpen, dann auch die gemischten Preßsäcke dazu, und ich in bester Stimmung und nach all diesen Beerdigungsanstrengungen die erlösenden Hilferufe: »Einen könn wa noch!« – das war dann der achte – und so ein Tag so wundersam und heilsam wie heute und: »Gute Nacht!« mit Scheidebecherbier aufs Zimmer!

Jetzt mußte man beim Nachttischhumpen wieder an die Beerdigung denken. Die vier Sargträger hatten ausgesehen wie die vier protokalyptischen Heidereiter. Sie hatten vier verlesene Dorfunikate in graue Phantasieuniformen gesteckt und ihnen eine letzte berufliche Chance gegeben. Das machte sie ernst und bemüht. Darunter etliche Temperamente: ein Scheuermann, ein Leptosomer, ein Bulimiker und ein Pykniker. Alle vier hatten sich vor dem Spiegel, beim Rasieren, leichte Schnittwunden und einen poofbackicht betroffenen Gesichtsausdruck beigebracht, wie man ihn so nur bei den erlesenen Ministerinnen des Kohl-Kabinetts, Merkel etwa, oder der ehedem kommunistisch eingestellten Bundestagsvizepräsidentin Vollmer betrachten kann. Andererseits hätten es die üblichen sechs Offiziere aus den drei Waffengattungen auch nicht besser machen können. Aber es war dennoch schaurig kurios.
Riesige Mengen Verwandtschaft und Bekanntschaft waren eingetroffen. Unter der Ludwigshafener Gruppierung mütterlicherseits Verwandter fiel ein eingeheirateter und ehemaliger Vorstandsvorsitzender der ›BASF‹ auf, der, noch vor den eigentlichen Trauerakten, beim propädeutischen Schnittchen daheim, gleich mächtig auf die Bocksbeutel losgegangen war und der à conto dessen später, während Trauerrede und Schubert-Quintett, zweiter Satz bis zum f-moll-Einbruch, dann mit Hilfe verschluckter Schluchzer und zahlreicher verschluchzter Schluckäufe derartige Implosionen auslöste, daß es einem die Hosentaschen herausstülpte und es ihn selbst zunehmend anilinblau anlaufen ließ. Man hätte losbrüllen wollen, aber man mußte unbedingt ernst bleiben. Man flüsterte mir noch Details zu, daß er, der Badische Anilin- und Sodabeutel, seit ein paar Jahren auf Rente gesetzt, täglich früh mit Riesling anfinge und ansonsten nur noch elektrische Modelleisbahn betreibe, was ihn sehr mit Ministerpräsident Kurt Biedenkopf verbände. Warum eigentlich nicht? Ich konnte es jedenfalls nachvollziehen. Eine bocksbeutelbefeuerte ›Märklin‹-Macke

ist eine zwar kostspielige, aber eine der schädlichsten unter den gängigen Müßigkeiten nicht.
Der Pfarrer kehrte vermittelst einer Unterscheidung zwischen Wirklichkeit, durch die Gott an uns wirke, und Realität, in der wir ihn unsichtbar bei uns haben, dezent einen plusquamperfekten Bultmann- und Heideggerkurs heraus. Ansonsten brachte er es wieder fertig, mit einer gewrungenen Theodizeebehauptung den Krebstod und das ganze Unglück dieses verfluchten Lebens als ultima ratio darzustellen.
Am kühnsten sein Metaphernstück: Wenn man auf sein gehabtes Leben hinunterschaue, sähe man zwei Spuren nebeneinanderher laufen. Das seien die eigene und daneben die Gottes, der einen ständig begleite, behauptete er. Wenn aber das Unglück über einen käme, da wäre dann da nur noch eine Spur zu erkennen. Die meisten Zuhörer nickten begeistert! Endlich mal ein paar klare Worte! Wo ist denn dieser Gott, wenn es einem übel geht? Und er wieder: »Wo war denn da Gott?« Und wir: »Ja, wo war der Arsch?« Und er hinterhältig: »Hat er uns etwa verlassen?« Und wir höhnten: »Das wird er wohl! Das wird er wohl!« Und der Chemiker bekräftigte es besonders: Er jaulte wieder gotterbarmdich auf! Es schienen dem ›BASF‹-Mann diese Voltaire'schen Kühnheiten wirklich an die Nieren zu gehen.
Und es war ein kritischer Punkt erreicht. Es ging um die Gnosis, die Wurst, das Ganze. Und nun hätten wir alle fast losbrüllen dürfen, über das Scheißleben, die Not, die Last, den Schmerz, die Ungerechtigkeit, die miese Arschbacke, wo sich Gott schimpft; wenn nun der Pfaffe nicht jenen verschlagenen Dreh in seine Spurengeschichte gebracht hätte: Er behauptete nämlich, die eine einsame Spur bei Not und großem Unheil, das sei ja nicht etwa unsere, von Gott verlassene, sondern in Wahrheit die Gottes, der uns niemals verlassen würde, sondern – und nun kömmt's ganz dicke! – der uns über solche Jammerstrecken höchstpersönlich hinwegtrüge! Und deshalb sei

also nur eine, nämlich die Spur Gottes zu sehen und nicht unsere.
Herrgottnochmal! Wir winselten und stöhnten alle mit halber Kraft auf, halb enttäuscht, halb verblüfft, je nach Glaubenskraft, und alles sank resigniert zurück in die harten Sitzgelegenheiten der Aussegnungshalle, ob solch gußeisernen Optimismus. Wer war hier nun eigentlich sarg/kastisch? Du kommst gegen die nicht an. Da reichen auch zehn Deschner nicht! Und das Schlimmste: Man wird sie alle wiedertreffen. Wo? Na, in de Hölle. Guten Morgen!
Es folgte aber noch eine sehr förmliche, aber grundehrliche Rede eines Oberhauptes des regionalen bayrischen Lehrerverbandes, da Katrins Mutter hier Lehrerin gewesen war. Und sie mußte ihre Sache gut gemacht haben. Kinder, Kollegen, alle waren gekommen und auf ehrliche Weise traurig, was sich dadurch äußerte, daß sie nicht allzu hysterische Betroffenheiten hervorkehrten und auch etwas heller als der Durchschnitt gekleidet, wie Pastelltupfen inmitten der infernalischen Verschattung für Bezüge zur Normalität sorgten.
Mitten in der Rede stand einer vorne plötzlich auf. Wir andern waren alle verdutzt, es war kein unmittelbarer Anlaß auszumachen; es standen dann aber alle sicherheitshalber auch auf. Warum nur? Als ich, alle innere Kraft sammelnd, mich dann wieder grundlos setzte, setzten sich alle anderen auch wieder, irritiert zwar, doch erleichtert. Selbst die älteren Trauergäste zeigten zeremonielle Schwächen. Im Grunde weiß keiner mehr, wie man sich zu benehmen hat.
Jetzt stellte sich heraus, daß der Pfarrer kein ganz schlechter sein konnte. Er bemerkte unsere rituellen Unsicherheiten und versah ab da vermittelst resoluter, aber dezenter Beiwedeleien den offensichtlich vakanten Posten eines Zeremonienmeisters. Aufstehen, hinsetzen, »Ran an die Särje und mitjeheult!« Es gab jetzt klare Kommandos. Man war sich jetzt sicherer, was zu tun sei. Allerdings kamen neue Nöte auf: Wegen der vielen

Scheidungen und so weiter kamen Unklarheiten in Hinblick auf die familiäre Rangfolge der Betroffenen auf.

Also Katrin vorneweg, das war klar; sie war die einzig gebliebene Tochter; die Väter und Männer geschieden und neu verheiratet; sie mußten sich also aus Gründen einer nachgreifenden Pietätsverzwacktheit der Reue und so weiter ein wenig wärmer halten als sonst. Und da ich die arme, zittrige Katrin stützen wollte, fand ich mich plötzlich viel zu weit vorne, kam mir völlig dämlich vor und ließ mich lieber wieder deutlich zurückfallen, schob auch andere Verwandtschaft und einige Schüchterne vor. Es gab einen Freund der Mutter, dem es ganz hinten sehr schlimm ging, der hinten rumdruckste, der wie ein Schatten in den Tujahecken der Friedhofsumzäunung duckte, da er ohne Trauschein und dergleichen eine familiäre Nullstelle belegte. Die Feinsoziologie war komplett abhanden gekommen. Man verkrampfte sich also noch einmal mit ganzer Kraft und tat die Dinge, die noch zu tun waren.

Es ging jetzt darum, daß man den Pfarrer, der sich mit langgedienter Leidensmiene backbord der Gruft postiert hatte, noch mal ernsthaft schüttelte und dann, soweit vorhanden, die mitgebrachte Blume, seine Lilie und eine Schaufel Sand in die Grube warf, bloß eben wieviel und wer nach wem? Die Prozession hatte sich schon sehr unsicher formiert. Egal, es gelang dann doch, jeder kam dran. Aber es würde mich doch sehr interessieren, was in den Köpfen der anderen vor sich ging, insbesondere in diesem verschlucksten Weinschädel.

Es waren da aber auch einige unter den Gästen, die sich in den weiten Bielefeldern Luhmannscher Behauptungen auskannten und wohl auch nachdenklich geworden waren, ob man wohl den Arièsschen, Jankélévitchschen und Baudrillardschen Aktual-Monolithen der Todesliteratur noch eines hinzustellen… das ist auch wieder Quatsch und wird wieder ohne Punkt und Aber abgebrochen

Anschließend schob die Kolonne gebremst ins Dorf hinab und

im Galopp zum Leichenschmaus beim ›Kleinen Griechen‹. Hier schien die allgemeine Sozialkompetenz wieder in höchstem Maße intakt zu sein. Es wurde auf einmal alles wie ›Lindenstraße‹. Wildfremde und Bekannte erzählten sich alles und noch was. Und es wurde etwas sehr einvernehmelnd nachbarschaftlich. Dazu kaute man dieses unerklärbar trockene ›Gyros‹, und ich wunderte mich, wieso wir nicht im bayrischen Wirtshaus bei den Schweinsbraten und Knödeln saßen. Es gab einen Gasthof ›Kamerloher‹; ich hatte dort fast täglich nach den häuslichen Aufräumarbeiten und Trauerkonferenzen dringesessen, den Schlamassel zu fliehen, hatte Zeitung dort gelesen und auch ab und an den Schweinsbraten dazu gegessen. »Sie kochen schlecht dort!« hieß es.
O Gott! Abgesehen davon, daß es nicht stimmte, hätten wir, meiner Meinung nach, besser deutsch schlecht gegessen. Aber egal. In Deutschland ist eben die Grundfrage: »Wo waren Sie denn heute schlecht essen?« Und insbesondere die Frauen votierten für Papanastasiou; die Männer wären schon für den ›Kammerloher‹ zu haben gewesen, die Frauen wischten das Ansinnen auf gesottenes Schweinefleisch zum Bier aber mit den Argumenten ›frische Salate‹ und ›trockene Weine‹ vom kleinen Griechentisch.
Dazu kaute man ›Gyros‹, ein seltsam ledernes, fades Gekröse und Hartgefaser. Je länger man kaut, um so ekelerregenderes Exsudat, Gewürg und Wiederkäu entsteht: dorrige Speiballen, so Art Magensteine, Bezoarae, dazu die Zunge wie Auslegeware, unbeschreiblich. Mit Weißbier ließ es sich runterwürgen. Ist natürlich subjektiv. Und die Damen pickten alles kommentarlos weg. Ihr Behagen an kretischem Urlaubsambiente hob wahrscheinlich das subjektive Geschmacksempfinden. Und jenseits der Gifte hat wohl tatsächlich alles die Chance, als wohlschmeckend empfunden zu werden.
Gut, warum nicht? Katrin lehnt Schecks und Scheckkarten ab. Deshalb mußte ich zum Schluß einen Scheck über zirka

fünfzig ›Gyros‹ ausstellen. Das war bitter. Fünfzig Schweinebraten hätte ich mit Begeisterung und Aussicht auf einen Platz im Himmel gegengezeichnet. Man kann sich aber auch irren. In der Königsfelder Hönigstube unten hatte es auf der Karte groß ›Pizza‹ geheißen. »Du liebes bißchen! Muß das sein!?« Ich war schon am Rumgrollen, stellte mir mikrogewellte Tiefkühlsachen unter ewigen, roten Ferkellampen vor, bis ich dann eine zu Gesicht bekam: Es handelte sich um eine aufrichtige, rechtschaffene, üppige Hausschlachter-Speckpizza nach Tiefeneller Art mit Emmentaler Käse. Komisch, aber gut. Ein evolutionärer Fortschritt; ich begrüßte das Novum als ›Placenta bavarica‹ und überlegte, wie und wo es sich in der deutschen Küche gemäß Linnéscher Taxonomie einordnen ließe. Die Nachbarschaft zum Zwiebelkuchen war gewiß. Auch der Puffer schien mir verwandt. Warum eigentlich? Ich wußte auch nicht; man kann nicht immer alles begründen. Wollen.
Das waren so meine Schlummertrunkgedanken. Wir schliefen aber famos in einem entzückenden Doppelzimmerbett unter Daunenwölkchen mit Bad und allen Schikanen zu vierzig Mark. Man kann es nicht oft genug wiederholen: Vierzig Mark! Dazu das gute Bier! Lang lebe unser Bayernführer Erwin Goppel!
Am nächsten Morgen runter, Steinfußboden gewischt, kühle, leere Gaststube, opulentes Käse-Wurst-Käsefrühstück mit Schinken um eine haushohe Thermoskanne Kaffee herum gebaut. Au, was lecker! Ich hatte fünf oder sechs Tassen Kaffee, weil ich sonst immer Tee trinken mußte. Konnte mich gar nicht beruhigen: »Das schmeckt aber lecker! Warum trinken wir eigentlich nie Kaffee? Immer dieser dröge Stövchentee!« Und eine siebente Tasse darauf! Dann kam auch noch ein erster gottloser Frühschoppler herein, und es wurde gemütlich. Ich wollte auch Bier haben, war schon am Fuchteln. Hielt aber Katrins Blick nicht stand, ließ es bleiben und senkte kleinlaut die Bestellflosse. Hättsde mal! dachte ich später. Diese fünf

oder sechs Tassen Kaffee in Königsfeld sollten mir noch Probleme bereiten. Ein Bier vielleicht hätte kompensiert.
Trotz Kompaßpeilereien war es mir wieder gelungen, den Erb-›Mazda‹ am Vorabend so zu rangieren, daß er nun schon Stunden in der prallen Morgensonne gestanden hatte. Ein Bimetall auf der Lenkradkonsole zeigte auf einundfünfzig Grad Celsius, während wir draußen noch keine sechsundzwanzig hatten. Also kurbelte man die Fenster runter und fuhr ein wenig durch Baumschatten. Wir parkten noch mal in einem Waldweg, kühlten den Wagen aus, und ich pinkelte mit Wonne meine drallen Kaffeenieren leer. Dann quetschten wir uns gemach an Bayreuth vorbei und gingen vor Hof auf die Autobahn in nordöstliche Richtung auf Berlin zu.
Bomm! Autobahn! Man drückte auf die Tube, bis der Motor vor Schmerzen aufbrüllte. Es ging nicht anders. Man war dabei. Krämpfe der Unrast! Es war entsetzlich. Ich wußte auf einmal genau, da gehörst du nicht zu! Und da gehörst du erst recht nicht hin! Ich sitze besser im Zug, bin zu sensibel für so was. Ein canaillenhafter Irrsinn fand statt; man raste auf den Horizont zu; alle wollten so schnell wie möglich in die vorgegebene Richtung. Auf teppichgroßen blauen Schildern wurde »Berlin« in 385 Kilometern verheißen. Ratternde Trance! Alle glaubten daran wie an die Wiederkunft Christi und tobten, ob ›BMW‹ oder ›Mazda‹, so schnell als möglich auf die Parusieversprechung zu.
Der autofahrende Mensch ist auch so geartet, daß ihn die Vergangenheit, also ›hinten‹, trotz Rückspiegelei und dergleichen überhaupt nicht und die Gegenwart auch nicht recht interessieren. Man jagt betäubt durch einen Zustand rasender Erwartung. Der Epiphanie ist jedoch ein Horizontaufschub eigen. Die Ankunft wird verschoben; sie schiebt sich davon.
Was bin ich früher gern gerudert! Da stippte man ruhig rückwärts in die Zukunft und schaute auf das Gehabte. Wo und wann man dann gegen seinen persönlichen Eisberg schrammt,

wird sich zeigen. Mit Demut, Geduld und Gottesfurcht wurden Schicksal, Sorge, Regenwetter und Tod in ein Akrostichon beballt: G.O.T.T.! – Geh ohne Todesfurcht talwärts! Oder mit Mörike: Gelassen steht die Nacht an Land und wedelt mit die Beene.

Von wegen. Nach einer Stunde Autobahnfahrt ist eine solche Weltanschauung erledigt. Dann geht ein ›Angelus Novus‹ auf Überholfahrt, und das Antlitz des Entsetzens legt sich auf die Windschutzscheibe. Wobei das Kuriose und Alberne auch noch darin bestand, daß die anderen, auf der anderen Autobahnseite, so schnell wie möglich dahin wollten, wo wir diesseits gerade so schnell wie möglich weg wollten. Konnten nicht alle bleiben, wo sie waren? Ein fataler Schwachsinn, eine Unruhe, währenddessen man sich langweilt und infamen Sendern im Autoradio folgt. Die Bewegung scheint hier das panmentale Omega des Teilhard de Chagrin zu sein. Irgendwann aber muß man mal an die Notrufsäule. Dann fährt die Sorge über den Mittelstreifen und wackelt mit die Beene.

Im Auto maßen wir jetzt über das kleine, unzuverlässig wirkende Bimetallthermometer dreiundvierzig Grad Celsius. Man konnte es kaum glauben. Denn es mochten korrekt mindestens drei mehr sein. Die unsichere, in jedem Fall aber schreckliche Information machte einen über das nötige Maß hinaus auch noch schier irrsinnig. Es war alles zu üppig, auf den Skalen zu weit oben, an Tachometern, Öldruckmessungen, Tassen Kaffee und Strichen auf Zetteln zuviel.

Wir hatten Trauer gehabt; das heißt, man war vierzehn Tage lang unablässig am Traurigsein gewesen, hatte über den Tod, die Krebskrankheit, andere und vergleichbare Fälle gesprochen und sich betrunken, um dann hemmungslos auch einmal zu weinen; weswegen sie einem gleich zum Trost auch wieder ein alkoholisches Getränk reichten. Um der traurigen Trinkerei zu entfliehen, war ich immer wieder heimlich in den ›Kammerloher‹ gelaufen, um dort über diesen geächteten Schweine-

braten herzufallen und mich auswärts zu besaufen, weil man dem häuslichen Trunk nimmer standhalten konnte. Man hatte nicht schlafen können. Es war schon dreißig Tage am Stück über dreißig Grad Hitze gewesen. Alles war unerträglich.
Und es gab noch einen dritten Weg in den ausweichenden Verzweiflungstrunk. Katrin und ich waren, um dieser dauernden Zusammenhockerei der Hinterbliebenen zu entfliehen, unter dem Vorwand eines gemeinsamen Spazierganges immer noch als separates Pärchen allabendlich auf das zufällig gerade statthabende ›Unterhachinger Bürgerfest 1995‹ defätiert. Hatten uns dort ins Bierzelt gehockt, fette Rollbraten eingenommen, wobei Katrin nicht wissen konnte, daß ich immer schon tagsüber den fetten, heimlichen Schweinsbraten und mindestens fünf außerreguläre Seidel im ›Kammerloher‹ gehabt hatte, und nun verzehrten wir hier halblegal auch schon wieder vier, fünf Maß »Laß dir raten – trinke ›Spaten‹!« bei vulgärem Zeltgehabe mit Blasmusik. O mei!
Es begab sich, wie immer und überall mittwochs in Festzelten, ein ›Tag der Betriebe, Behörden und Vereine‹, während dem eine an- und vorgebliche ›Rocklegende Paul Würges‹ im Wechsel mit der ›Blaskapelle Großkarolinenfeld‹ auftrat. Diese Rocklegende vollzog barbarischstes Entertainment: Arzt empfiehlt Obsttag. »Ja, Herr Dokter! Jetzt hob i scho neine Obschtla gsuffa, jetzt paßts! Hähä!« Und darauf ein gnadenloses: »Dozu iß mi mei Leber wurscht!« Und dazu bekräftigendes Gebläse: »Tröö trööö!«
»Wie bringts a Bayern zum Bellen?« Das Publikum tat arglos. Also lüpfte Paul Würges das Mysterium wie folgt: »Wennst ›Freibier!‹ rufst, brüllens alle miteinand: ›Wau, wau!? Wau, Wau?‹« – Tröö trööö! Na holla! Alles grölte vor Begeisterung, und einige bellten sogar. Diesen Wink kapierte der Pöbel: Im Nu bellten alle umkehrschlüssig mit! Anhaltend! Das Schankpersonal wetzte irritiert die Tischreihen rauf und runter, und das Bellen nahm kein Ende, bis der Zeltwirt, die Mistsau,

dem Würges Paul und immerhin auch den ›Großkarolinenfeldern‹ mit viel Getue eine Freimaß auf die Bühne schmiß und das Publikum sich von dieser, für repräsentative Demokratien typischen Schummelei beschwichtigen ließ.
Nach dieser stimmungshebenden Publikumsbeteiligung ließen die Betriebe, Behörden und Vereine wieder die Pranken auf die Schenkel niedersausen, als nach Unterschieden zwischen Jungfrauen und Krokodilen gefragt wurde. Erneut löste Paul Würges das Rätsel: »Do laßts eich amol oan bloasen von am Krokodil do herunten.« Das ging nun einigen zu weit! Etliche Behörden stöhnten auf. Das Publikum entzweite für kurz an Fragen der Libertinage. Dann setzte der Showmaster die Großkarolinenfelder in Gang, und die Deppen vertrugen sich wieder, bevor es zur Klärung der Grundwerte hätte kommen können. Scheißvolk!
Und wie sie überhaupt alle angezogen waren, diese verbeamteten Bauern! Wie stets gut ausgemästet, lief man zu dieser Sommersaison barfüßig konfektioniert auf Birkenstocklatschen in Shorts, Stretchradlern und grellen Pastellhemden herum, und obendrauf auf allen alpinen Schädelformen warben die immer viel zu kleinen Baseballkäppis für allerlei sportlichen Marken-Hokuspokus. (Hoc est corpus meum.)
»Jooh, mir san mim Mountenbikel do!« Auch das stimmte. Und alles wurde gern im Partnerlook vorgeführt, war sportlich gemeint und stellte sich mithin ungeniert als stinkend-frivole Angelegenheit dar. Jessas! Man sah viel Wellfleisch.
Das ›Malthussche Bevölkerungsgesetz‹ schien offensichtlich außer Kraft gesetzt. Zwar schien die natürliche Zunahme der Bauern gesetzestreu ›geometrisch‹ zu erfolgen, die der Schweinshaxen, Rollbraten und Schweinswürschtel jedoch wider jede Vorhersage nicht nur nicht ›arithmetisch‹, sondern allem Anschein nach mindestens im Kubik!
Nach solch gemischtem Erleben fuhren wir nach den Trauerfeierlichkeiten und der reihenhaushohen Haushaltsauflösung

dann sehr urlaubsreif von München nach Königsfeld ab, wo es das ›Hönig‹ gab. Dann war der Tag mit den fünf, sechs Tassen Mokka im weißen ›Mazda‹ auf dem Weg nach Berlin, von dem ich jetzt berichte. Und der so heiß war. Was mir nicht bekommt. Und man wundert sich nun gar nicht, daß mir auf der Autobahn erst schlecht und dann ganz schlecht wurde.
Noch mal kurz zur Beerdigung. Wenn es so was gibt: Luftbestattung, dann hätte ich so was fast gehabt. Auf der Autobahn überkam mich plötzlich das Gefühl, ich würde jetzt gar nicht Auto fahren, sondern von irgendwo oben zugucken, wie ich Auto fahre. Mein ›Ich‹, also das, was denkt und also ich sein soll, der ›Geist‹ im idealistischsten Sinne, befand sich bereits oben, gänzlich vom Leib gelöst, oberhalb in der Luft. Oder besser im ›Äther‹ oder in den unteren Spären des ›Nous‹. Das wurde von mir sehr klar und nachdenklich wahrgenommen: Während unten mein Leib besinnungslos den Erb-Mazda durch die irrsinnig gewordene Pappelallee chauffierte, bedachte ich oben: Aha! So also ist das, wenn sich die Seele vom Körper löst.
Katrin merkte davon nichts. Mein Leib fuhr auch zuerst noch ganz gut. Je mehr mir diese merkwürdige Situation jedoch bewußt wurde, um so unfähiger wurde ich, meine Fahrtüchtigkeit unten zu bewahren. Es würde also unten ein Unfall passieren, ich würde dann sterben. Die Leib-Seelen-Trennung war schon vorgreifend geschehen. Ein wenig verrutschtes Determinantengefüge, aber plausibel. Ick wollte aba noch nich sterben! Und neben mir saß mein Lieb und würde Schaden nehmen! Ich nahm mich sehr zusammen und schlüpfte in meine Fleischhülse zurück.
Mit großer Anstrengung bremste ich das Auto in eine dieser Notbuchten mit Notrufsäule hinein und knipste vorschriftsmäßig das Blinklicht an den vier Autoecken ein. Mors mors, mala mors. Ich stieg aus und ließ mich in den Straßengraben fallen und zitterte. Die arme Katrin wie gelähmt; sie hatte

versonnen neben mir gesessen und aus dem Fenster hinausgeträumt. Nun schien ihr jäh ein neuer Sterbefall ins Haus zu stehen.

Da hockten wir entsetzt in diesem Graben unter der gleißenden Sonne, während die Modellpaletten unserer glorreichen Automobilindustrie wie Geschosse an uns vorbeidröhnten, und ich goß mir den letzten Schluck Selters ins Hemd und über den Kopf und hätte ihn soviel lieber getrunken, lieber getrunken. Mein Herz schlug mit den vier Blinklichtern um die Wette, und wir schauten uns verzweifelt an und wollten jetzt hier einfach nicht gestrandet sein. Da waren wir uns einig. Wir wollten weg hier. Aber ich konnte nicht mehr. Und Katrin konnte nicht Auto fahren. Alles war völlig hoffnungslos. Die Gefahr wuchs, und Rettendes nahte nicht.

Ab und zu sieht man bei Autoreisen andere dort in diesen Notbuchten ungläubig vor dampfenden Motorhauben stehen. Man fährt nicht übermäßig mitleidig, eher doch erbarmungslos daran vorbei, weil man froh ist, nicht selbst dort stehen zu müssen. Jetzt standen wir da, und das verfluchte Auto war gesund, alle Autos waren gesund, die Maschinen liefen und die Maschinen litten nicht, aber ich hockte im Straßengraben und zitterte vor Angst. Flehende Blicke aus Todesangst.

Katrin sah mich sehr seltsam an. Dieser Blick tat jetzt gut. Er war voller Milde, Nachsicht, Sanftmut. Eine marienhafte Erscheinung. So als leibhaftige Clementia kannte ich sie noch gar nicht! Und so wollte ich ihr mein Sterben nicht antun, war auch zu meinen Gunsten entschlossen zu leben, hatte aber nicht sehr nachhaltigen Einfluß darauf. Ich atmete ein wenig ruhiger und dachte: So. Das ist jetzt Scheiße hier, wir müssen eine Raststätte erreichen!

Es gab auf diesem leicht bergigen Autobahnteil rechts keinen durchgehenden Notstreifen, nur alle fünfhundert Meter diese Parkhäfen. Wir befanden uns schon weit hinter Hof im Osten, im Thüringer Schiefergebirge und Vogtland. Ich nahm wieder alle verbliebenen inneren Kräfte zusammen und schaffte es wieder nur fünfhundert Meter weit bis in die nächste Notbucht. Dort ohne den nötigen Anlauf schadlos wieder raus auf die Rennstrecke zu gelangen war eine derartige Anstrengung, daß die in Minuten eratmeten Kräfte sofort wieder dahin waren und nur bis zum nächsten Nothalt reichten.

Dann kam endlich ein Parkplatz, gesäumt von zwei Pißzellen und zwei Bäumen, aber ohne Wasserstelle. Ich schaltete den Motor ab, zitterte rüber in einen Schatten ins Gras und heulte vor Durst und Übelkeit, während auf Adolf Hitlers Großdenkmal Teile der europäischen Bevölkerung mit hoher Durchschnittsgeschwindigkeit unbeirrt in zwei verschiedene Richtungen auf vermeintliche Lebensziele zusteuerten. Katrin kauerte duldend wie besinnungslos an meiner Seite. Und nun kam, als ich meine idiotischen Fahrzeugführerspflichten endlich los war und die Sorge um Katrins Leben vom Herzen hatte, eine unermeßliche Angst in mir auf. Zuvor war mir auch bange gewesen, aber die Angst hatte sich in all dieser schieren Betriebsamkeit nicht entfalten können. Und diese nun maßlos gewordene Angst bekam meinem Zittern und meinem Blutdruck nicht.

Es war auf einmal plausibel, wie alles gewesen sein würde: ein Blitz noch im Schädel. Der Schlagfluß. Und dann würde es das also gewesen sein: mein Leben! (Und wenn man Pech hat, stirbt man nicht ganz und ist auf einer Seite gelähmt und stirbt über Jahre.) So ist das also! Banal wie Kotzen, wie Dünnschiß und Krebs, und es kommt, wie es will. Und es ist so, daß man es gewußt gehabt haben wird, kurz vor dem eigenen Tod! Ich wußte das jetzt genau, und dieses Wissen war kein Trost! Denn ich wollte nicht auf einem verschissenen Parkplatz im Osten sterben. Lieber im Wald, im Wald, da grabt mich ein; ganz stille ohne Kreuz und Stein. Darüber hätte sich verhandeln lassen, aber ausgerechnet hier? Gewiß nicht! Und deshalb konnte ich auch nicht! Ein Fluchtgedankenblitz, denn ich wollte einfach nur jetzt nicht verrecken; im Grunde war es doch egal, wo! Dieser verortete Widerwillen hielt mich aber einstweilen am Leben. Es war dies eine Überlebensfinte im Sterben.

Ich lag wie Rabenfraß in diesem trostlos gleißenden Baumschatten, hinter mir raste der Autobahnirrsinn vorüber, und es waren noch andere Pausierende da, die mir beim Heimgang zusahen und nichts zu trinken gaben. Der Tod des anderen kann mit Gleichmut betrachtet werden. Aus unerfindlichen Gründen hatte keiner von ihnen ein wenig Wasser für mich.

Dann glitt ich wieder so geisterhaft-seltsam aus meinem Körper hinaus, was gar nicht unangenehm war. Ich wollte aber in meiner Leibgestalt bleiben. Nein, mein Lieber! Hier nicht! befahl ich. Und ich wollte bei Katrin bleiben. Dazu waren unsere beseelten Fleischhülsen beide nötig. Ich bat irgendwie den Fug des Ganzen um Aufschub. Ich mochte noch nicht fort; mein Leben war einfach noch nicht ausgezeitigt und ausgereift; das wurde hier plötzlich auch klar. Ich hatte ja noch nicht mal ein Haus bestellt! (Womit auch?) Ich hatte das überhaupt alles noch nicht in Angriff genommen! In prolongierter Jugendlichkeit war ich dreiundvierzig Jahre alt, unvollendet, arm, ohne Beruf, Familie, nur ein paar mickrige Werke auf Pappe und Papier, und hatte es immer nur theoretisch betrieben, das Zum-Ende-Kommen, das Auch-mal-fertig-Werden. In Wahrheit wird man nie fertig. Mit Notlügen drückte ich den Tod aus meiner Sterbeszene. Die Pilgerfahrt konnte hier nicht enden, denn einiges hatte ich versäumt zu erledigen. Mein Leben war nicht wiederholbar, alles hatte eine nicht rückgängig zu machende Bedeutung, und jetzt konnte noch keine Endgültigkeit eintreten. Unmöglich!

Wieso war ich nicht früher darauf gekommen? Es gab doch diese Säulen! Ich bat Katrin, mir einen Arzt zu rufen. »Um Gottes willen, wie denn?« – »Na, an den Säulen des Tempels des Fortschritts dort!« Oje! Wie gut, wie schlecht, der Herr

hatte sie von den diskreten Ausführlichkeiten einer Führerscheinprüfung verschont. Sie eilte nun an diese gespensterhafte Rufsäule, wo man mit Geisterstimmen Hilfe versprach, und nun warteten wir. Mein Körper war mir inzwischen egal, obwohl mein ›Ich‹ und ›Geist‹ nun keinen Körper mehr hatte, sondern selbst Körper war, und nichts war als schiere, destillierte Angst. Ich stand nämlich keineswegs am Eingang zum Himmel. »Je suis foutu et je m'en fous«, war eine hochmütige Behauptung. So einfach ist es nicht.
Ich war einmal während einer blutigen Szene im Kino in Ohnmacht gefallen. Hinterher wußte ich nicht mehr, wo ich bin, wie lange ich weg gewesen war. Es seien nur Sekunden gewesen, berichtete man mir, der im Unfug redend weggekippt war. Während dieser Sekunden aber hatte ich Träume gehabt, die sich über Jahrzehnte, was sag ich, die sich über ein Säkulum, über eine Überlebenslänge erstreckten. Da waren in diesem Zeitpartikel der Ohnmacht verstrickteste Weltenromane untergebracht, ganze Zeitläufte verschachtelt in Phasen endloser Unrast und Dauer. Ich hatte nie zuvor so intensiv geträumt. Und nie so lebenslänglich! Es war zum Fürchten, wieviel Zeit und Erleben in einer Sekunde Platz gefunden hatten.
Seither vermute ich, daß dies eben ›das Leben nach dem Tod‹ ist, die Hölle oder der Himmel, je nach Art des Träumens, nämlich die in eine Sterbesekunde getürmten, unendlichen Zeiten eines kurzen, letzten Traumblitzes. Danach ist dann nichts. Nichts! Aber was ist schon dieses Nichts gegen die Unendlichkeit einer geträumten Sterbesekunde? Eben nichts.
Ein ähnlich offenbares Erleben hatte ich während einer Überdosis an lysergsauren Sachen. Zuvor war die Droge, die damals, dem Happy-happy-Hokuspokus Learys folgend, alle zur Freizeitausstattung einnahmen, für mich immer eine lustige Sensation mit allerhand psychotrophem Schabernack gewesen, bis ich es eines Tages übertrieb. Es war entsetzlich, aber

es war auch etwas, das man so billig, so ohne Schrecken nicht haben konnte. Ich will das nicht weiter ausführen, man kann es im Grunde auch nicht erklären, aber nur so viel zum Zeitempfinden: Die frühsten Boten des Entsetzens waren während dieses Rausches Zeitschlaufen, mit denen ich aber noch ganz gut zurechtkam.
Ich hatte die Nacht durchgemacht, das plausibel Fratzenhafte der Menschen nahm zu. Ich setzte mich in die S-Bahn, fuhr herum, nur um der Bewegung willen; plötzlich, bei der Einfahrt in den S-Bahnhof Tempelhof, fuhr der Zug in eine Schlaufe. Er rollte und rollte ewig und ewig in diesen Bahnhof, ohne ihn zu erreichen! Das bewirkte eine gewisse Fassungslosigkeit; man hatte sich Wege und Ziele anders vorgestellt; aber man konnte das willentlich abbremsen, und so fuhren wir endlich weiter hinein. Bei der Einfahrt in den nächsten Bahnhof, das war Papestraße, ließ ich es wieder willentlich in die Schlaufe gleiten und saß ewig fasziniert darin. Es ging immer besser; man konnte sich überall sofort in eine neue Schlaufe setzen. Im Vorbeifahren konnte man draußen ewig einen Baum betrachten. Ich hätte mich überall endlos auf der Stelle bewegen können!
Eine ungeheure Erfahrung, daß die Zeit, der Ablauf, selbst der Zeitpfeil auch nur Täuschung waren. Denn es gelangen mir Rückfahrten! Nichts war da irreversibel! Ich ging zurück nach Tempelhof in eine riesige Schlaufe, die wieder vor Papestraße in eine neue Runde überging.
Das waren gedankenvolle Vergiftungen. Die Steigerungen waren unbegrenzt, aber leider die Mäßigungen nicht. Ich irrte zusehends zeitverwirrt durch die Stadt, die Beherrschung der Wirren kam zusehends abhanden.
Und dann konnte ich einfach nicht mehr; die Verrückungen gingen in Verrücktheit über. Man kannte doch diese invaliden Wirrköppe, die nie wieder auf die Böden hiesiger Dimensionen zurückfanden, weil sie sich den Mandelkern über-

säuert hatten, und die, als allerletzte Rettung, vor Verzweiflung zwanghaft fromm wurden. Dann bestiegen sie mit entzündeten Augen den ›Wachturm‹ und glaubten, der Herr habe ihnen geholfen. Diese Vorstellung löste ein Entsetzen aus! Ich mochte fortan lieber wieder den heiter gottesfürchtigen Biertrinker incorporieren. Dafür versprach ich dem Herren jetzt einige Rosenkränze.

Ich war dann am Kurfüstendamm rumgelaufen; es hatte dort eine ›Klangmeile‹ oder so was stattgefunden. Als Berlin noch Geld hatte, fanden ja ständig irgendwelche verbumfidelten ›Klangmeilen‹ und sonstige kostspielige Aufdringlichkeiten statt. Man lief da rum, fraß Bratwurst und hielt Ausschau nach Miniröcken. Meine Sinneswahrnehmungen waren langsam strapaziös geworden; es war komplett nichts mehr wie gewohnt! Die Miniröcke sahen auch nicht mehr so plausibel erotisch aus wie sonst. Ich mußte mich, so gut das noch ging, irgendwo wieder auf die gewöhnlichen Sinneswahrnehmungen und Wahrheiten besinnen.

Ich floh in die Gedächtniskirche am Zoo. Eine Kirche war jetzt gut! Ich mußte mich in den Fluß jahrtausendealter Gewißheiten retten, auch wenn dies in Form einer achteckigen Eiermann-Architektur dargeboten wurde. Ein großer Mangel in Berlin ist das Fehlen alter Kirchen. Wie anders die Menschen hier wohl wären, hätten sie seit jeher und überall in schönen Kirchen einfach dasitzen können? So mußte man hier in diesen Eiermann flüchten. Die Gedächtniskirche war damals wahrscheinlich auch die einzige tagsüber geöffnete Kirche in Berlin und die spirituelle Entfaltung auch allgemein sehr beengt.

Ich legte mich, es ging nicht anders, mitten im zentralen Gang auf den Bauch vor den Altar. Wie bei der Priesterweihe. In mir die unbeschreiblichen Abgründe, deren Deckel ich gelupft hatte, und meine nicht zu bremsende Fallsucht dorthin. Aber die Ruhe und das blaue Licht taten mir gut. Ich leierte meine

Fürbitten ab, und allmählich festigten die Aprioris wieder ihren gewöhnlich axiomatischen Zwangscharakter. Man nahm dies mit großer Erleichterung und Freude auf!
Damals fläzten immer allerhand Treber und Gammler um die Gedächtniskirche; also mußte mich wohl ein akkurater Mitbürger beim Küster denunziert haben. Ein Mensch rüttelte an mir rum. Ich sah hoch in eine verlebte, ungeheuer verzerrte, am Kirchendienst gebrochene Küstervisage, die allerdings keine Spur von Bosheit an sich hatte. Und legte mich wieder erdwärts.
Nun hatte man trotz aller Verwirrungen immer eine große Geistesgegenwärtigkeit im lysergsauren Zustande. Ohne plausiblen Grund würde man also auch nie aus dem Fenster springen oder glauben, man könne fliegen. Das ist Unfug. Das Problem ist, daß die Plausibilität um Potenzen höher und wahrhaftiger (wahnhaftiger?) ist als sonst. Wenn man also überzeugt davon ist, daß man fliegen kann, dann einzig und allein deshalb, weil es wahr ist!
Gut. Ich wollte keinen Ärger und war diesem Küster eine Erklärung schuldig, und zwar eine spezielle, küstergemäße und plausible. Also stieß ich erst mal einen zutiefst christlichen Seufzer aus, einen hochtriefenden ›Gemitus Christianus‹, und erklärte, ich hätte einen schrecklichen Todesfall zu beklagen, suchte daher den Schutz der Kirche, und man möge mich, bitte, auch wenn dies seltsam erscheine, ein weniges nur so verharren lassen, dann wäre die Sache alsbald erledigt. Im übrigen sei ich nicht besoffen! Der Küster schaute nachdenklich, schien überfordert und lief fort. Ich wußte schon, er würde die theologische Kompetenz eines Kirchenvorgesetzten suchen. Derweil fotografierten mich einige Japaner ganz unverfroren als Exempel für abendländische Betriten und mystische Ekstase.
Ich hatte es geahnt, ich sah hoch über meine linke Schulter, während ich mich aufstützte und schon mal einen prophylak-

tischen Seufzer wieder hochfahren ließ. Über mir abermals das besorgte Küstergesicht und nun daneben, neu, ein feist bigottes Pfaffengefrieß. Ich wiederholte meine Erklärungen. Der feiste Gottesmann näherte sich, um meine Schlußbehauptung zu überprüfen. »Haben Sie was getrunken?« – »Nein, ich hab was gegessen.«

Dann beratschlagten sie kurz, das heißt, der Theologe monologisierte in das Gehör des nickenden Kirchenhelfers hinein, und im Grunde stand die Beurteilung fest: »Das geht so nicht, junger Mann!« – »Warum nicht?« Ich hatte den Ehrgeiz, flankiert von meiner drogenhalber ins Unfaßbare gesteigerten Plausibilität, den Kirchenaffen in einen theologischen Disput zu verheddern, von dem er sich nicht wieder würde erholt haben können! Er wich jedoch verschlagen, wie nur einer von denen, solcher Disputation aus dem Holzweg bzw. Probststieg und bemühte ein wenig christliche Rhetorik, um mir zu verkünden: »Wir möchten Sie bitten, sich doch hier in die erste Reihe zu setzen!«

Sie beobachteten, wie ich reagieren würde. Der Schwatte war ein Arsch, so viel war sicher, aber dieser Kirchenpaßlack rührte Demut in mir an, so daß ich ihm zuliebe dachte: Ja, warum eigentlich nicht? Und so legte ich ein christliches Antlitz auf und sprach: »Also gut, wenn Sie mir helfen könnten. Ich kann nicht mehr!« Die zwei so unterschiedlichen Männer Gottes faßten mich unter die Arme und richteten mich auf und schafften mich, wie bei der Kreuzabnahme, rauf in einen Kirchenklappstuhl. Mein Gott, Eiermann! dachte ich noch, Bestuhlung wie im Kino!

So durfte ich nun bleiben. Sie prüften halbstündlich meine tadellose Sitzhaltung. Ich endete das Kirchenasyl selbst nach vielleicht drei Stunden, als es mir besser geworden und nicht mehr alles so schrecklich einleuchtend war. Denn ich hatte während dieser drei Stunden die plausibelsten, strahlendsten Gottesbeweise erfunden, die je ein Menschensohn dachte, und ich weiß sie alle noch! Sie sind aber nicht nur unbeschreibbar, sondern auch unerklärbar! Wie jeder wirklich ordentliche Gottesbeweis! Das ist jetzt wieder eine Trivialäußerung, aber mit meiner Wahrnehmungstüchtigkeit komme ich darüber nicht hinaus.

Ein wenig später war ich mit der Taxe in die Wohnung geflohen, weil mir draußen wieder alles zu bedrohlich wurde. Das half aber nicht. Es wurde, trotz gehabten Kirchentrostes, wieder schlimmer. Immer schlimmer! Mein Gemütsklima vermatschte in abartigster Weise. Ich hatte nie in meinem Leben, vorher nicht und hinterher nicht, so ein Einsehen in den völligen Jammer dieser Welt gehabt, es war die völlige Durchsichtigkeit in das Nichtige, Jämmerliche, Elende dieses Lebens. Davor hatte ich mir mit Seneca immer die letzte Möglichkeit zurechtgelegt, daß, wenn alles einmal zu schlimm werden würde, man dies Leben eben ins Nichts hinein verlassen würde. Ein beherzter Sprung aus der Zeit zurück in die Substanz, wo man, auf Kant vertrauend, Ruhe erwartete.

Diese letzte Hilfe half jetzt nicht mehr! Ich hätte in diesem Moment das Einsehen und den Mut zum Todessprung gehabt, aber mir war absolut klar, daß es kein Ende geben würde. Im Gegenteil! Ich wäre unendlich – wohlgemerkt unendlich! – als reines, abstraktes Gefühl dieser Jämmerlichkeit, völlig entmaterialisiert, aber wie ein tief empfundenes, unhörbares Wehklagen für alle Zeiten durch diese graue Stadt wie ein Fluch umhergeirrlichtert! Eine Epiphanie des Schreckens der ewigen Gegenwart des Seins hätte ich nicht nur erlebt, sondern wäre ich geworden! Für immer verbannt in stehende Zeit. Das war völlig gewiß! So was wollte ich aber nicht. Also: Hüte dich, sei wach und munter! Denn: Vor und mit Gott leben wir ohne Gott!

Deshalb nahm ich mir nicht das Leben, sondern lieber fünf Valium und schwor, mich nie wieder so unbotmäßig den göttlichen Geheimnissen zu nähern, die dazu benötigten Hilfsmittel künftig und für immer zu meiden und ad finitum gemütlicher Biertrinker zu werden, bis die Versündigung von mir gewaschen sein würde. Man hätte ja verschummelt, verschwiegen etwas Gagel (Myrica) beimischen können, aber auch ihn warf ich zwischen die Ab/Fürbitten. Allein Biertrinker wollte ich sein.

Und war ich längst geworden! Alle Gelöbnisse hatte ich strikt eingehalten und lag, ad ultimum, wie ein aus einem Magnetfeld bestehendes Gefühl der Angst auf einem verpißten Autobahnparkplatz im Vogtland und wartete auf Rettung. Als erstes kam Polizei. Die guckten blöd rum und nahmen mir Katrin fort, irgendwelchen Personalienkrams wegen. Wie gottlos menschlich, diese Schergen! Katrin hatte mir doch bis dahin die Hand gehalten und mich mit Blicken davon überzeugt, daß ich einstweilen irdisch gebraucht wurde. Das linderte alles sehr. Jetzt belästigten sie die Penner mit der Frage, wie man das Auto vom Parkplatz schaffen konnte.

Dann kam endlich der Arzt in den Parkplatz gejagt. Er war standesgemäß von einem Fahrer im ›Mercedes Benz‹ herbeigeschafft worden und wirkte kompetent; ein routinierter Gottfried-Benn-Schädel und Lebensrettertyp; es ging mir gleich besser. Ohne viel Hin und Her hatte ich einen Katheder im Arm stecken, irgendwer hielt eine Infusionsflasche in die Luft, und nun träufelte mir, hurra!, eine lindernde Kochsalzlösung ins Blut, die gleich wirkte! Dann bekam ich zur Dämpfung meines enormen Blutdrucks (140 zu 220; Daten wie aus ›BMW‹-Prospekten!) und zum Wohlfühlen noch einen goldenen Oktoberschuß, eine gute Dosis Opiatähnliches mit ins Gemisch gedrückt, und da strich mir sofort ein Engel übers Gesicht, und mir war so wohl wie nie zuvor!

»Wie ist mir alles so schön versöhnend, vermittelnd, wie herrlich!« (Schleiermachers letzte Worte.) Wenn es einem miserabel geht, sollte man frei über Opiate verfügen dürfen. Etwas sanftmütiger Milderndes gibt es nicht auf dieser Welt! Und

außer Heiterkeit und Gottvertrauen kann nur Opium diesen ominös gedehnten Augenblick des Sterbens für alle in ewiges himmlisches Glück verwandeln. So sprach der Herr Kapielski. Amen!
Neue Einsatzkommandos trafen ein. Mit dem Druck auf den Knopf einer Autobahn-Notrufsäule löste man eine gewaltige Kettenreaktion aus. Nach der Polizei und dem Arzt waren inzwischen ein Krankenwagen und ein Abschleppwagen eingetroffen. Ich hatte mir eingebildet, es würde ein Arzt kommen, etwas Ambulantes verabreichen, auf eine längere Pause insistieren und dann ›Gute Fahrt!‹ wünschen und zum nächsten Opfer eilen. Das war natürlich undenkbar! Man war in die Hände einer medizinischen Hilfswelt gefallen, und sie würde einen so bald nicht freigeben! Robuste Krankenpfleger hievten mich auf eine Bahre, an der ich vertäut und festgezurrt wie Artaud in den Krankenwagen verladen wurde, während im Hintergrund robuste Abschleppbedienstete das kerngesunde Auto mit einem Kran auf einen riesigen Lastwagen setzten. Der Arzt stieg mit der Infusionflasche mit zu mir in die Feuerwehr, und Katrin mußte, nachdem sie die Autosache geregelt hatte, als Pfand und Launegild auf die fälligen Hilfsdienstkosten im Polizeifahrzeug mit vorausjagen und sich um die Belange eines Autos kümmern. Dann schoß der übrige Konvoi mit Tatü-tata hinterher auf die Autobahn und rein nach Schleiz in ein Krankenhaus. Zwölf Personen waren bis da mit mir beschäftigt! Nun würde man neue kennenlernen.
Und ich war wohl inzwischen von allen derjenige, der sich hier am wohlsten fühlte. Ich lag bequem in einem Rettungsfahrzeug und fühlte mich gut, sobald ich die Gedanken an dieses aufwendige Überfallkommando ausblendete. Der Arzt neben mir saß schlecht und maß Blutdruck, sobald ich den Blick zu sehr nach innen kehrte. Ich dankte ihm von Herzen für alles, und er tropfte auf meinen wehleidigen Wunsch hin noch ein paar Gran dieses goldenen Zaubermittels nach, wor-

aufhin es mir wieder noch besser ging. Ich hätte jetzt gut selbst weiterfahren können. Wäre lieber wieder bei Katrin gewesen, und dann hätten wir ohne Aufhebens mit dem Auto einen Gasthof besucht und mit Seideln mein Wiederaufleben verprostet, zum Wohlsein!
Es war zu blöd. Diese medizinisch-technische Eigendynamik machte mir langsam Sorgen. Im Zug wäre man in solch fürchterlicher Verfassung wie vorhin doch niemals an die Notbremse, sondern erst mal aufs Klo gegangen und hätte sich gekühlt; dann wäre man in den Speisewagen gelaufen, hätte was getrunken und abgewartet. Ich bin sicher, daß ein Erfrischungsgetränk meinen Geist wieder sanft in den Körper zurückgeführt hätte. Eine Raststätte hätte den ganzen schrecklichen Aufwand auch überflüssig gemacht. Kühle Räume, ein paar Bier, ein paar Stunden Pause, und der Schaden wäre behoben gewesen.
Jetzt befand ich mich zum erstenmal in meinem Leben in einem Krankenhaus! Ich meine, ambulant war ich auch schon drin, gut, die Geburt, die Augensache, der Silvesterschaden, aber ich war dort noch nie angeliefert und an den Schlauch gelegt worden! Ich wurde also auf der Bahre in ein Zimmer geschoben, von drei, vier Hilfskräften umgebettet und gleich wieder wichtig behorcht und vermessen von Leuten, die mich übernommen hatten. Gottfried Benn war abermals in den Außendienst verschwunden. Es sorgte sich nun ein Schleizer Arzt um meinen Blutdruck, Kreislauf und Leben. Ich selbst nahm ein heimliches EKG an mir vor, ob die Zukunft unversehrt sei. (Eier-Kontroll-Griff usw.)
Im Bett nebenan, wir befanden uns in einem Zweibettzimmer, schlief ein Greis an tausend Schläuchen, neben ihm piepte eine ›Patientenüberwachungseinheit‹. Ich wurde wieder sehr ernsthaft über meinen Blutdruck ermahnt. Klar hatte ich eine ›Praxishypertonie‹, das wußte ich doch. Im Leben war mein Blutdruck nicht niedrig, aber normal. Sobald ein weißer Kittel

diesen Entsafter um meinen Arm legte, schoß mein Blutdruck in die Höhe, und die Ärzte rieben sich die Hände: »Sie müssen jetzt alle Vierteljahr kommen!« – »Kann ich nicht!« – Das glaubten die nicht.

Jetzt lag ich hier, und man sah mich an, als würde ich bald platzen. Dann kam Katrin wieder. Wir weinten ein bißchen, ich zählte der Liebsten Perlentränentröpfchen, derweil sie mich mit was Kühlendem einpinselten.

So wird man liegen. Sie werden einen mit etwas Kühlendem einpinseln, und sie werden einen gut zudecken, damit man länger auskühlt, derweil man längst verändert ist.

40 JAHRE ZWEITAUSENDEINS.
UND WIR MACHEN
EINE TASCHENBUCHREIHE.

Hier sind die ersten Titel:

1. Jan Graf Potocki:
Die Handschrift von Saragossa

Mit diesem Klassiker unter den Abenteuer- und Schelmenromanen, einer unserer erfolgreichsten und am meisten nachgefragten Titel, startet unser neues Taschenbuchprogramm. Er liest sich, »als wäre 1001 Nacht mit romantischem Schauerroman gekreuzt worden« (Erhard Schütz, Das Magazin) und gilt als das Decamerone der Aufklärung. »Die Handschrift von Saragossa« ist das Kultbuch der Kultbücher und Quelle der Kultbuchautoren. Viele ließen sich von ihm inspirieren, entnahmen ihm Anleihen. Sein Autor, Universalgelehrter aus dem polnischen Hochadel, Geheimrat des Zaren, Anhänger der Französischen Revolution, gilt als »Vorläufer eines Borges und Nabokov, eines Lem oder Eco« (NZZ).
Um seinen Dienst am Königshof in Madrid anzutreten, muss der junge Alfons die Sierra Morena durchqueren, die verrufenste Gegend Spaniens. In einem maurischen Schloss begegnet er zwei liebeslüsternen Schwestern, die sich als seine Cousinen ausgeben. Es beginnt eine atem-

lose Odyssee voller Gefahren und Geheimnisse ... »Erotisch, schaurig, komisch, das Urbild aller Schmöker« (Literaturen). »In all diesen Geschichten um Seeräuber und um frühe Mafiosi, um liebeshungrige Frauen, ... um Wunder und Gräuel wird nie vergessen, über Religion wie Aufklärung Pointen und Fragen zu zünden. Welch eine Leselust!« (Die Zeit).

Jan Graf Potocki »Die Handschrift von Saragossa«. Herausgegeben und mit einem Nachwort von Leszeck Kukulski. Aus dem Französischen und mit Anmerkungen von Werner Creutziger. Aus dem Polnischen von Kur Harrer. 960 Seiten. Broschur. 8,90 €. Nummer 200501.

2. Charles Bukowski: 439 Gedichte. Die weltweit größte Sammlung

»Bukowskis Gedichte sind komprimierte Kurzgeschichten, und sie handeln immer von einem Augenblick der Wahrheit«, schrieb Schriftstellerkollege Jörg Fauser bewundernd. Charles Bukowski »ist nicht fein und subtil, sondern deftig und deutlich, dabei stets originell« (Westfälische Nachrichten), er »erkannte früh die Verlogenheit der Welt und hat sie, oft mit großer Wut im Bauch, niedergeschrieben« (BZ). »Deine Jugend versperrt, verhunzt und glattrasiert,/man hat dich Worte gelehrt/und damit losgeschickt/zum Sterben« – »solche Zeilen, und es gibt viele davon, kann man heute auch ganz aktuell lesen. Seine Poesie ist fotografisch. Jeder könnte gesehen haben, was er sah, und einfach den Auslöser gedrückt haben. Aber der Unterschied ist eben doch: Bukowski selbst«, feiert die FAZ den »wahrscheinlich größten Dichter seiner Generation« (Los Angeles Times). Zweitausendeins hat mit den Auswahlbänden »Kinoreklame« & »Western Avenue« entscheidend zum Erfolg des Dichters in Deutschland beigetragen. Beide Bücher in einem Band, erweitert um ca. 350 Seiten Gedichte aus dem Nachlass gibt es jetzt erstmals im Taschenbuch. Hier »ist er präsent, der unnachahmliche lakonisch-rotzige Bukowski-Sound, der süchtig machen kann« (Badische Neueste Nachrichten), »grandios« (Focus).

Charles Bukowski »439 Gedichte«. Herausgegeben und übertragen von Bukowskis deutschem Freund, dem »kongenialen Übersetzer« (Neue Ruhr Zeitung) Carl Weissner. 991 Seiten. Broschur. 8,90 €. Nummer 200502.

3. Ashley Kahn: Kind of Blue. Die Geschichte der meistverkauften, schönsten Jazz-CD der Welt

New York, im Frühling 1959: Sechs eher unbekannte Musiker machen sich auf den Weg zu ihrem Tonstudio in einer heruntergekommenen Kirche an der 30. East Street. Unter ihnen John Coltrane, Bill Evans, Julian »Cannonball« Adderley und ihr Leader: Miles Davis. Sie bleiben 6 Stunden. Ein paar Wochen später treffen sie sich erneut. Für 3 Stunden. Was keiner von ihnen wissen konnte: In diesen 9 Stunden nahmen sie das schönste, meistverkaufte (bis heute über 6 Millionen) und einflussreichste Jazz-Album der Musikgeschichte auf: »Kind of Blue«.

Klassik- und Rockfans feiern die intelligente, zeitlose Coolness dieser Musik. Für Quincy Jones ist das Album noch heute Inspirationsquelle und tägliches Lebenselixier: »Das ist mein Orangensaft.« Ashley Kahn, einer der renommiertesten Musikjournalisten der USA, erhielt Zugang zu den Archivgewölben der Columbia Records und hörte noch einmal die Originalmitschnitte! Jetzt erzählt er die faszinierende Geschichte dieses epochemachenden Albums. Wir nehmen teil an den Gesprächen der Aufnahme-Sessions, der unverkrampften und zugleich hochkonzentrierten Spannung während der Takes. Neben den Stück-für-Stück-Berichten dieser 9 Stunden »Kind of Blue« und der Analyse der unveröffentlichten Takes (Miles Davis hielt das ganze Album für misslungen) eröffnen Kahns akribische Recherchen und seine geduldigen, zahllosen Interviews einen oft überraschenden Blick auf und hinter die damalige Jazzszene.
Ashley Kahns Buch »ist spannend wie ein Krimi und hoffentlich selbst bald ein Klassiker« (Stern). »Wie die Musik funktioniert es auf mehreren Ebenen: als spannende Bestandsaufnahme eines Mythos, als Zeitreise in ein längst vergangenes New York, als leidenschaftliche Miles Davis-Teilbiografie und obendrein als ganz hervorragendes Bilderbuch« (Der Spiegel). Herbie Hancock: »Sie werden wirklich das Gefühl haben, Sie sind dabei, die Persönlichkeiten aller Beteiligten springen buchstäblich aus den Seiten.« Rolling Stone: »Dieses Buch ist ein Akt der Liebe – aufmerksam, offen, inspirierend.«

Ashley Kahn »Kind of Blue«. Aus dem amerikanischen Englisch von M. Hein. 95 Bilder. 272 Seiten. Broschur. 9,90 €. Nummer 200503.

5. Roméo Dallaire: Handschlag mit dem Teufel

Dallaires Bericht aus Ruanda wurde beim Erscheinen der Erstausgabe 2005 und nochmal 2008 auf die Sachbuch-Bestenliste gesetzt. Jetzt erscheint dieses wichtige Werk erstmals im Taschenbuch. »Dieses Buch ist das offene, schmerzvoll ehrliche Eingeständnis der Niederlage eines Mannes und des totalen Versagens einer Organisation (der UNO). Die akribische Beschreibung des vielleicht schlimmsten Verrats der Menschheitsgeschichte« (The Guardian).
Gegen den Befehl der UN-Zentrale in New York zum Nichtstun, Abwarten und Zuschauen und gegen die UN-Anweisung vom 22. April, sämtliche Blauhelme abzuziehen, hielten UNO-General Dallaire und seine kleine Truppe von 250 Ghanaern aus. Ihre Selbstlosigkeit und Tapferkeit konnten die furchtbaren Ereignisse jedoch nicht aufhalten: Aus Europa kommen Waffen für die Täter. Der schnellste Völkermord unserer Zeitgeschichte beginnt. »Nach meiner Rückkehr fragte mich ein kanadischer Armeegeistlicher, wie ich nach allem, was ich gesehen und gehört hatte, weiterhin an Gott glauben könne. Ich weiß, dass es einen Gott gibt, antwortete ich ihm, weil ich in Ruanda dem Teufel die Hand geschüttelt habe« (Dallaire). »Wer einen Einblick gewinnen will, welche Mechanismen hinter den Kulissen der Vereinten Nationen ablaufen, muss dieses Buch lesen – und wundert sich beim Blick auf Krisenregionen wie Darfur im Sudan über nichts mehr« (Nicola Schering, General-Anzeiger).

Roméo Dallaire »Handschlag mit dem Teufel.« Mit

einem Nachwort von D. Johnson. Aus dem Englischen von Andreas Simon dos Santos. 848 Seiten. Broschur. 8,90 €. Nummer 200506.

Für Sie gratis: Unser beliebtestes Taschenbuch.

Jedes Jahr verteilen wir Millionen dieses Büchleins (zahlreiche Bilder, ca. 300 Seiten, Bibeldünndruckpapier, Format 11 x 19 cm, Broschur), das sich in aller Bescheidenheit als »Heft« bezeichnet: Das Merkheft, der Katalog von Zweitausendeins mit allen Büchern, CDs, DVDs und Softwaren, die es bei uns gibt.

Manches gibt es nur bei uns, und das meiste gibt es so billig auch nur bei uns. Wenn Ihnen dieses Buch gefallen hat, können wir versprechen: Im Merkheft finden Sie noch viel mehr Dinge, die Ihnen gefallen.

Und wo gibt es das Merkheft? Nur bei uns. Wir schicken es Ihnen kostenlos und ohne Verpflichtungen. Einfach im Internet bestellen unter www.Zweitausendeins.de/Merkheft oder mit diesem Coupon anfordern. *Die gespeicherten Adressen unserer Kund/inn/en werden nicht weitergegeben.*

Hiermit wird bestellt:

Einsenden an
Zweitausendeins, Postfach, 60381 Frankfurt am Main

Telefon 069-420 8000, Telefax 069-415 003.

Bitte senden Sie das kostenlose Merkheft und den Newsletter Merkmail an diese Adresse:

____
Name, Vorname

____
Straße, Nummer

____
Postleitzahl, Ort

____
E-Mail

____
Datum, Unterschrift